完全踏査

続古代の道 新装版

山陰道・山陽道・南海道・西海道

木下 良 監修　武部健一 著

吉川弘文館

はしがき

古代交通研究会会長
木　下　　良

武部健一氏が古代日本全土を経巡る七道の駅路の様相を余すことなく、二冊にまとめて記述された本書の監修は、かなり大変な作業ではあったが、一方では一緒に旅をしているような気持ちになって楽しい事でもあった。東国編とも言うべき前巻に比べると、西国編に当たる本巻は私には馴染みの深い所が多く、特に山陰道は但馬・因幡、山陽道は摂津・播磨国境から備後までと美作路・陰陽連絡路、南海道と西海道は全行程を武部氏に同行したので、これらの地方は沿道の風景も思い起こされたものである。

ところで、本書は『完全踏査　古代の道』と銘打っていて、たしかに『延喜《えんぎ》式《しき》』に見る全国の駅路を完全に記述しているが、それ以前に廃止された奈良時代については一部紹介している所もあるものの、大部分は触れることができなかった。しかし、実は古代道路の典型は奈良時代の道にあるのである。

前巻の「はしがき」でも書いたことであるが、両側溝の心々幅一二メートルという道路はほとんどが奈良時代のものであって、平安時代に入ってからは六メートル程度に狭められることが多い。道路遺構も奈良時代のそれが残りやすく、例えば奈良時代と平安時代とで駅路が変わった上野《かみつけ》国などでは、奈良時代の駅路は高崎市から新田町（現太田市）までの間を明確にたどれるが、『延喜式』の駅路は高崎市から前橋市までの路線は明確であるものの、以遠は全く判っていない。肥前国佐賀平野でも、一六キロを一直線に通って明瞭な痕跡を残すのは奈良時代の駅路であって、『延喜式』のそれは一部に遺構が残ってはいるが不明なところが多い。

また、本巻は駅路《えきろ》についてのみ記述したので、伝馬《てんま》が通った伝路《でんろ》（研究上の用語）についてはほとんど触れられていないが、これは全国的な幹線道路網の構造を把握するという本書の目的から言えば、駅路だけを取り上げるのが明快だからである。本来は別路であった駅路と伝路とが平安時代になると統合されて、『延喜式』ではほとんどの伝馬が駅路に沿って置かれるようになったからでもあるが、そのために『延喜式』駅路は、かつての伝路を一部取り入れており、そのためにやや不自然な迂回路になることがある。なお、伝路は一般に六メートル前後の道幅であるが、平安時代の駅路が六メートルに狭められたのは、かつての伝路を一部取り込んだこともあって、その幅に統一するようにしたのではないかと思われる。

伝馬は郡単位に置かれたが、旧国造などの地方豪族が郡司に任命されたので、郡の役所が置かれた郡《ぐう》家《け》は古くからの地方中心地であった。そこで、郡家間を繋ぐ伝路は古くからの道路を利用し改良したものと思われるので、伝路としては廃止されても、地元の住民が日常利用する道路であった。

一方、駅路は在来の集落とは無関係に計画的に造成されたから、一般の人々にとっては決して使いやすい道ではなかった。そのために、中央政府の統括力が衰える十世紀中頃になると、廃道になるところも出てくるようになった。その結果として、鎌倉時代の駅路はかつての伝路であったところが多いのである。そのようなことも知っておいて頂きたいものである。

それはともかく、古代道路の跡を探し求めることは大変楽しいものである。武部氏も私も研究が趣味になって、何時までもこれを続けられることは有難いと思っている。読者の皆さんにもぜひこの楽しみを味わって頂きたい。

二〇〇五年七月

目次

はしがき

I 古代の道とその探索 1

一 古代の道のあらまし 2

二 路線延長、駅間距離と西国の駅路の特徴 8

II 山陰道をたどる 13

一 山陰道のあらまし 14

二 丹波国の山陰道 17

三 但馬国の山陰道本路 23

四 丹後・但馬路を行く 30

五 因幡国と伯耆国の山陰道 39

六　出雲国の山陰道　48
七　石見国の山陰道　54

III　山陽道をたどる――63

一　山陽道のあらまし　64
二　平安京から山城・摂津国の山陽道　69
三　播磨国の山陽道　80
四　美作路と陰陽連絡路　92
五　備前国の山陽道　100
六　備中・備後両国の山陽道　106
七　安芸国の山陽道　116
八　周防国の山陽道　125
九　長門国の山陽道と山陰道連絡路　134

IV　南海道をたどる――145

一　南海道のあらまし　146

二　畿内三国と紀伊国の南海道　149
三　淡路国と阿波国の南海道　163
四　讃岐国の南海道　168
五　伊予国と土佐国の南海道　176

V　西海道をたどる――185

一　西海道のあらまし　186
二　大路としての大宰府路　194
三　豊前路を行く　206
四　壱岐・対馬路を行く　215
五　肥前路を行く　222
六　西海道西路を行く―1　232
七　西海道西路を行く―2　240
八　西海道東路を行く―1　248
九　豊前・豊後連絡路を行く　253

十　西海道東路を行く―2　257
十一　肥後・豊後連絡路を行く　261
十二　西海道東路を行く―3　266
十三　九州南部の二本の駅路　269

執筆を終えて

『完全踏査　続古代の道』を読む　近江俊秀――　285

〔カバー写真〕唐香原・祇園原遺跡

写真の中央を貫く西海道は、約十六キロ続き吉野ヶ里遺跡を真っ直ぐに突き抜ける。この道は、一九七〇年代に木下良が空中写真と現地調査によって、古代路を初めて実証的に発見した記念碑的なルートである。『延喜式』ルートは、この写真の外側を平行に走る（本文224ページ参照）。なお、円形写真は、出土土器に記された「駅長」文字の一例である（八幡前・若宮遺跡出土）。

Ⅰ 古代の道とその探索

一　古代の道のあらまし

本巻は、拙著『完全踏査　古代の道—畿内・東海道・東山道・北陸道—』（吉川弘文館、二〇〇四年）〈以下『古代の道　東国編』と略称〉につづく後編である。『古代の道　東国編』では七道駅路のうち、東海・東山・北陸の三道をたどった。本巻は「西国編」として残る山陰・山陽・南海・西海の四道を扱っている。

古代の道とは、律令国家によって七世紀後半から八世紀にかけて建設され、十世紀ころまで機能した古代官道のことである。都から本州と四国・九州の六六ヶ国二嶋のすべてに達していた、いわゆる七道駅路である。

その道幅は奈良時代には一二㍍、平安時代には六㍍を基本とした壮大なネットワークであった。その長さはおよそ六三〇〇キロメートル（以下㌔と略称）、約一六㌔ごとに駅家《うまや》を置き、全国でおよそ四〇〇の駅家にはそれぞれ二〇疋から五疋の駅馬が置かれ、都との交通や通信の連絡に当たった。七道駅路は時代によって変遷がある。都の位置も変わったし、駅路のルートもその構造も、また駅家の位置も時代によっていろいろ変化した。幸い、『延喜《えんぎ》式《しき》』という十世紀初めに撰せられた律令法の施行細則には、七道駅路の四〇二の駅家の名称が記載されており、それが駅路を研究する最大の手がかりとなっている。

その全体像、研究の歴史、筆者の調査方法などは『古代の道　東国編』に詳説したので、ここには繰

表1　『延喜式』駅名・駅馬数

道名	国	駅名・駅馬数
畿内	山城国	山埼《やまさき》二〇疋
	河内国	楠葉《くすは》　槻本《つきもと》　津積《つつみ》各七疋
	和泉国	日部《くさべ》　唹唹《おお》各七疋
	摂津国	草野《すすき》　須磨《すま》各一三疋　葦屋《あしのや》各一二疋
東海道	伊勢国	鈴鹿《すずか》二〇疋　河曲《かわわ》　朝明《あさけ》　榎撫《えなつ》各一〇疋 市村《いちむら》　飯高《いいだか》　度会《わたらい》各八疋
	志摩国	鴨部《かもべ》　磯部《いそべ》各四疋
	尾張国	馬津《まつ》　新溝《にいみぞ》　両村《ふたむら》各一〇疋
	参河国	鳥捕《ととり》　山綱《やまつな》　渡津《わたむつ》各一〇疋
	遠江国	猪鼻《いのはな》　栗原《くりはら》　引摩《いんま》　横尾《よこお》　初倉《はつくら》各一〇疋
	駿河国	小川《おがわ》　横田《よこた》　息津《おきつ》　蒲原《かんばら》　長倉《ながくら》各一〇疋 横走《よこばしり》二〇疋
	甲斐国	水市《みずいち》　河口《かわぐち》　加吉《かき》各五疋
	相摸国	坂本《さかもと》二二疋　小総《おぶさ》　箕輪《みのわ》　浜田《はまだ》各一二疋
	武蔵国	店屋《まちや》　小高《おだか》　大井《おおい》　豊嶋《としま》各一〇疋
	安房国	白浜《しらはま》　川上《かわかみ》各五疋
	上総国	大前《あまさい》　藤潴《ふじみ》　嶋穴《しまな》　天羽《あまは》各五疋
	下総国	井上《いかみ》一〇疋　浮嶋《うきしま》　河曲《かわわ》五疋 茜津《あかねつ》　於賦《おふ》各一〇疋
	常陸国	榛谷《はんだに》五疋　安侯《あこ》二疋　曾弥《そね》五疋 河内《かわち》　田後《たじり》　山田《やまだ》　雄薩《おさか》各二疋
東山道	近江国	勢多《せた》三〇匹　岡田《おかだ》　甲賀《こうか》各二〇疋 篠原《しのはら》　清水《しみず》　鳥籠《とこ》　横川《よかわ》各一五疋 穴太《あのお》五疋　和爾《わに》　三尾《みお》各七疋　鞆結《ともゆい》九疋
	美濃国	不破《ふわ》一三疋　大野《おおの》　方県《かたがた》　各務《かかみ》各六疋 可児《かに》八疋　土岐《とき》　大井《おおい》各一〇疋 坂本《さかもと》三〇疋　武義《むげ》　加茂《かも》各四疋
	飛騨国	下留《しもつとまり》　上留《かむつとまり》　石浦《いしうら》各五疋
	信濃国	阿知《あち》三〇疋　育良《ゆくら》　賢錐《かたぎり》　宮田《みやた》　深沢《ふかさわ》　覚志《かかし》 各一〇疋　錦織《にしごり》　浦野《うらの》各一五疋 曰理《わたり》　清水《しみず》各一〇疋　長倉《ながくら》一五疋 麻績《おみ》　曰理《わたり》　多古《たこ》　沼辺《ぬのへ》各五疋
	上野国	坂本《さかもと》一五疋　野後《のじり》　群馬《くるま》　佐位《さい》 新田《にゅうた》各一〇疋
	下野国	足利《あしかが》　三鴨《みかほ》　田部《たべ》　衣川《きぬかわ》　新田《にゅうた》　磐上《いわかみ》 黒川《くろかわ》各一〇疋
	陸奥国	雄野《おの》　松田《まつだ》　磐瀬《いわせ》　葦屋《あしや》　安達《あだち》　湯日《ゆひ》　岑越《みねこし》

東山道

伊達《いたち》　篤借《あつかし》　柴田《しばた》　小野《おの》各一〇疋
名取《なとり》　玉前《たまさい》　栖屋《すねや》　黒川《くろかわ》　色麻《しかま》　玉造《たまつくり》　栗原《くりはら》
磐井《いわい》　白鳥《しろとり》　膽沢《いさわ》　磐基《いわき》各五疋
長有《ながあり》　高野《たかの》各二疋

出羽国
最上《もがみ》一五疋　村山《むらやま》　野後《のじり》各一〇疋
避翼《さるばね》一二疋　佐芸《さき》四疋／船一〇隻
遊佐《ゆさ》一〇疋　蚶方《きさかた》　由理《ゆり》各一二疋
白谷《しらたに》七疋　飽海《あくみ》　秋田《あいた》各一〇疋

北陸道

若狭国
弥美《みみ》　濃飫《のお》各五疋

越前国
松原《まつばら》八疋　鹿蒜《かえる》　淑羅《しらぎ》　丹生《にゅう》　朝津《あさつ》　阿味《あぢま》
足羽《あすは》　三尾《みお》各五疋

加賀国
朝倉《あさくら》　潮津《うしおつ》　安宅《あたか》　比楽《ひらか》　田上《たがみ》　深見《ふかみ》　横山《よこやま》
各五疋

能登国
撰才《せんざい》　越蘇《えそ》各五疋

越中国
坂本《さかもと》　川人《かわひと》　曰理《わたり》　白城《しらぎ》　磐瀬《いわせ》　水橋《みずはし》　布勢《ふせ》
各五疋　佐味《さみ》八疋

越後国
滄海《あおうみ》八疋　鶉石《うずらし》　名立《なだち》　水門《みと》　佐味《さみ》　三嶋《みしま》
多太《ただ》　大家《おおや》各五疋　伊神《いかみ》二疋　渡戸《わたりべ》船二隻

佐渡国
松埼《まつさき》　三川《みかわ》　雑太《さわだ》各五疋

丹波国
大枝《おおえ》　野口《ののぐち》　小野《おの》　長柄《ながら》　星角《ほしずみ》　佐治《さじ》各八疋

山陰道

日出《ひづ》　花浪《はななみ》各五疋

丹後国
勾金《まがりかね》五疋

但馬国
粟鹿《あわか》　郡部《こおりべ》　養耆《やぎ》各八疋　山前《やまさき》五疋　面治《めじ》
射添《いそう》各八疋　春野《かすがの》五疋

因幡国
山埼《やまさき》　佐尉《さい》　敷見《しくみ》　柏尾《かしわお》各八疋

伯耆国
笏賀《くつが》　松原《まつばら》　清水《きよみず》　奈和《なわ》　相見《おうみ》各五疋

出雲国
野城《のき》　黒田《くろだ》　宍道《しじ》　狭結《さゆう》　多伎《たき》　千酌《ちくみ》各五疋

石見国
波弥《はね》　託農《たくの》　樟道《くすち》　江東《こうとう》　江西《こうさい》　伊甘《いかみ》各五疋

山陽道

播磨国
明石《あかし》三〇疋　賀古《かこ》三〇疋　草上《くさかみ》三〇疋　大市《おうち》
布勢《ふせ》　高田《たかだ》　野磨《やま》各二〇疋　越部《こしべ》　中川《なかつがわ》各五
疋

備前国
坂長《さかなが》　珂磨《かま》　高月《たかつき》各二〇疋　津高《つだか》一四疋

備中国
津峴《つきか》　河辺《かわのべ》　小田《おだ》　後月《しちつき》各二〇疋

備後国
安那《やすな》　品治《ほむち》　看度《かみと》各二〇疋

安芸国
真良《しんら》　梨葉《なしは》　都宇《つう》　鹿附《かむつき》　木綿《ゆうつくり》　大山《おおやま》　荒山《あらやま》
安芸《あき》　伴部《ともべ》　大町《おおまち》　種篦《うへら》　濃唹《のお》　遠管《とおづつ》各二〇
疋

周防国
石国《いわくに》　野口《のぐち》　周防《すおう》　生屋《いくのや》　平野《ひらの》　勝間《かつま》　八千《やち》
賀宝《かほ》各二〇疋

長門国
阿潭《あたみ》　厚狭《あさ》　埴生《はぶ》　宅賀《たか》　臨門《りんもん》各二〇疋
阿津《あつ》　鹿野《かの》　意福《いふき》　由宇《ゆう》　三隅《みすみ》　参美《さんみ》　垣田《かきた》
阿武《あむ》　宅佐《たかさ》　小川《おがわ》各三疋

道	国	駅名・駅馬数
南海道	紀伊国	萩原《はぎわら》 賀太《かだ》各八疋
南海道	淡路国	由良《ゆら》 大野《おおの》 福良《ふくら》各五疋
南海道	阿波国	石隈《いわのくま》 郡頭《こうず》各五疋
南海道	讃岐国	引田《ひけた》 松本《まつもと》 三谿《みたに》 河内《かわち》 甕井《みかい》 柞田《くぬた》各四疋
南海道	伊予国	大岡《おおおか》 山背《やましろ》 近井《ちかい》 新居《にいい》 周敷《しゅう》 越智《おち》各五疋
南海道	土佐国	頭駅《とうやく》 吾椅《あがはし》 丹川《たちかわ》各五疋
西海道	筑前国	独見《ひとみ》 夜久《やく》各一五疋 嶋門《しまと》二三疋 津日《つひ》二二疋 席打《むしろうち》 夷守《ひなもり》 美野《よしの》各一五疋 久爾《くに》一〇疋 佐尉《さい》 深江《ふかえ》 比菩《ひぼ》 額田《ぬかた》 石瀬《いわせ》 長丘《ながおか》 把伎《はき》 広瀬《ひろせ》 隈埼《くまさき》 伏見《ふしみ》 綱別《つなわき》各五疋
西海道	筑後国	御井《みい》 葛野《かつらの》 狩道《かりじ》各五疋
西海道	豊前国	社埼《もにさい》 到津《いたむつ》各一五疋 田河《たがわ》 多米《ため》 刈田《かりた》 築城《ついき》 下毛《しもつみけ》 宇佐《うさ》 安覆《あじぶ》各五疋
西海道	豊後国	小野《おの》一〇疋 荒田《あらた》 石井《いしい》 直入《なおり》 三重《みえ》 丹生《にゅう》 高坂《こうさか》 長湯《ながゆ》 由布《ゆふ》各五疋
西海道	肥前国	基肄《きい》一〇疋 切山《きりやま》 佐嘉《さが》 高来《たく》 磐氷《いわい》 大村《おおむら》 賀周《かす》 逢鹿《おうか》 登望《とも》 杵嶋《きしま》 塩田《しおた》 新分《にいいた》 船越《ふなこし》 山田《やまだ》 野鳥《のとり》各五疋
西海道	肥後国	大水《おおむつ》 江田《えだ》 坂本《さかもと》 二重《ふたえ》 蚊藁《かわら》 高原《たかはら》 蚕養《こかい》 球磨《くま》 長埼《ながさき》 豊向《とよふ》 高屋《たかや》 片野《かたの》 朽網《くたみ》 佐職《さしき》 水俣《みずまた》 仁王《におう》各五疋
西海道	大隅国	蒲生《かもう》 大水《おおむつ》各五疋
西海道	薩摩国	市来《いちく》 英弥《あくね》 網津《おうつ》 田後《たじり》 櫟野《いちいの》 高来《たかく》各五疋
西海道	日向国	長井《ながい》 川辺《かわのべ》 刈田《かりた》 美弥《みみ》 去飛《こひ》 児湯《こゆ》 当磨《たぎま》 広田《ひろた》 救麻《くま》 救弐《くに》 亜椰《あや》 野後《のじり》 夷守《ひなもり》 真斫《まさき》 水俣《みなまた》 嶋津《しまづ》各五疋
西海道	壱岐国	優通《ゆうつ》 伊周《いす》各五疋

り返さないが、筆者が調査対象とした『延喜式』時代の全駅名表、全路線とその延長および全国七道駅路図については再掲する。

　駅名・駅馬数の表1は、平安時代の延長五年（九二七）に完成した『延喜式』の「諸国駅伝馬」に記載されている駅名とその配備駅馬数である。これは平安時代の状況を示すものであるが、七道駅路の全国展開は飛鳥・奈良時代から本格的に始まっており、駅にしても路線にしても、またその構造にしても、

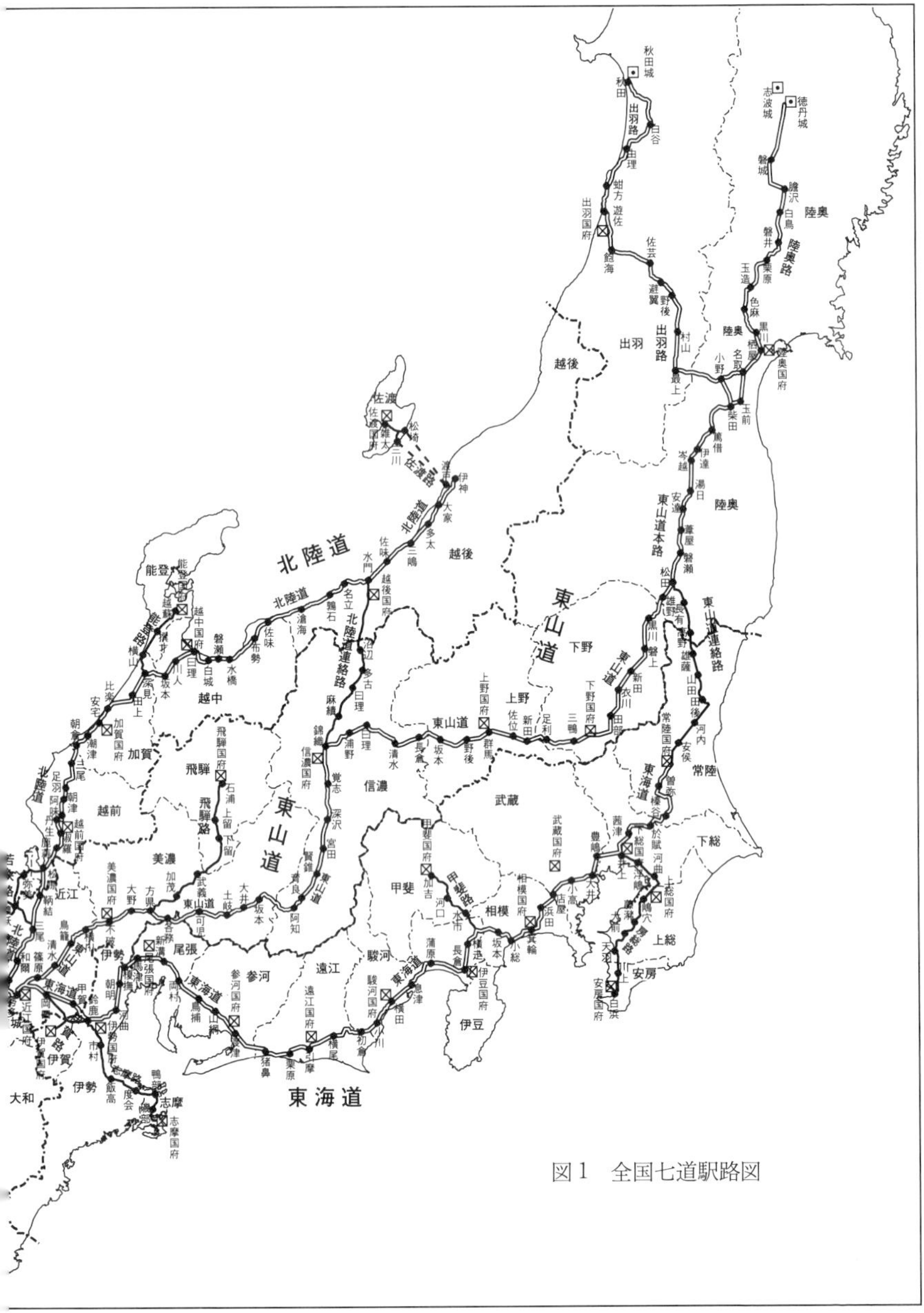
秋田城
志波城
徳丹城
出羽路
陸奥路
出羽国府
陸奥国府
出羽
陸奥
越後
佐渡
佐渡国府
佐渡路
北陸道
越後国府
能登
能登路
越中
越中国府
加賀
加賀国府
越前
越前国府
北陸道連絡路
飛騨
飛騨国府
飛騨路
信濃
信濃国府
上野
上野国府
下野
下野国府
東山道
東山道本路
東山道連絡路
常陸
常陸国府
武蔵
武蔵国府
下総
下総国府
上総
上総国府
安房
安房国府
相模
相模国府
甲斐
甲斐国府
甲斐路
駿河
駿河国府
伊豆
伊豆国府
遠江
遠江国府
参河
参河国府
尾張
尾張国府
美濃
美濃国府
近江
伊勢
伊勢国府
伊賀
志摩
志摩国府
志摩路
大和
東海道

図1　全国七道駅路図

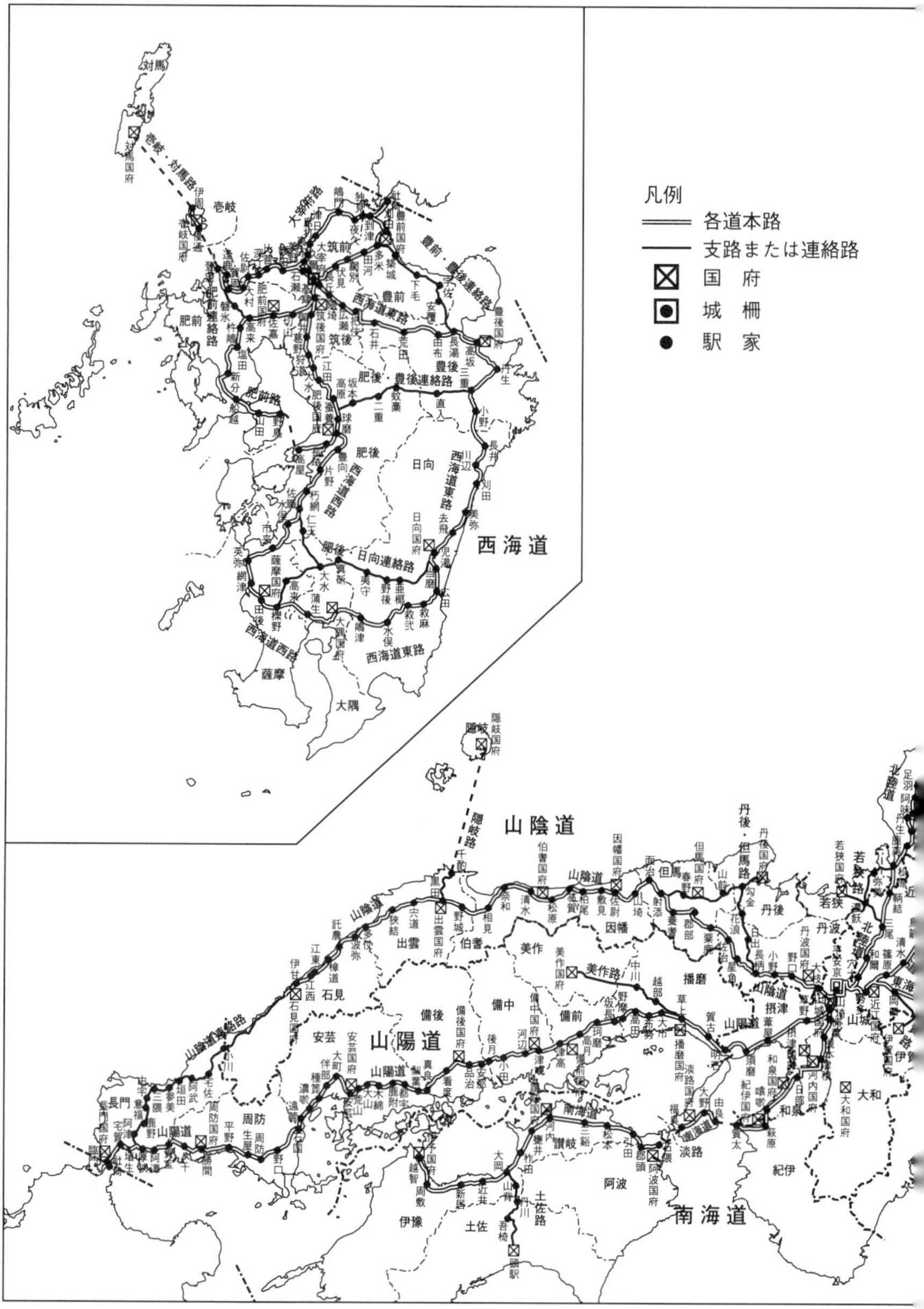

凡例
各道本路
支路または連絡路
国　府
城　柵
駅　家
西海道
山陰道
山陽道
南海道
対馬
壱岐
壱岐・対馬路
大宰府路
筑前
筑後
豊前
豊後
肥前
肥後
日向
薩摩
大隅
豊前・豊後連絡路
西海道東路
西海道西路
肥前路
肥前連絡路
豊後連絡路
日向連絡路
隠岐
隠岐国府
隠岐路
石見
出雲
伯耆
因幡
但馬
丹後
丹波
若狭
美作
美作路
播磨
備前
備中
備後
安芸
周防
長門
山陰道東路
丹後・但馬路
摂津
山城
和泉
紀伊
大和
淡路
讃岐
阿波
伊豫
土佐
土佐路
南海道
北陸道

場所によってかなりの変更を伴っている。筆者の調査はあくまでも『延喜式』の駅路を追っており、その歴史的な変遷は必要な限度において言及するに留めてある。また駅馬と合わせて記録されている伝馬についても原則的に省略した。

筆者の調査とその成果には、本書の監修者でもある木下良氏（古代交通研究会会長）の懇切な指導を仰いでいる。この駅名表についても、疑問の名称やその訓みはすべて木下氏（以下、研究者の敬称はすべて略す）の見解に従っている。

図1は、七道駅路の全路線と全駅名を標示してある。繰り返すようであるが、ここに挙げたものはすべて『延喜式』の四〇二の駅のみである。関連する奈良時代その他のルートや駅名は、必要な場合、以後の各道の章における路線図に示す。

二　路線延長、駅間距離と西国の駅路の特徴

表2は七道駅路全区間の路線とその延長である。これも『古代の道　東国編』に記したものの再掲である。これは全く筆者独自のもので、推定した路線と駅の位置を五万分の一図に書き込んで、図上距離を計測し、それを集計したものである。それによって全路線で総延長は六二四二キロと算定された。ただし、地図上の計測の精度の関係もあって、さらに二万五〇〇〇分の一図などによれば、より細かい曲折も生じて距離の伸びる可能性もあるので、概略としては六三〇〇キロと称することとしている。路線数は三四に及んでいる。

表2　七道駅路の路線延長と駅間距離

駅路名	路線名	路線延長(km)	駅間距離算定延長(km)*1	駅間距離算定区間数	駅間平均距離(km)	駅数（起終点等を含む）*2	延喜式駅*3
東海道	本路	617.7	619.7	38	16.3	38	36
	伊賀路	43.0	23.0	1	23.8	1	0
	志摩路	93.0	93.0	6	15.5	6	5
	甲斐路	48.5	59.3	3	19.8	3	3
	安房路	107.4	106.4	8	13.3	9	9
	東山道連絡路	120.8	120.8	8	15.1	7	7
	計	1030.4	1022.2	64	16.0	64	60
東山道	本路	716.5	725.3	47	15.4	45	45
	陸奥路	201.8	201.8	12	16.4	12	11
	出羽路	289.5	289.5	13	22.3	12	12
	飛驒路	112.1	112.1	5	22.4	5	5
	北陸道連絡路	108.3	70.8	4	17.7	5	4
	計	1428.2	1399.5	81	17.3	79	77
北陸道	本路	477.8	490.5	35	14.0	36	36
	若狭路	60.7	62.7	4	15.6	3	3
	能登路	46.3	46.3	3	15.4	3	2
	佐渡路	20.1	30.7	2	15.6	3	3
	計	604.9	630.2	44	14.3	45	44
山陰道	本路	424.2	424.8	31	13.7	31	31
	丹後・但馬路	122.4	119.2	7	18.1	7	5
	隠岐路	23.6	19.3	1	19.3	1	1
	計	570.2	563.3	39	14.4	39	37
山陽道	本路	544.9	545.5	49	10.9	49	48
	美作路	77.5	35.5	2	17.8	3	2
	山陰道連絡路	161.3	104.7	10	10.5	10	10
	計	783.7	685.7	61	11.2	62	60
南海道	本路	318.8	329.4	21	15.7	23	23
	土佐路	55.0	55.0	4	13.8	4	4
	計	373.8	384.4	25	15.4	27	27
西海道	大宰府路	88.4	88.4	10	8.8	11	10
	壱岐・対馬路	101.3	98.0	9	10.9	11	11
	肥前路	181.7	181.7	13	15.1	13	13
	西海道西路	274.9	274.9	20	13.7	19	18
	西海道東路	383.3	387.8	25	15.5	24	24

駅路名	路線名	路線延長(km)	駅間距離算定延長(km)*1	駅間距離算定区間数	駅間平均距離(km)	駅数（起終点等を含む）*2	延喜式駅*3
西海道	豊前路	73.0	76.4	6	12.7	5	5
	肥前連絡路	29.2	30.2	2	15.6	1	1
	豊前・豊後連絡路	75.5	75.5	5	16.7	4	4
	肥後・豊後連絡路	89.3	94.2	5	18.8	4	4
	肥後・日向連絡路	116.2	124.2	7	17.8	6	6
	薩摩連絡路	38.0	38.0	2	19.0	1	1
	計	1450.8	1469.3	104	14.1	99	97
	総　　計	6242.0	6154.6	418	14.7	415	402

*1：駅間距離算定に用いた路線ごとの延長は，『延喜式』に駅が長距離にわたって記されていない区間を除き，また分岐点が駅でない場合には近傍の駅から算定しているので，路線延長を算定する基本区間とは異なる．

*2：駅数（起終点等を含む）には，『延喜式』に定められた402駅のほか，起終点および明らかに駅の代行機関とみなされる国府等を含めた．

*3：『延喜式』の駅は，本来各国に属するが，ここでは路線に沿って求めたので，駅路各道の駅数合計値は，本来の各道に所属する合計値とは異なる．

表3　七道駅路の駅間距離の分析

区　　間	路線延長(km)	駅間距離算定延長(km)	駅間距離算定区間数	駅間平均距離(km)
山陽道本路および大宰府路区間	633.3	633.9	59	10.7
標準区間延長*1	5608.7	5520.7	359	15.4
総　　計	6242.0	6154.6	418	14.7

*1：全区間より山陽道本路および大宰府路を除く区間

また本表には、駅間距離も集計し、各駅路ごとや全体の平均距離も算定している。本巻は西国関係であるので、山陽道や西海道に関係する駅間距離の重要な問題に、ここで触れておきたい。もともと駅（駅家＝うまや）は、中国にならって三〇里ごとに置くように定められている。これはおよそ一六キロといわれているが、当時の日本の尺度から計算すると一五・八八五キロとなる。表2に示したように、駅間平均距離は総計して一四・七キロでかなり少ない。しかし表3に見るように、大路である山陽道本路およびその一環に位置づけられる西海道のうちの大宰府《だざいふ》路については一〇・七キロでしかない。それ以外の区間の一五・四キロがほぼ規定の三〇里に近いのに対して、山陽道（大宰府路を含む）はほぼその三分の二である。大路である山陽道および大宰府路の配置駅馬数は、標準が二〇疋である。中路の一〇疋と比べて本来二倍であるだけでなく、駅間距離が三分の二であることは、輸送能力としては三倍あることを意味している。それだけでなく、各道ごとの駅間平均距離を見ても、東国の三道よりも西国の四道のほうが全体に平均間隔が短い。

　また路線延長を表2により東国三道と西国四道に分けて集計してみると、東国三道の合計駅路延長が三〇六三・五キロであるのに対して西国四道のそれは三一七八・五キロとやや長い。しかし東国の最北端は出羽路の秋田城であり、平安京の羅城門から東山道の駅路を計算すると、一〇三四キロであるのに、西国では同じように最南端の大隅国府までは九〇八キロと逆に短い。このことは全体として西国のほうが駅路のネットワークの密度が濃いことを意味している。これらの全体を通して、古代駅路が中国本土や朝鮮半島との関係を重視し、西に厚いネットワークを敷いたということができよう。これらは図1の全国七道駅路図からも看取されるところである。

　では、山陰・山陽・南海・西海の各道の順で駅路をたどってゆくこととしたい。

II 山陰道をたどる

一　山陰道のあらまし

駅路は日本海沿いに西へ

七道の遍歴もいよいよ西に向かうことになる。そのはじめは山陰道である。山陰道も記録は古い。『日本書紀』によれば、崇神《すじん》天皇の十年九月九日に、四道将軍の一人、丹波道主命《たにはのみちぬしのみこと》が丹波に派遣されている。およその年代で言うと、四世紀初めのことと思われる（『古代の道　東国編』北陸道の章、参照）。

もっとも丹波は山陰道全体でいえば、ほんの入口に過ぎない。山陰道を含め、七道の名前すべてが公式の記録に現れる最初は、『続日本紀《しょくにほんぎ》』大宝三年（七〇三）正月甲子（二日）条である。

> 正六位下藤原朝臣《あそみ》房前《ふささき》を東海道、従六位上多治比《たじひ》真人《まひと》三宅麻呂を東山道、従七位上高向《たかむく》朝臣大足《おおたり》を北陸道、従七位下波多《はた》真人余射《よぎ》を山陰道、正八位上穂積朝臣老《おゆ》を山陽道、従七位上小野朝臣馬養《うまかい》を南海道、正七位上大伴宿禰《すくね》大沼田《おおぬた》を西海道に遣《つかわ》す。道別に録事一人、政績を巡り省《み》て、冤枉《えんおう》（冤罪）を申し理《ことわ》らしむ

これは巡察使を全七道に派遣したことを意味しており、大宝令《りょう》が発令されて最初の事であった。使者の位は六位以下で高くはないが、東海道に派遣された藤原房前が後に右大臣として権勢を振るう藤原不比等の二男であるなど、みな良家の出身であった。

さて、山陰道は丹波《たんば》・丹後《たんご》・但馬《たじま》・因幡《いなば》・伯耆《ほうき》・出雲《いずも》・石見《いわみ》・隠岐《おき》の八ヵ国で構成される。山陰道の

総延長は、本路が四二四・二キロ、これに丹後・但馬路と隠岐路が加わり、総計五七〇・二キロである。山陰道の交通路としての格は小路であり、標準の駅馬配備数は五疋であるが、ただ因幡国管内までの本路の駅はすべて八疋となっている。

山陰道の特徴を最初に三点挙げておく。第一は京に近い丹波、丹後、但馬の三国（三丹地区）が、支路によっていわばトライアングルのように結ばれる、特異なネットワークを形成していることである。この点はしかし、北陸道の若狭国を経由する若狭路に似ているともいえる。第二は因幡以西の山陰道諸国が京との交通において、丹波・但馬両国経由の山陰道本路を使うことが少なく、幾つかの山陰・山陽

表4　山陰道　路線，駅および駅間距離

駅名	駅間距離(km)
山陰道本路	
京南分岐	0.0
大枝	12.8
野口	15.2
小野	12.8
長柄	12.0
星角	16.4
佐治	15.5
粟鹿	9.3
郡部	18.4
養耆	14.0
射添	15.4
面治	12.8
山埼	13.8
佐尉	14.1
敷見	11.2
柏尾	10.0
笏賀	8.3
松原	17.1
清水	14.8
奈和	18.0
相見	17.2
野城	16.0
黒田	11.0
宍道	20.2
狭結	15.5
多伎	12.0
波弥	10.8
宅野	15.4
樟道	14.2
江東	12.2
江西	1.5
伊甘	16.3
合計	424.2
丹後・但馬路	
篠山分岐	0.0
日出	17.0
花浪	19.0
勾金	21.0
丹後国府*	10.0
(勾金)	0.0
山前	15.2
但馬国府*	19.3
春野	11.5
村岡分岐	9.4
合計	122.4
隠岐路	
(黒田)	0.0
千酌	19.3
(今津)	0.0
隠岐国府*	4.3
合計	23.6
山陰道合計	570.2

注1：*は駅に準ずるもの
注2：(　)内の駅名は，他の路線等でカウントされるもの，または駅名以外のもの

連絡路（陰陽連絡路）を使って、しばしば山陽道を経由していた事実があり、それが今日の交通にまで反映していることである。第三は出雲国では『風土記』がほぼ完全な形で残されていたため、交通路の様子が全国の他の諸国に比べても格段に明らかになっていることである。以下、これらについて配慮しながら進めてゆきたい。

山陰道についても、『古代の道　東国編』の各道と同じく、基本参考文献は藤岡謙二郎編『古代日本の交通路Ⅲ』（大明堂、一九七八年）と木下良編『古代を考える　古代道路』（吉川弘文館、一九九六年）である。前者はすでに第Ⅲ巻に入った。これまでにも一般にそうであるが、この二つの重要な文献は、後者が前者に比べれば二〇年近くも後に出ているので、新しい知見が豊富に取り込まれているのはよいが、しかし紙幅の関係か、すべての駅やルートを網羅しているのではなく、いわばトピック的に問題点を指摘しているに止まっているために、全体を通しての記述は前者を基準にせざるを得ない。しかも駅の比定地も今では町村合併や地名表示の変更などでかなり改変があって、それらの照合にも相当な労力を要する。これまでも筆者は駅家《うまや》の比定地は必ず現在の地名表示を使うよう心がけてきた。このほか、大槻如電《じょでん》『駅路通』（上巻・一九一一年、下巻・一九一五年）も随時参照する。上記三点は以下の各道においても同じである。なお三丹地区の古代交通路については、木下良「山陰道旧駅路について―但馬国を中心として―」（『但馬史研究』第一二号、一九八九年）を参考にした。最も新しい資料として、兵庫県内（丹波国の一部・但馬国）については『歴史の道調査報告書第三集　山陰道』（兵庫県教育委員会、一九九三年）に高橋美久二の論考がある。これは木下の前記論考をはじめ、これまでの研究者による丹波・但馬両国の駅位置の比較表を自らの見解も含めてまとめた一表にするなど、多くの示唆に富む。

二　丹波国の山陰道

老の坂峠を越えて丹波国へ

山陰道は、平安京からはまず南の羅城門を出た後、西海道を除く六本の駅路の合同の一本の道として南下し、大縄手《おおなわて》と呼ばれる道との交点で東海・東山・北陸の三道が東に向かう所（京南分岐）で大縄手を西へ向かう。駅路図は全体には一〇〇万分の一日本図を基図として使用するが（図3）、平安京を中心とした畿内については、駅路が密であるので、五〇万分の一地方図を用いた（図2）。

西に向かった道は、そのまま桂川を渡って、現在の京都市西京区御陵あたりで近世山陰街道や国道9号のルートと合する。沓掛から老《おい》ノ坂峠を越え、これまでの山城国から丹波国へ入る。老の坂では、古い峠道でなく、新しい高規格幹線道路の京都縦貫自動車道（京都丹波道路）に沿って直通的に峠越えをしたと見られる。

最初の駅は**大枝駅**《おおえ》（京都府亀岡市篠町王子）である。王子は大枝を「おおじ」と読んで語韻が通じる。峠を西へ下りたところで、篠《しの》八幡宮が近くにある。もっとも大枝の地名は老ノ坂より東の京都市西京区にも残っており、足利健亮は『平安遺文』一九九七号文書に乙訓郡（一一条）駅家里と見えることから、奈良時代の山陰道の一駅がこの付近にあったのではないかとする（藤岡『古代日本の交通路Ⅰ』）。しかし都が平安京に移ってからは、駅間距離の関係などから『延喜式』に見るように丹波国に移されたものであろう。京南分岐から一二・八キロであるから、羅城門から京南分岐までを〇・六キロとして、駅間距離とし

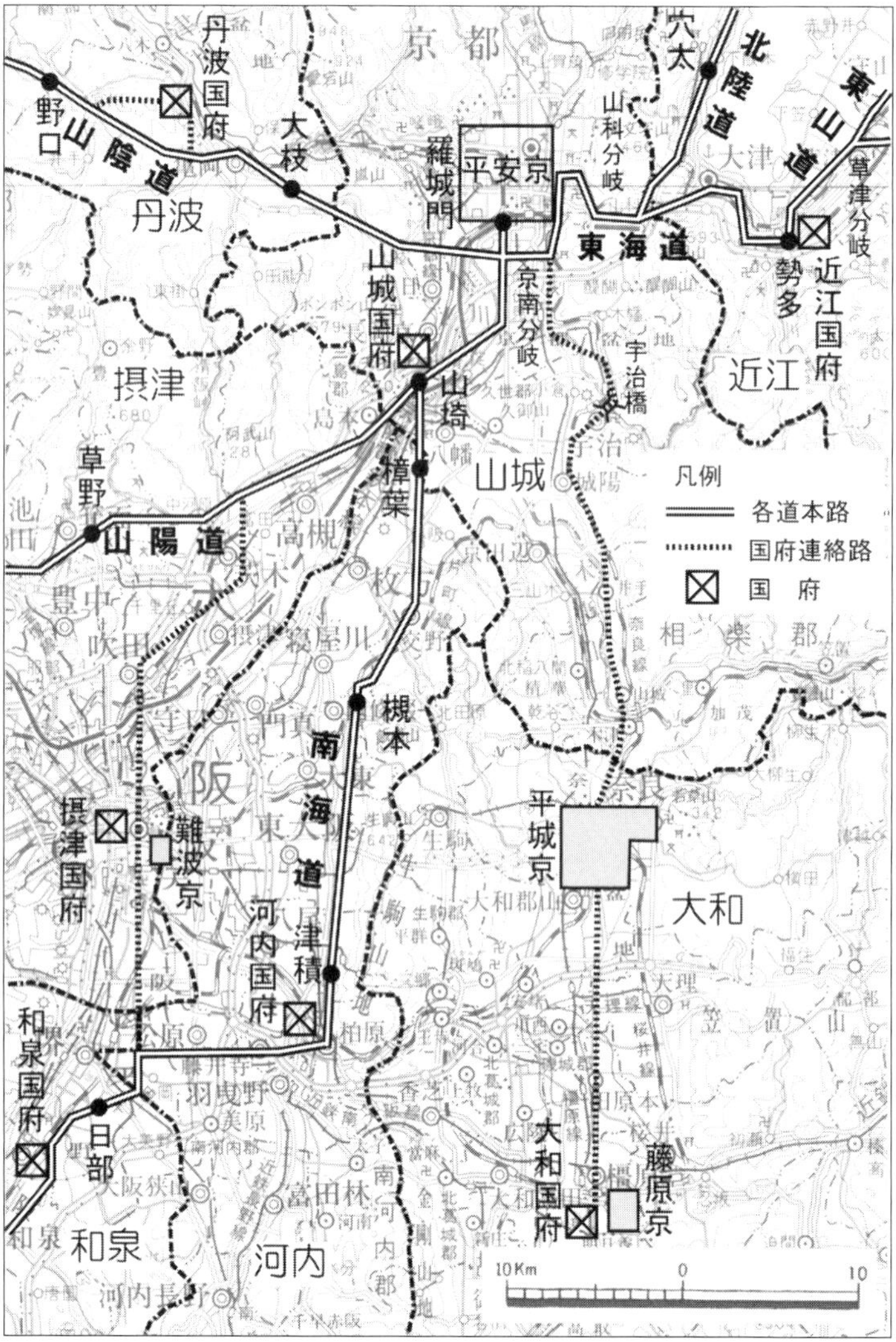
丹波国府
野口
山陰道
大枝
丹波
羅城門
平安京
六太
北陸道
東山道
山科分岐
東海道
草津分岐
勢多
近江国府
近江
山城国府
京南分岐
宇治橋
山埼
摂津
草野
山陽道
樟葉
山城
凡例
各道本路
国府連絡路
国府
槻本
南海道
平城京
摂津国府
難波京
大和
河内国府
津積
和泉国府
日部
大和国府
藤原京
和泉
河内
10Km
0
10

図２　畿内駅路図

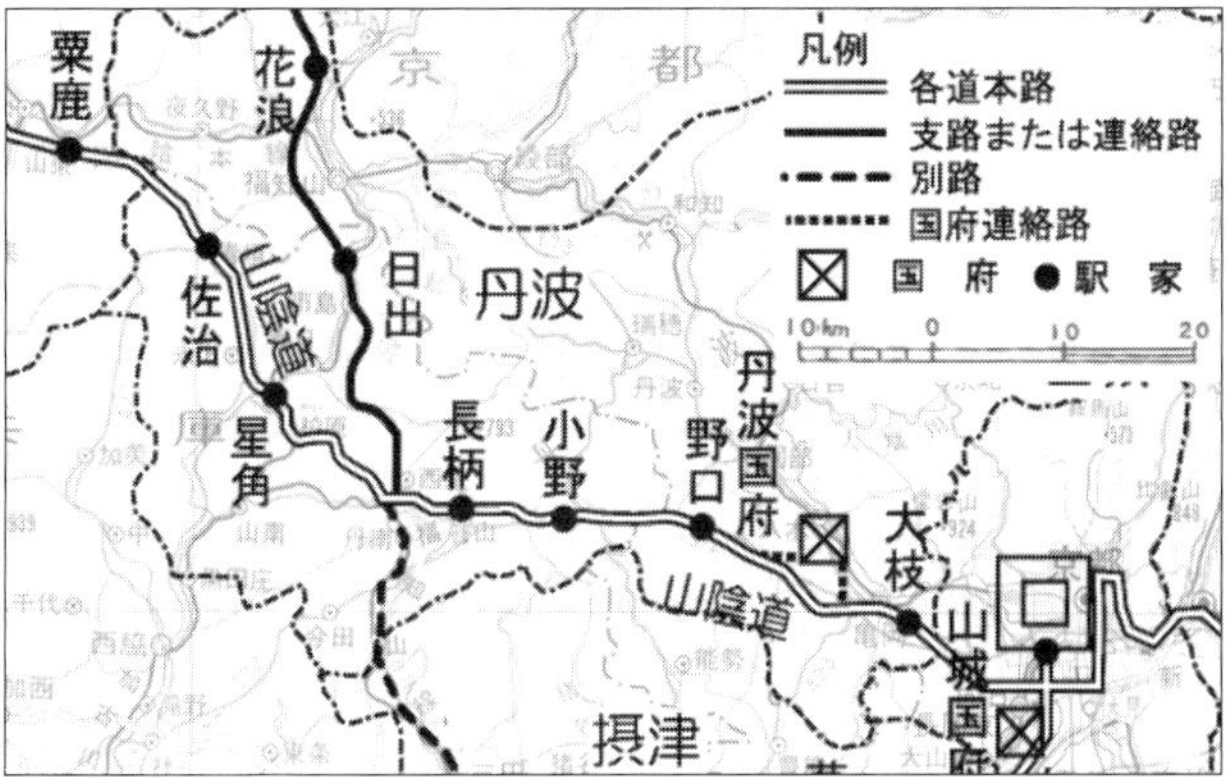

図3　山陰道路線図―1

ては一三・四キロとなる。

大枝駅からそのまま進んで亀岡市街地を通り抜けて、左折して西進する。亀岡市の河原町付近から吉川町穴川にかけて、およそ二キロにわたって東西の直線道路が残っている（図4）。古代道の名残りではないかと言われている。この道筋は近世篠山《ささやま》街道でもある。駅路はこれを西へ進む。この後、ルートは篠山まではほぼこの街道筋である。なお、近世山陰道は国道9号と同じく古代路とは分かれ、生野《いくの》道とも呼ばれる道筋をたどって北西方向に進み、京都府内を福知山へ向かう。

直線的に西に向かった古代山陰道が京都丹波道路と交差し、山に差し掛かる手前に、今度は直角に北に向かう古い道が残っている。これを三キロほど北上した地点に**丹波《たんば》国府**（亀岡市千代《ちよ》川町）跡がある。山陰道のやや北にある。南北の直線道（府道407号）は国府への連絡道が残ったものであろう。国府から山陰道に戻るには、国府付近で左に折れ、そのまま西進するような形で小さな峠を越え、亀岡市宮前《みやさき》町で本路に合流したものと見る。主要地方道73号宮前千歳線のルートである。

図4　真西に向かって進む古代からの道（亀岡市吉川町付近）

駅趾碑が続く山陰道

山陰道本路は、亀岡市の東西道路から先は、大筋では近世篠山街道あるいはそれを踏襲する国道372号のルートに乗るといってよいが、より直線的な篠山街道のルートに近い。まず最初に丘陵地にかかるところでは、現在国道のように山内川沿いに北側を回るのではなく、直線的に湯の花温泉経由の小さな峠を越えたと見る。亀岡市の西端でも、古代山陰道は本梅《ほんめ》川沿いの国道ではなく、南の丘陵基部に沿った旧街道のルートのようだ。園部町に入ってすぐ、次の**野口《ののぐち》駅**（園部町南大谷）比定地がある。『和名抄《わみょうしょう》』（十世紀に成立した百科事典、正しくは『和名類聚抄《わみょうるいじゅうしょう》』）に船井郡野口郷があり、現園部町南大谷に旧字名の野口があって、比定地としてはまぎれがない。旧道の右側にある用水池を背にして、地元の郷土史会が立てた大きな自然石の「野口駅跡」の碑がある（図5）。大枝駅から一五・二キロを測る。

さらに西行して天引《あまびき》峠を越えると、同じ丹波国ながら兵庫県内となる。峠越えには現在は国道173号の新しいトンネルがあり、古代路はあるいは新トンネルのルート上をたどったかもしれない。次の**小野《おの》駅**（兵庫県篠山《ささやま》市小野奥谷）も篠山街道に沿っており、ここでは国道372号と重なっている。国道173号が北に分岐した先の緩い丘陵越えの地点に、古い「史跡延喜式小野駅跡」の石柱と篠山市による説明板が右側に立てられている。ここも比定地として特に問題がない。野口駅からは一二・八キロになる。

引き続き篠山街道に沿って西進し、篠山市の市街地に入る。次の長柄駅《ながら》（篠山市西浜谷）には篠山市内で諸説があるが、ここは西浜谷《にしはまだに》遺跡を駅跡とする高橋美久二説（『歴史の道調査報告書第三集　山陰道』前掲）を採りたい。その所在地は篠山城の北の山麓沿いである。小野駅から一二キロを測る。ルートは篠山盆地に入ってからは、篠山市街地の北側の山麓を通過してきたと見られる。

長柄駅から北の山麓沿いに西谷・宮田と県道140号に沿って西進する。宮田で舞鶴若狭自動車道と交差する地点で丹後国府への支路である丹後・但馬路が分かれる。篠山分岐と名づける。長柄駅から二・五キロである。ちょうどこの分岐点には、都が難波京にあったとき、有馬温泉を経由して、ここまで山陰道が北上して延びてきていた。いわば前期山陰道である。山陰道本路に対して、丹後・但馬支路と合わせ、十字路のような形になる（図3）。ただし、丹後・但馬路の分岐点については異論があるので、その議論はあらためて丹後・但馬路の節で語りたい。

図5　野口駅跡碑（園部町南大谷）

現代自動車道路と並ぶ

本路は篠山分岐からさらに県道140号に沿って西進して小さな峠を越せば、長安寺で国道176号のラインに合する。そこから西北方に三キロほど行くと鐘《かね》ヶ坂《さか》の峠を越えることになる。鐘ヶ坂峠はかなり急峻で、国道では在来の昭和のトンネルのほか、さらに二〇〇メートルほど南に新たな平成のトンネル（延長一キロあまり）を建設中であった。この坂越え

図6　古代山陰道と並行する建設中の北近畿豊岡自動車道

には、明治時代に掘られた隧道もある。古代路が鐘ヶ坂のどこを越えたかは定かでないが、これまでの例を見ると、このような新しいトンネルルートの上を越しているような場合にしばしば出くわす。ここもその一つかもしれない。

次の**星角駅**《ほしずみ》（丹波市氷上《ひかみ》町石生《いそう》）は、国道176号と175号（いずれも旧道）とが分合流する地点で、水分れと呼ばれる地点である。標高一〇〇メートル未満で太平洋（瀬戸内海）と日本海の分水界をなしているといわれる。「星角」に直接関連する地名はなく、明治期の吉田東伍『大日本地名辞書』以来、石生あるいは石負の混合した書き誤りとされる。長柄駅から一六・四キロとなる。このあたりに来ると高規格幹線道路の北近畿豊岡自動車道（丹波市春日町・豊岡市間）が建設中で（図6）、近くに氷上インターチェンジ（以下、ICと略称）もある。

そのあと山陰道は主要地方道7号青垣柏原線および北近畿豊岡自動車道の計画ルートに沿って西北進し、次の**佐治駅**《さじ》（丹波市青垣町中佐治）付近にはやはり自動車道の青垣ICが予定されている。佐治駅は遺称地名佐治があることから、比定地として特に問題はない。星角駅から一五・五キロを測る。ここまで、本章冒頭で述べたように、各駅の配備駅馬数はすべて八疋である。

この佐治駅付近から山陰道は一般道路でいえば国道427号に沿うこととなるが、自動車道とはずっと並行していて、遠坂《とおさか》峠を越えて同じ兵庫県ながら但馬国に入る。四キロ近くの長い国道トンネルがあるが、旧峠もそれほど急峻ではない。

三　但馬国の山陰道本路

道路建設の歴史に関係深い古代山陰道のルート

但馬国の山陰道の駅は、『延喜式《えんぎしき》』では「粟鹿《あわか》、郡部《こおりべ》、養耆《やぎ》各八疋、山前《やまさき》五疋、面治《めじ》、射添《いそう》各八疋、春野《かすがの》五疋」と書かれている。『延喜式』での記載順序は、一般には駅路の順となっているものの、まれには異なるときもあり、そのため比定地選択が研究者によって異なる場合が出てくる。また各駅の駅馬数の違いは本路か支路かの判別に使われることがある。ここの場合、山前駅が養耆と面治両駅の間にあるため、五疋ではあるが従来は本路の駅とされて来た。しかし木下良は、山前駅は支路にあったとの説（木下「山陰道旧駅路について—但馬国を中心として—」前掲）を提出している。駅間距離を考える限り、妥当に思われる。以下、それに従って駅位置の比定をしてゆこう。山陰道路線図—2（図7）を参照されたい。

山陰道本路の但馬国最初の駅は、遠坂峠を越えてすぐの**粟鹿《あわか》駅**（朝来《あさご》市山東町柴）である。遺称地名の粟鹿が付近にあるので、その一帯のいずこかであることに問題はない。自動車道の建設に伴って、平成十二年（二〇〇〇）に、粟鹿より東に少し坂を上がり、現遠坂トンネルの坑口近くの柴遺跡で「駅子」の文字の書かれた木簡が出土した。その付近が粟鹿駅ではないかと見られている。佐治駅から九・三キロとやや短いのは、峠越えと関係あるかもしれない。この地点のすぐ西に、北近畿豊岡自動車道の山

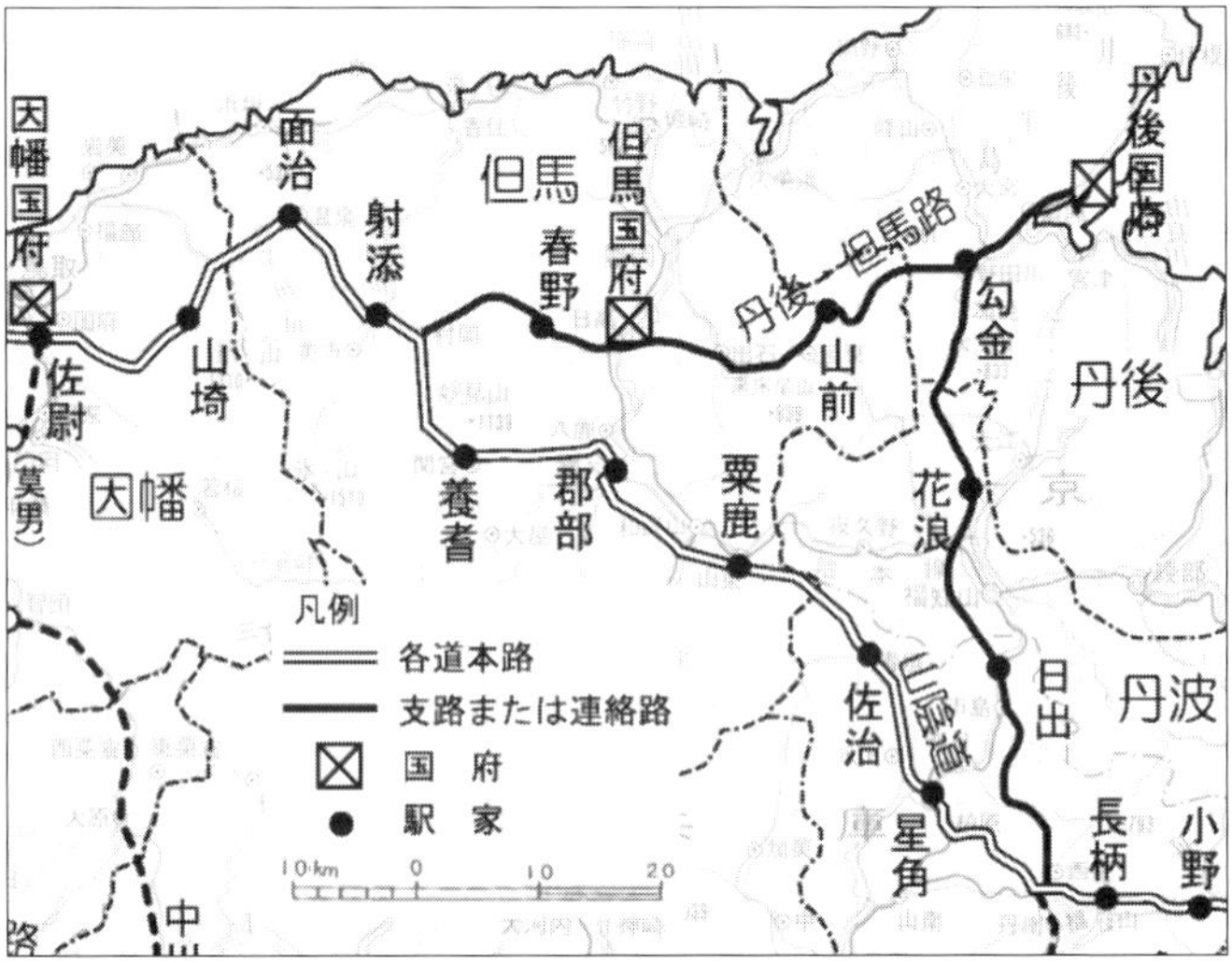

図7　山陰道路線図—2

東ICが計画されている。

　粟鹿駅から先は、これまで一般に古代山陰道は近世山陰道や国道9号の道筋である円山《まるやま》川の左岸を行き、次の郡部《こおりべ》駅も、円山川河畔の養父《やぶ》市場あたりに比定されることが多かった。しかし木下は先に示した文献において、円山川沿いは山麓に川が迫っている所が多いので、和田山町牧田から峠越しに同町岡へ、さらに岡から養父《やぶ》市畑をへて広谷へ出たと推定した（図8）。これは粟鹿駅から西進する場合、円山川沿いでなく、その南の宝珠《ほうじゅ》峠を越え、さらに山間部の岡から広谷に至るものである。そして郡部駅は岡田または広谷が適当であろうとした。

　ところで、星角駅以来古代山陰道とつかず離れずに寄り添ってきた建設中の北近畿豊岡自動車道は、粟鹿駅付近から先も、木下の指摘する宝珠峠越えのルートを進んでいる。そして朝来市和田山町岡から峠をトンネルで抜けて養父市畑付近から

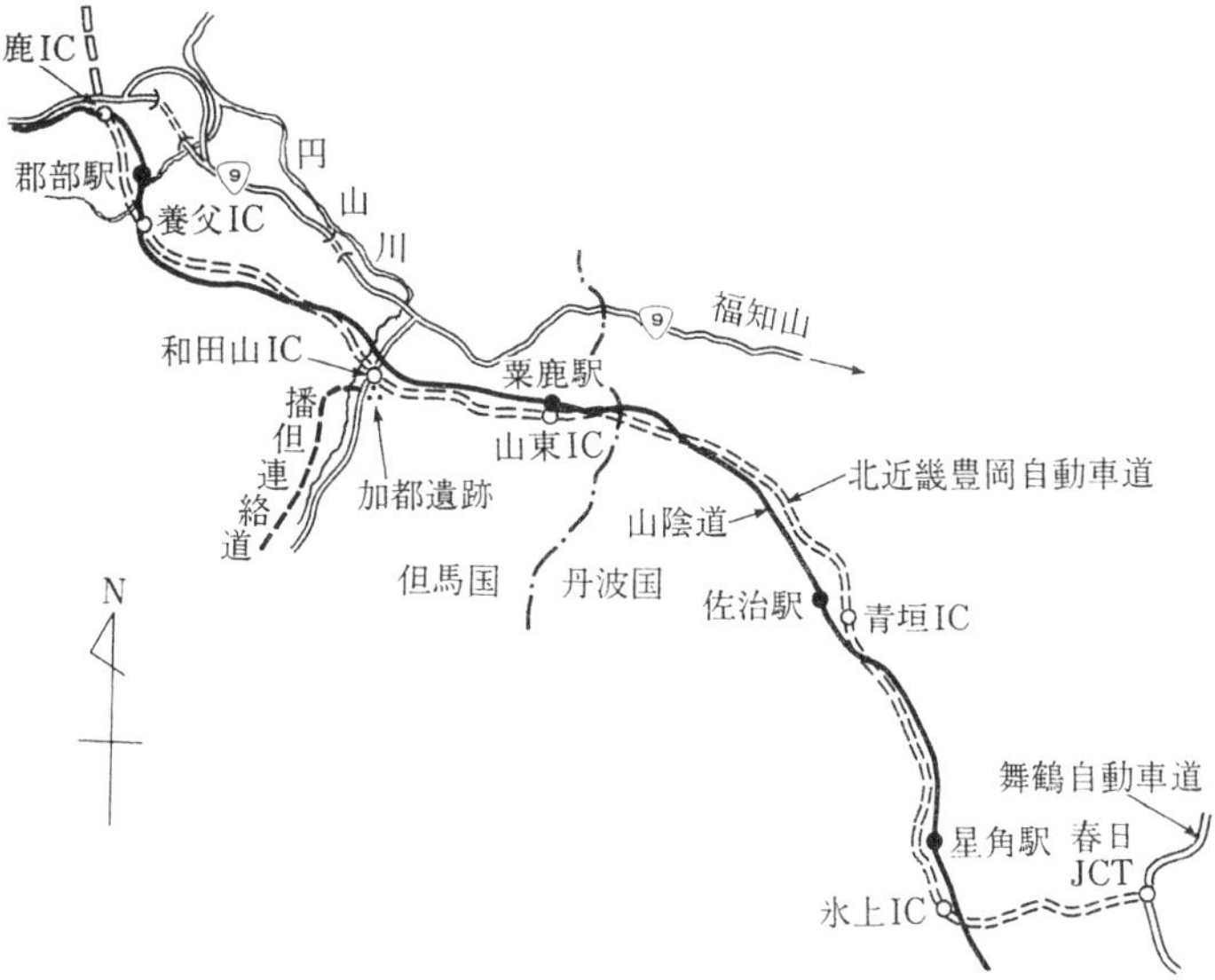

図8　兵庫県北部の古代山陰道と自動車道の関係

図9　駅路通過ルートと想定される朝来市・養父市境の峠の現況

同市八鹿《ようか》町国木付近に出るルートを選んでいる（図8、9）。木下が考える郡部駅の候補地の一つの養父市高田は、いったん円山川沿岸に戻るもので適当とは言えず、ここは自動車道の建設ルートに近い広谷のほうが適当と考えたい。この**郡部駅**《こおりべ》（養父《やぶ》市広谷）と前栗鹿駅の間は一八・四キロとやや長くなる。

郡部駅比定地付近以降は、北近畿豊岡自動車道は古代山陰道とは向かう方向が異なるので、自動車道と古代道路との重なりは、ここで終りである。これまでも各所でその例を見てきたところであるが、ここでも駅とインターチェンジとは、星角駅＝氷上IC、佐治駅＝青垣IC、粟鹿駅＝山東IC、郡部駅＝養父ICとそれぞれ対応し、自動車道において朝来市和田山で播但自動車道に接続する和田山ICが余分にあるのみである。

国道バイパスの道を行く古代山陰道

郡部駅からは、古代山陰道は近世山陰道が通っていた一日《ひとえ》坂に近い位置で養父市八鹿《ようか》町国木《くぬぎ》に出た後、八木川左岸（北岸）を国道9号に沿って西進したと見られる。近世山陰道も同じルートである。ほぼ一〇キロほど西進して元関宮町役場のある養父市関宮《せきのみや》付近に至る。つまり郡部駅北方からここ関宮までの間は古代路、近世街道、それに現代国道がほぼ同じルートをたどっていることになる。

しかしこの先からは紛れが生じる。次の養耆駅《やぎ》については、異論が多い。それは『延喜式』において、先述のように養耆駅と射添駅との間に駅馬五疋の山前駅《やまさき》が記されているからである。古くは吉田『大日本地名辞書』から藤岡『古代日本の交通路III』に至るまで、前記の山前駅を山陰道本路に置いている。さきにも触れたように配備駅馬数が支路並みの五疋であるにもかかわらず、なぜ本路にあると考えたか

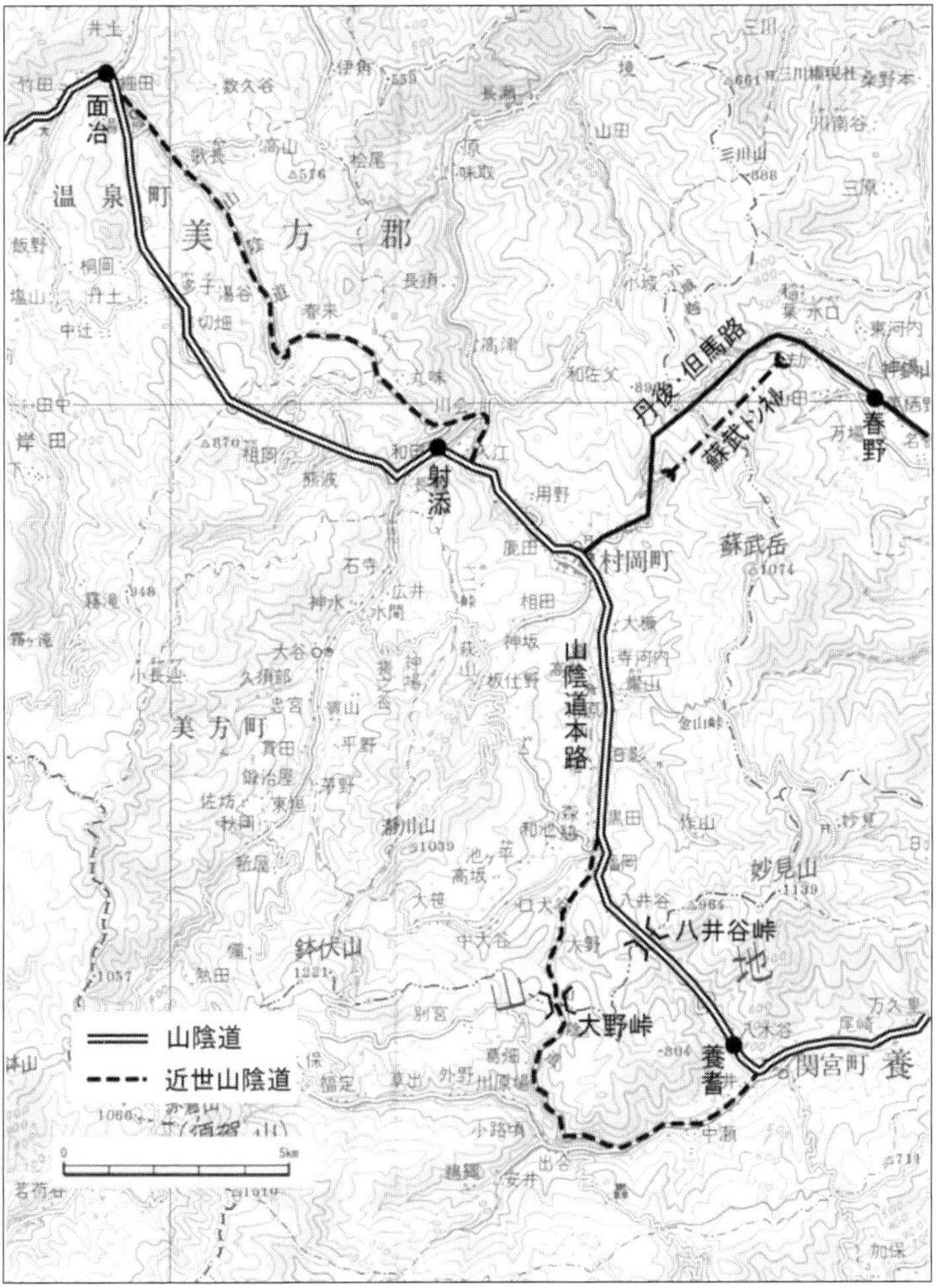

図 10　但馬国西部の山陰道関係図（縮尺　20 万分の 1）

を推測すると、古代山陰道を近世山陰道のルートと同じと考えたからに他ならない。その一つは古代山陰道を円山川沿いと考えたこと、もう一つは中国山地のつながりの一つである妙見山西側の山嶺を迂回した大野峠越えと考えたことである。円山川の問題は、川沿いではなく、現代の自動車道路沿いであることを先に図8によって示した。次の妙見山に連なる中国山地の通過位置も、道路の歴史と関係がある。

図10に養父市関宮から先の但馬国西部の山陰道のルートを拡大して示す。まず近世山陰道は関宮からさらに五キロほど西進してから右折して北上し、比較的穏やかな大野峠を越えて香美町《かみ》村岡区に至る。これに対して現代の国道9号は関宮で北西に山中に入り、妙見山西側の山嶺を急峻な八井谷《やいだに》峠で越えて、その先で西を迂回してきた近世山陰道と合する。この二つの峠越えはいわば二等辺三角形のような形をしており、この間、国道9号によっておよそ五〜六キロのショートカットとなった。この国道9号ルートは戦後に改良された新しいもので、八井谷峠を但馬トンネルとループ橋で抜けているような険阻な地域である。それまでは国道9号も近世山陰道を踏襲して遠回りをしていた。この迂回ルートを古代山陰道も通ると考えた研究者は、駅間距離が長くなりすぎるので、この大野峠回りルートの中間に山前駅を置きたくなるのである。

これに対して木下は、古代山陰道は新しい国道9号が通る八井谷峠越えの直通ルートであると考えた。そして郡部駅の次の**養耆駅**《やぎ》（養父市関宮八木谷）をこの八木谷峠の山麓に比定した。郡部駅から一四キロである。ここから古代山陽道はループ橋とトンネルで越えるような国道9号に沿って峠を越える（図11）。

さらに次の射添《いそう》駅の比定地（香美町村岡区和田）にはあまり問題がないので、郡部・養耆駅間は一四キロ、養耆・射添間は一五・四キロとなってバランスも良い。あとでも触れるが、山前駅は支路に持っていったほうがそちらでも全体のバランスもよくなるし、五疋配備の矛盾もない。古代山陰道のルート探索を、いわば現代道路の建設が裏付けているようなものである。古代の技術者も現代の道路技術者も、目的が同じならば、目指すところもまた一つなのである。ただし、高橋美久二は、八井谷峠を通るとしながらも、郡部・養耆両駅の位置を別に考えて山前駅を本路に置くという考えを示している。しかしこれでは駅間距離が全体として短くなりすぎるだろう。

駅路の古代山陰道は八井谷峠を越えて、峠下で西を迂回してきた近世山陰道のルートと合流し、湯船川沿いに北上する。さらに香美町村岡区村岡では北東方面から下りてきた丹後・但馬路と合流する。この丹後・但馬路のルートにも現代道路の建設が関連しており、後にふたたび触れることとなる。**射《い》添《そう》駅**（香美町村岡区和田）は古くから湯船川と矢田川の合流点付近に比定されている。

図11　国道9号のループ橋の下を古代山陰道は北上する

ここからさらに次の面治駅までが、もう一箇所の山越えルートである。木下はこの間を近世街道や国道9号の通る春来川沿いではなく、それより西の相岡《けびおか》高原を通ったとしている（前掲図10参照）。尾根筋や高原を経て、八キロほどで春来川沿いの近世山陰道の道筋（国道9号）へ戻ると、やがて岸田川との合流点付近が**面治《めじ》駅**（温泉町出合）である。

図12　面治駅比定地付近の面沼神社
（温泉町井上）

面治駅近くには式内社の面沼《めぬま》神社がある。名前の字面《じづら》がよく似ているが、『延喜式』神名帳にも面沼の名があり、明治初年にそれにちなんで新たに付けられた名前で、近在に「米持《めじ》」の小字名あり、古くは「米持大明神」と書かれていたという。『延喜式』神名帳の書き誤りであろう（図12）。前の射添駅から一二・八キロである。

なお、先に示した『延喜式』の駅名記載順序（表1）では、射添と面治の順序が逆になっている。これは郡の記載の順になっていると見られる。『和名抄』によれば、七美《しつみ》郡に射添郷と駅家郷の名が見え、二方《ふたかた》郡に面沼（面治）の名は見えないが、面沼神社は二方郡にある。また『延喜式』の郡名の記載は二方・七美の順になっているので、駅名記載順も面治・射添となったものとの解釈である。

面治駅から先は、因幡《いなば》国との国境である蒲生《がもう》峠までは紛れがない。ここは近世山陰道とその後継である国道9号の道筋である。蒲生峠で県境を越え因幡国（鳥取県）に入る。国道の場合はトンネルで抜けている。

四　丹後・但馬路を行く

支路の起点付近のルートの検討

丹後への道に戻ろう。路線図は図7（24頁前掲）を参照されたい。この支路は丹後国府へ行くだけでなく、それから但馬国府を経て山陰道本路へ戻る三角形をなしているので、丹後・但馬路と呼ぶことにする。この支路の分岐点にはいくつもの考え方があるので、一応整理しておきたい。

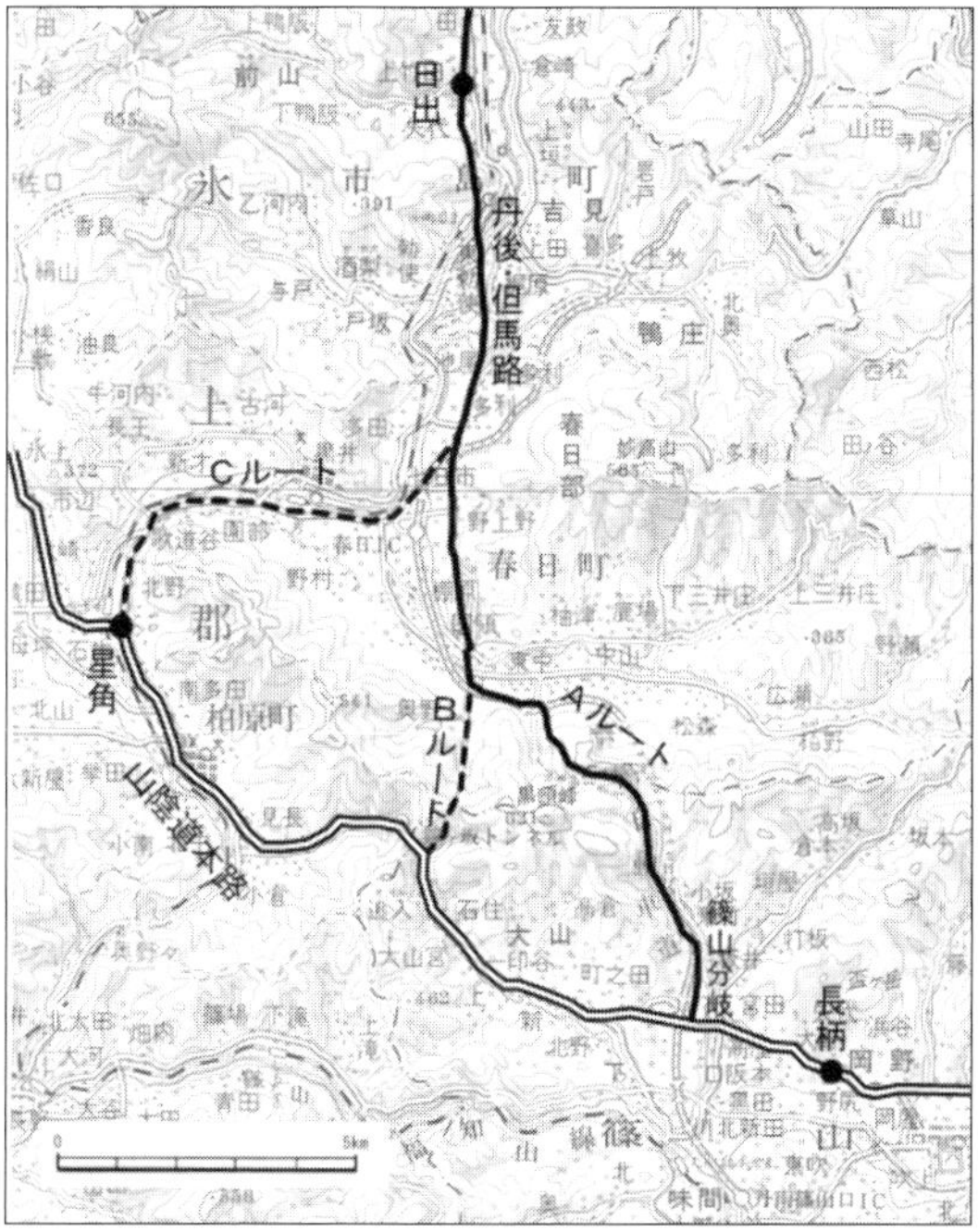

図13　丹後・但馬路，始点付近の比較路線図

図13にそれを比較する図を掲げる。まず比較すべき路線は、Aルート（佐仲峠越え）、Bルート（瓶割《びんわり》峠越え）、Cルート（水分れ街道）の三本とする。これらは『福知山市史』（第一巻、一九七六年）が比較想定したルートである。

Aルートは舞鶴若狭自動車道にほぼ沿うもので、山陰道本路が自動車道をクロスする地点（篠山分岐）で分かれると想定する。自動車道の東側の側道を北上すると、山の手前で自動車道の下を過ぎ、坂道を上がる。自動車道は丹波第一トンネルに入り、旧道のほうは佐仲ダムで車は進めなくなるが、道は続いていて、傍らに近世の道標が残っている。「右中山

図14　丹後・丹波路起点付近の江戸期道標（篠山市小坂）

道三井ノ庄　左ふくち山○○物部」と読める（図14）。右の道は近傍への道であるが、左の道の「物部」とは丹後国の要衝で、この道が丹後に通ずるものであることを表わしている。この左の道が標高四二〇メートル（地図上の測定）の佐仲峠を越えて、丹波市春日町国領に出る。それを北上すれば丹後・但馬路の最初の駅、日出《ひづ》駅に達する。比較三ルート中でもっとも短い。筆者はこのルートを選ぶ。木下の意見も同じである。篠山分岐から日出駅まで一七キロであるから、長柄駅から篠山分岐までの二・五キロを足して、駅間距離は一九・五キロとなる。

　Bルートは篠山分岐からそのまま本路を西に進み、本路が鐘ヶ坂峠を越える手前で、分岐して北上するルートである。『歴史の道調査報告書第三集　山陰道』（前掲）において高橋美久二の想定するルートである。『福知山市史』も断定はしていないが、ほぼこの道を採っている。鐘ヶ坂峠の手前で分岐し、北上して瓶割《びんわり》峠（地図上で標高約三八〇メートル）を越え、Aルートと同じく国領に出る。峠越えはAルートより低いが、距離は二キロ延びる。

　第三のCルートは山陰道本路の星角駅から、国道175号やJR福知山線に沿う水分れ街道ルートである。これは峠越えはない。水分れから黒井川の筋である。長柄駅から算定すれば距離は三一キロとかなり長くなるが、本線の星角駅を起点と考えれば、次の日出駅までは一三・八キロとなって妥当な長さとなる。

これら三ルートの特徴を比較すると、Aルートは駅路としての直達距離は最も短いが、峠越えの標高は一番高い。Cルートは直達距離は最も長いが、標高が低く、駅間距離としては一駅増えるだけ妥当な距離となる。Bルートはその中間にある。『福知山市史』は、「平安時代の時代相を考えると、五百メートル近い峠は避けただろう」としているが、奈良時代から続いた道だと考えれば、やはりAルートのほうが駅路としては基本に近い。より低い峠を選んで遠回りするという理由に乏しい。

明治十九〜二十四年（一八八六〜九二）の陸地測量部輯製二〇万分の一図では、この三ルートはいずれも県道としており、先に見たように現地の江戸期の道標も、Aルートを丹後国につながる道筋としている。自動車道路に沿ったルートであることからも、Aルートは駅路として蓋然性が高いだろう。

丹波国の丹後・但馬路

峠を越した国領からは由良川支流の竹田川右岸を北上し、市島町に入ってからは左岸に移って、丹後・但馬路最初の**日出駅**《ひづ》（兵庫県丹波市市島町上竹田段宿）に達する。日出駅は竹岡林の比定による位置を採る（藤岡『古代日本の交通路Ⅲ』前掲）。市島町段宿は左岸の段丘上に位置し、現在は近くに国道175号のバイパスが通っている。前長柄駅から一九・五キロであることはすでに見た。

日出駅から先は、次の**花浪駅**《はななみ》（京都府福知山市瘤《こぶ》ノ木）までルートの可能性も大きく二つに分かれる。一つは国道175号やJR福知山線の通る東回りの由良川沿岸ルートである。福知山市内は国道9号と重なり、同市北部でふたたび175号となった後、国道176号によって分岐して下天津で府道529号大呂下天津線沿いに西へ進んで花浪駅に至る。亀岡市から国道9号あるいは近世山陰道のルートにより福知山をへて、

図15 「花浪駅跡」の石碑（福知山市瘤ノ木）

ここに達する道筋は、古く生野《いくの》道と呼ばれたルートである。生野道とは、この先の花浪駅に出てくる和泉《いずみ》式部の娘である小式部内侍《こしきぶのないじ》が通った道として知られる。直線的な駅路とは別にあった伝路ではないかと見られる。

小式部内侍は容姿に優れ、若くして歌も巧みであったので、人気者であるとともに妬みも受けた。歌は母親の代作ではないかと疑われ、京の都の歌合わせの席で、丹後にいる母の和泉式部から手紙が届いたかとからかわれて、即座に一首を詠んで鮮やかに切り替えした、と伝えられる。

大江山いく野の道の遠ければ　まだふみも見ず天《あま》の橋立

この歌は、小倉百人一首にも採られている。小式部内侍は母親より先に死んだので、和泉式部が悲嘆の歌を残した。

他の一つは氾濫の多かった由良川筋は避け、北西に段丘を越える西回りルートである。福知山市中心部から西の正明寺・今安付近を通過し、府道109号福知山山南線に沿うように北上して、同市野花から府道528号下野条上川口停車場線に沿って北上し、花浪駅に至る。河谷沿いを避けるのは古代路の常道であり、『福知山市史』もこのルートを採っている。花浪駅の比定地も論者によって分かれるが、地元によって古く「花浪駅跡」の石碑が立てられた由良川から西へ入った瘤ノ木を採りたい（図15）。ここに花浪駅趾碑が立てられたのは、この集落の北に俗称花並《はななみ》峠があることにも関係しているだろう。

和泉《いずみ》式部の歌が知られている。

はななみの里としきけば物うきに　きみひきわたせあまのはしだて

花並の地は、平安時代の治安三年（一〇二三）頃、情熱的な歌人として知られる和泉式部が、夫で丹後国司になった藤原保昌《やすまさ》に従って京都から丹後国府に下る時に通過したといわれている。一般に国司が赴任の時には伝符を下付され、伝路を行くことが決まりであった。そのことからいうと、ここは伝路であって、駅路は別だとする考え方もある。しかし、藤原保昌が丹後国司になった当時はすでに駅伝制が十分に機能していなかったと考えられ、伝路の生野道と駅路の丹後・但馬路とが花浪駅付近から先は同一ルートであった可能性も考えて、瘤ノ木《こぶのき》を花浪駅としたい。なお、華浪山の名は『続日本紀《しょくにほんぎ》』天平神護二年（七六六）七月条にその名が見え、竹岡は華浪山を三岳山の古称とする説を採り、花浪の地名が包括的なものであるとしている。前日出駅から一九キロである。

丹後・但馬路は、花浪駅から小さい俗称花並峠を越えて、現在の国道426号のルートで北上する。福知山市から加悦《かや》町に入る与謝峠で丹後国に入る。

丹後国から但馬国へ

丹後国へ入った丹後・但馬路は、国道426号ルート沿いに加悦町を経て野田川町に達する。次の**勾金駅**《まがりかね》（野田川町四辻）は、丹後国唯一の駅家である。これまでは、手前の加悦《かや》町の金屋などに想定されていたが、木下は勾金駅を丹後・但馬路から丹後国府への枝線の分岐点に比定する（図7、16）。北陸道若狭路の濃飫《のお》駅についても、同様に分岐点に想定した（『古代の道　東国編』参照）。前花浪駅から二一キロを測る。

丹後国府《たんご》（宮津市中野府中）は野田川に沿って宮津湾に至り、確定されてはいないが、宮津市旧字府中あるいは宮滝町男山が有力である。ここは木下の見解に沿って府中とする。勾金駅から一〇キロになる。このあたりは宮津湾が天橋立《あまのはしだて》でふさがれた風光明媚な阿蘇海に面している。天橋立には和泉式部の歌塚などがある。

いったん勾金駅へ戻り、但馬国府への道はそこから西に府道（兵庫県内は県道）2号宮津八鹿線に沿って岩屋峠を越え、但馬の国に入る。現在の兵庫県管内である。つぎの**山前駅**《やまさき》（兵庫県豊岡市但東《たんとう》町唐川）は、木下の比定による。ここは次の但馬国府との中間地点として選ばれた。勾金駅から一五・二キロになる。

図16　勾金駅比定地の京都府野田川町の四辻

山前駅は、多くの論者によっては前述のように山陰道本路に求められていた駅である。山前駅を丹後・但馬路に置いたのは、木下以前に大槻如電がある（『駅路通』下巻、前掲）。大槻は山前駅を出石郡資母《しも》郷としており、これは但東町北部で、木下の比定地にほぼ相当する。なお、大槻は春野駅を山前駅と但馬国府の中間に置いている。

ここまで県道宮津八鹿線に沿うと言ったが、但東町畑山で道路が太田川に沿って大きく迂回しているところは直線的に山越えしたと考えられる。現在は自動車の通れる道がある。

山前駅から西も、出石《いずし》川に沿う現道沿いではなく、出石町の中心部あたりまでは直線的に幾つかの峠を越えていたと見られる。出石町（現豊岡市域）市街から豊岡市南辺の中郷《なかのごう》付近を通って豊岡市日高町まではほぼ国道482号のルートである。

豊岡市日高町には**但馬《たじま》国府**（豊岡市日高町祢布《にょう》）があった（図17）。同町役場西側の弥布ヶ森《にょうがもり》遺跡がそれではないかと有力視されている。大同三年（八〇八）に但馬国の三駅が廃止されている（『日本後紀』）。三駅の名は明らかではないが、但馬国府は延暦二十三年（八〇四）に気多郡高田郷に移されているので（『日本後紀』）その一つの高田駅家（天平勝宝九年〈七五七〉の正倉院文書にその名がある）がこの付近にあったのではないかとされている。前後の駅位置を考慮するとその可能性は高い。ここでは但馬国府を駅家代替施設と見なすこととする。その場合、山前駅から一九・三キロを測る。なお、他の廃止二駅は『延喜式』の山前・春野《かすがの》両駅で、これは駅馬数が五疋であることから、丹後・但馬路の丹後国府から但馬国府を経て本路へ戻るルート上にあり、そのルートが一たん廃止されたあと、復活したものと考えられる。

図17　但馬国府想定地付近（兵庫県日高町祢布）

ここから山陰道の本路へ戻る道の推定も難しい。古くは但馬国府から山陰道本路の郡部駅へ円山川沿いに南下して結ばれたと考えられていた。しかし川沿いの経路は駅路として適切さを欠くだけでなく、春野駅の処置も考慮しなければならない。

木下は、丹後・但馬路はさらに西に進み、神鍋《かんなべ》高原を経て本路の面治《めじ》駅付近で合流するものとして、春野駅を村岡町味取付近に想定した。これは春野駅が駅馬数が五疋であり、支路に属すると考えられること、および駅名の記載順序がその所属郡公文書における記載順によって、七美郡に属するとしてその位置を求めたものである（木下「山陰道旧駅路について―但馬国を中心として―」前掲）。

　しかし、このルートはほとんど現道もなく、やや無理な行路である。筆者は現場を調査して、神鍋高原の西で国道482号の蘇武《そぶ》トンネル工事現場に遭遇した（前掲図10参照）。これは香美町村岡区の中心である村岡に通じるもので、それまでは国道の名はあっても実態としては車も通れない山道であった。古代道路のルートに新しい高速道路や国道のバイパスが通る例は、数多く見られるし、山陰道でもすでに北近畿自動車道や国道8号の改良工事で見てきた所である。

図18　春野駅想定地付近の道の駅「神鍋高原」付近（日高町栗栖野）

ここもそうではないかと直感して図上に路線を入れるときわめて妥当である。**春野《かすがの》駅**（豊岡市日高町栗栖野）を日高町中心から蘇武トンネルを経て村岡町中心に至る国道482号のルート上に求めるとすると、道の駅「神鍋高原」がある付近が駅家としての好適地である（図18）。但馬国府から春野駅まで一一・五キロ、春野駅から山陰道本路の村岡分岐まで九・四キロ、そこから射添駅まで四キロであるから、駅間距離としては一三・四キロとなる。蘇武トンネルは平成十五年（二〇〇三）に開通し、神鍋高原と村岡が国道で結ばれた。あえて難点と言えば、春野駅の比定地が七美郡ではなく、手前の気多郡となる点である。

　ここで丹後・但馬路は終り、ふたたび山陰道本路となって前述のように面治・射添の両駅を経て、蒲生峠から因幡国に入る。

五　因幡国と伯耆国の山陰道

因幡国の山陰道は内陸通過

蒲生峠で因幡国（鳥取県内）に入る。ここからは山陰道路線図―3（図19）を参照されたい。国境から古代山陰道が因幡国府へ至る道は、まだ明確ではない。一つの考え方は近世山陰道あるいはそれを踏襲する国道9号のように一旦北西に向かい、鳥取砂丘の後背地を経て現鳥取市付近からその南の因幡国府に向かうルートで、他の一つは国境を越えたあと、そのまま南西へさらに十王峠《じゆうおう》を越えて国府のあった現国府町へ向かうルートである。この間には二駅があったと考えられている。

木下良は南西に向かう直通ルートをとり、十王峠を越えて進むとする。近世の雨滝街道の筋である。最初の**山埼駅**《やまさき》（鳥取市国府町雨滝）は、前後の駅間距離と集落の状況から想定する。前射添駅から一三・八キロを測る。ここからも雨滝街道あるいはその後継としての主要地方道31号鳥取国府岩美線にほぼ沿って一旦は西南に進んだのち、現道に従って西北に反転して、次の**佐尉駅**《さい》（鳥取市国府町中郷）は**因幡国府**《いなば》（鳥取市国府町国分寺）のおよそ三〇〇メートル南にあるとする。駅路が国府の南面を東西に走ると考える。前山埼駅から一四・一キロである。因幡国府の所在地はすでに明らかになっている（図20）。

佐尉駅から、駅路はほぼ東西の線に沿って進む。鳥取市域に広がる邑法平野《おうほう》（鳥取平野の千代川《せんだい》東部地域）には、全体として東西南北の一町方格の条里地割が存在した（戸祭由美夫「邑法平野地割考」水津

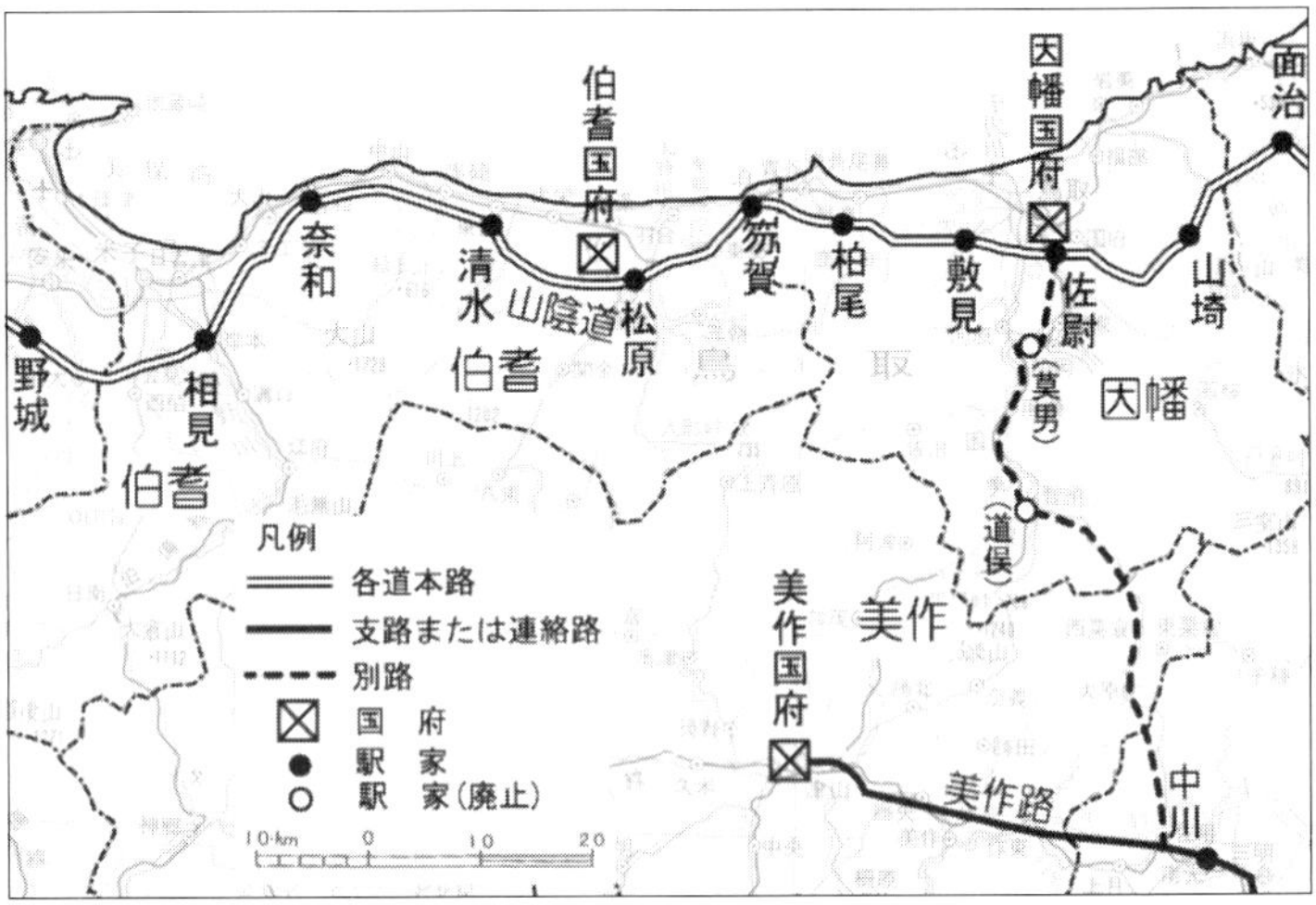

図19 山陰道路線図—3

一朗先生退官記念事業会編『人文地理学の視圏』一九八六年）。この東西地割に沿って駅路は大路《おおろ》山の南麓を走る。千代《せんだい》川を越えてやや北に上がり、**敷見《しくみ》駅**（鳥取市三山口）は湖山《こやま》池南に比定される（図21）。ここには東西に古代道路の痕跡と見られる段丘上の帯状の地形が残されている。ここまで佐尉駅から一一・二キロを測る。

佐尉駅から次の柏尾駅を経て伯耆国最初の笏賀《くつが》駅までのルートについては、平成十三年度（二〇〇一）に、国土交通省のもとで「古代山陰道調査会」が組織され、木下良、高橋美久二ほか筆者らも加わって古代山陰道の調査が行われた。後述のように、笏賀駅は発掘調査によって日本海海岸に近い旧泊村石脇にあることが確定的とされている。しかし、敷見駅から西の笏賀駅までは日本海から何本もの深い谷が幾条も深く入り込んでいて、そのどこを横断して通過するかは定見を見ていなかった。それを道路計画に関連する土質調査その他の資料を利用して山陽道の路線位置推定を行った。調査が終了したわけではないが、現状では敷見駅から笏賀駅までをほぼ直線的に結ぶようなルートが考えられ、中間の柏尾駅《かしわお》（鳥取市気高《けだか》町郡家《こうげ》）は海岸より三キロほど南に位置すると見られる。敷見駅からちょうど一〇キロである。このあたりは、将来は山陰自動車道の一部となる鳥取青谷道路の予定ルートが通っている。今後の建設工事に関連した地質調査によって、古道跡の発見が期待される。

柏尾駅から笏賀駅までは、ほぼ直線的に通ると見られ、これは既に開通している青谷《あおや》羽合《はわい》道路（将来の山陰自動車道）のルートとおおむね一致しているので、ここも高速道路と古代路の路線の一致の例証の一つであると見なされる。

図20　因幡国府跡

図21　敷見駅に比定される鳥取市三山口付近

なお、これまで柏尾駅を海岸近い鳥取市青谷町青谷付近に比定する見解が主流を占めていたが、この付近で海岸線近くを通るのは、近世山陰道はいざ知らず、古代には湿地であった条件を考えれば無理があり、また、遺跡の明確な次の笏賀駅までは僅か五キロに満たないことからも不適当である。

因幡国の駅家は柏尾駅で終わる。山陰道本路の駅馬数は、都から因幡国まではずっと八疋であり、伯耆国以後は五疋となる。因幡国まで小路の標準である五疋より多いのは、都に近いことと地形の急峻さの双方の理由にあるものと思われる。

因幡国と陰陽連絡道

伯耆国に入る前に陰陽（山陰・山陽）連絡道とその交通について触れておきたい。『日本後紀』には、大同三年（八〇八）六月条に、「因幡国八上郡莫男《まくなむ》駅智頭郡道俣《みちまた》駅の駅馬各二疋を省く」とある。これは郡の位置からして、因幡国府から南に至る陰陽連絡道の駅である。近世の智頭《ちづ》街道に近いルートと考えられ、莫男駅は八頭《やず》町郡家《こおげ》に、道俣駅は智頭《ちづ》町智頭に想定されている（図19参照）。「省く」とあるのは減少の意味で、それまでの五疋から二疋減ったことと考えられている。しかし十世紀の『延喜式』には、これらの駅名は記されていないから、その時点では廃止されていたものであろう。ただ廃止後も、この交通路が便利に使われていたことは、平安時代末期の承徳《じょうとく》三年（一〇九九）、因幡国司の平時範《たいらのときのり》の日記によって知られている。令の規定では、国司の赴任は伝馬を利用して所定の経路を通ることとされており、他の道を通ることは「枉道《おうどう》」といって特別の許可が必要であった。山陰道の因幡国から但馬国を経て京に至る道筋は山坂がきつく交通困難であったから、この時期のように既に駅伝制が衰退していた時代には、自分で馬を調達しなければならなかったので、交通がより容易な山陽道を採ったものであろう。

そのことを裏付ける事実を幾つか示そう。さきの山陰道本路の説明の際、丹波国から但馬国にかけて、駅路が北近畿豊岡自動車道とほとんどルートを同じくしていることを挙げた。その間の粟鹿駅と郡部駅との間の兵庫県和田山町を通過する地点で、自動車道の建設に伴う文化財調査があり、古代路の遺構が平成五年（一九九七）に発見された（吉敷雅仁・甲斐昭光「兵庫県和田町加都遺跡の道路遺構」『古代交通研究』第8号、八木書店、一九九八年）。加都《かっ》遺跡という。検出された長さは一一九㍍におよび、少なくとも四〇〇㍍は平野部を延びていた。道路の幅は、一地区では側溝の心々距離八・四㍍、路面幅で六・〇～六・九㍍、他の一地区では路面幅三・六～四㍍であった。この道路は奈良時代後半から平安時代前半に建設され、中世初頭までに廃棄されたと見られる。ただし、その方向からして山陰道ではなく、但馬国から現兵庫県姫路市で山陽道に結ばれる道路である。

発掘成果を報告した吉識らは、これは官道であり、「但馬道」と呼ばれるべき山陽道からの支路であるとして、山陰道経由とこの但馬道経由の場合の交通の難易度を、ルートの高低比較として示している（図23）。図22の兵庫県下の古代道路図と併せて見てほしい。なお同図は吉敷・甲斐文献からその一部を引用したもので、図中の山陰道その他の古代路には、筆者の想定したルートと若干異なる部分がある（道路名など一部加筆）。図22の平安京からA点（★印）までが比較区間である。図23において、縦縞で標示した波形が山陰道経由の場合の道路勾配図で、平安京から加都遺跡のある現和田山町（A点）まで約一〇〇㌔の間に何度も険しい峠を越えなければならない。これに対して山陽道から但馬道経由の場合には距離はおよそ一七〇㌔に伸びるが、ほぼ一度の山越えで済んでいた。山陰道は冬季の積雪量も多かった。

このような事情は、因幡国から京への道を考えると一層顕著で、因幡国府からの陰陽連絡道経由の方が山陰道経由より交通ははるかに容易であった。平時範がこちらを選んだのも自然であった。時代は下

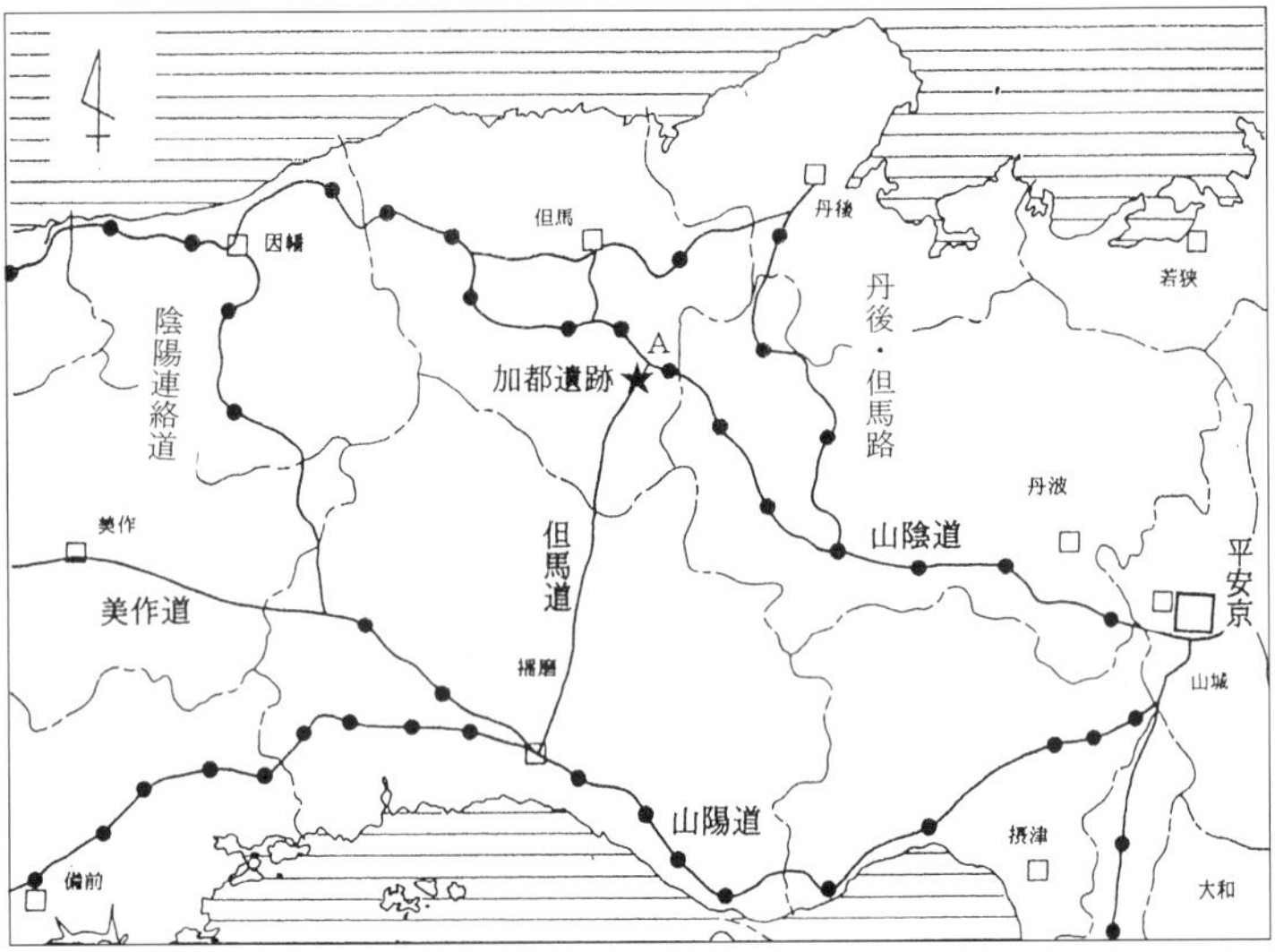

図 22　兵庫県下の古代道路（吉敷・甲斐文献〈本文参照〉より部分的に引用，加筆）

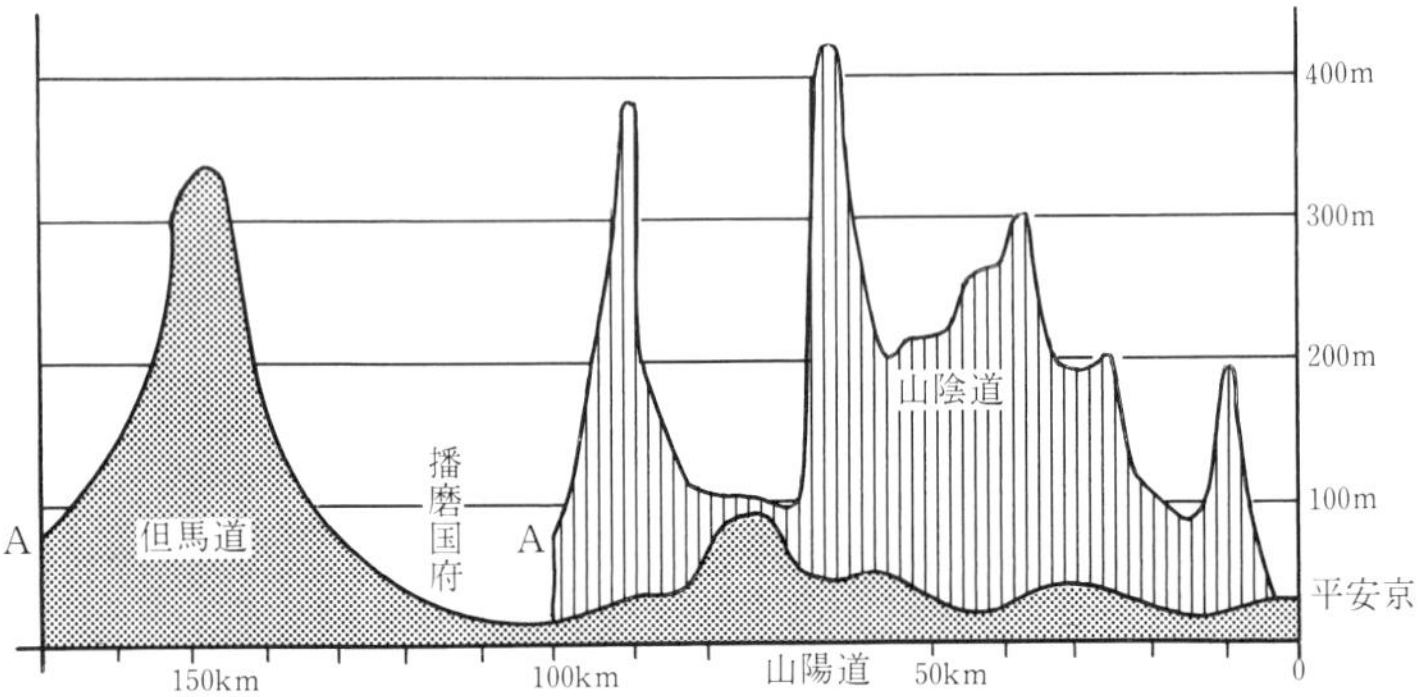

図 23　和田山（加都遺跡）から平安京への経路高低比較（吉敷・甲斐文献〈本文参照〉より）

って近世においても、鳥取藩主、池田慶徳《よしのり》の安政六年（一八五九）の参勤交代の際の記録によると、陰陽連絡道と同じ智頭《ちづ》街道を経て江戸に向かっている（江戸東京博物館編『図表で見る江戸・東京の世界』一九九八年）。

この傾向は現代にもつながっており、鉄道でも鳥取から京都をへて東京に至るのに、JR山陰本線経由より智頭鉄道経由で姫路からの新幹線利用がずっと便利である。さらに高速道路では、古代七道駅路の本路のうち、高速道路が並行して貫通していないのは、計画上でも全国で山陰道の京都・鳥取間だけであり、この間は部分的には但馬国の項で見たように高速道路の次のランクである高規格幹線道路の北近畿豊岡自動車道が建設中であり、またさらに地域高規格道路という補助的な自動車専用道路によって辛うじて結ばれようとしているに過ぎない。それほどこの地域の交通路の整備は古来から現代に至るまで難しいのである。

平成十六年（二〇〇四）十一月、この陰陽連絡道の美作国内で幅およそ九㍍で両側に側溝を持ち、長さ一三八㍍におよぶ遺構が発掘された。これについては後に山陽道の美作道の項で改めて触れたい。

図24　笏賀駅比定地付近（道路工事中の状況〈泊村石脇〉）

伯耆国の山陰道

伯耆国に入ってすぐに、最初の笏賀《くつが》駅（鳥取県湯梨浜《ゆりはま》町石脇）があった。ここも因幡国と同じ前掲の山陰道路線図―3（図19）を参照さ

図25　大山町名和の古代山陰道の跡と思われる直線道

れたい。ここでは、青谷羽合道路の調査で古代山陰道に関連する建物跡が発掘された（図24）。直接には道路遺構は見つかっておらず、駅家と断定はされていないものの、山陰道の推定路線にきわめて近く、建物の区画が山陰道推定路線の軸線と一致しており、近くに久塚《くづか》の地名もあるので、笏賀駅にまず間違いないと見られている（原田雅弘「鳥取県石脇第3遺跡の調査」『古代交通研究』第7号、八木書店、一九九七年）。因幡国最後の柏尾駅から、八・三キロである。因幡国内の駅間距離は全体として短い。因幡国までの山陰道本路における駅馬数はすべて八疋であったが、伯耆国以西は標準の五疋になる。

笏賀駅のある場所は海岸に比較的近いが、山陰道はそれからすぐまた内陸に入る。ここからJR山陰本線沿いに進み、東郷池の南から倉吉市中心部南を抜けて伯耆国府南面に至るが、この間も駅路ルートには幾つもの想定案がある。木下は天神川が倉吉市市街の北で三本の流れが合流しているので渡りやすいために、合流部以北で一回で渡ったとし、次駅の**松原《まつばら》駅**（倉吉市馬場町）は、国府川の北にあったとする。馬場町には平ル《な》林遺跡があり、そこには奈良時代の官衙的な性格を持つ建物跡もあった（『新編倉吉市史』一九九六年）。笏賀駅から一七・一キロである。

松原駅から国府川の北側を進むと**伯耆《ほうき》国府**（倉吉市国府）の南面に出る。伯耆国府は伯耆大山の北東山麓台地にあり、ここから米子市までおよそ四〇キロほどは、山陰道は大山の山麓を大きく巻くように走る。次の清水駅《きよみず》（琴浦町浦安）は日本海海岸に近く、JR山陰本線の南に比定される。松原駅から一四・八キロを測る。この駅の西にはほぼ東西に走る古代道路跡が空中写真によって発見されている（木下編『古代を考える　古代道路』前掲）。次の奈和駅《なわ》（大山町名和御來屋《みくりや》）まではJR山陰本線および国道9号にほぼ沿っているが、旧名和町内では古代路に重なると思われる現道もある（図25）。

奈和駅は『延喜式』には「和奈」と記されているが、『和名抄』には汗入《あせり》郡奈和郷があり、現在名も「名和」であることから、木下はこれを「奈和」の誤記とする。『島根県史』（一九七二年）も同じ見解である。前清水駅から一八キロである。

奈和駅からもJR山陰本線の南をほぼ直線的に南西に走り、伯耆国最後の相見駅《おうみ》（米子市諏訪）を過ぎてから山陰道はほぼ真西に向くので、その先から東を振り返ると、大山の頂上を目標にして路線を設定したのではないかと思われる。奈和駅から相見駅まで一七・二キロである。ここで伯耆国の駅家は終わる。

山陰道はここから現在道路でいえば、鳥取県側の県道102号米子伯太線（島根県側では同じ道が県道101号となる）で国境を越えて安来《やすぎ》市関山に至ったと思われる。『出雲国風土記』には、通道《かよいじ》（官道）には国の東の境に手間剗《てまのせき》という関所の一種のあったことを記すが、それがどこであるかは明らかでない。したがって、この国境ルートも多くの説があり、関山通過は出雲国の、とりわけ東部地域の山陰道の詳細な研究をしている中村太一の見解に基づいている（中村『日本古代国家と計画道路』吉川弘文館、一九九六年）。

六　出雲国の山陰道

『出雲国風土記』と山陰道

山陰道は、伯耆国からは中海《なかうみ》沿いではなく、それから一つ南の内陸側のルートで出雲国へ入った。現在は島根県である。ここからは山陰道路線図—4（図26）となる。

『出雲国風土記』（以下、『風土記』と略称）は、現存する風土記のうちで唯一の完本であり、しかも交通路について詳しい。たとえば、道度《みちのわたり》の節は次の文章から始まる。

國の東の堺より、西に行くこと二十里一百八十歩にして、野城橋に至る。長さ三十丈七尺、廣さ二丈六尺あり

山陰道が国境（県境）を越えてから二〇里一八〇歩（一一キロ）で野城《ぬき》橋がある、と記されている。今の飯梨《いいなし》川に架かる。全長三〇丈七尺（九一・二一メートル）、幅二丈六尺（七・七メートル）である。道路の幅はほかには記録がないので、この橋幅が一つの基準になる。両側側溝を考えれば、道幅が九メートル程度（側溝心々間距離）であってもおかしくない。現在の堤防の間隔はおよそ二〇〇メートルであるから、橋の長さは現在の低水敷の幅くらいであろう。別の節には国境から同じ距離のところに**野城《のき》駅**（島根県安來市能義町）とあり、飯梨川右岸にあったとされる。前の伯耆国最後の相見駅から、筆者の計測で一六キロである。

ここからまた二一里（一一・二キロ）で『風土記』にいう「国庁、意宇《おう》郡家の北なる十字街《ちまた》」に至る。ここで道は西に直進する「正西道《まにしのみち》」と北に曲がる「枉北道《きたにまがれるみち》」に分かれる。十字街には**黒田《くろだ》駅**（松江市

大草町）があり（図27）、その南に出雲《いずも》国府（松江市大草町）もあった。発掘などにより確認されている。十字街で交差する道は、今でも当時の条里制のあとがよく残っており、道路幅のための条里余剰帯も見られるという。『風土記』では野城橋から十字街まで二十一里（一一・二キロ）であった。筆者の計測でも

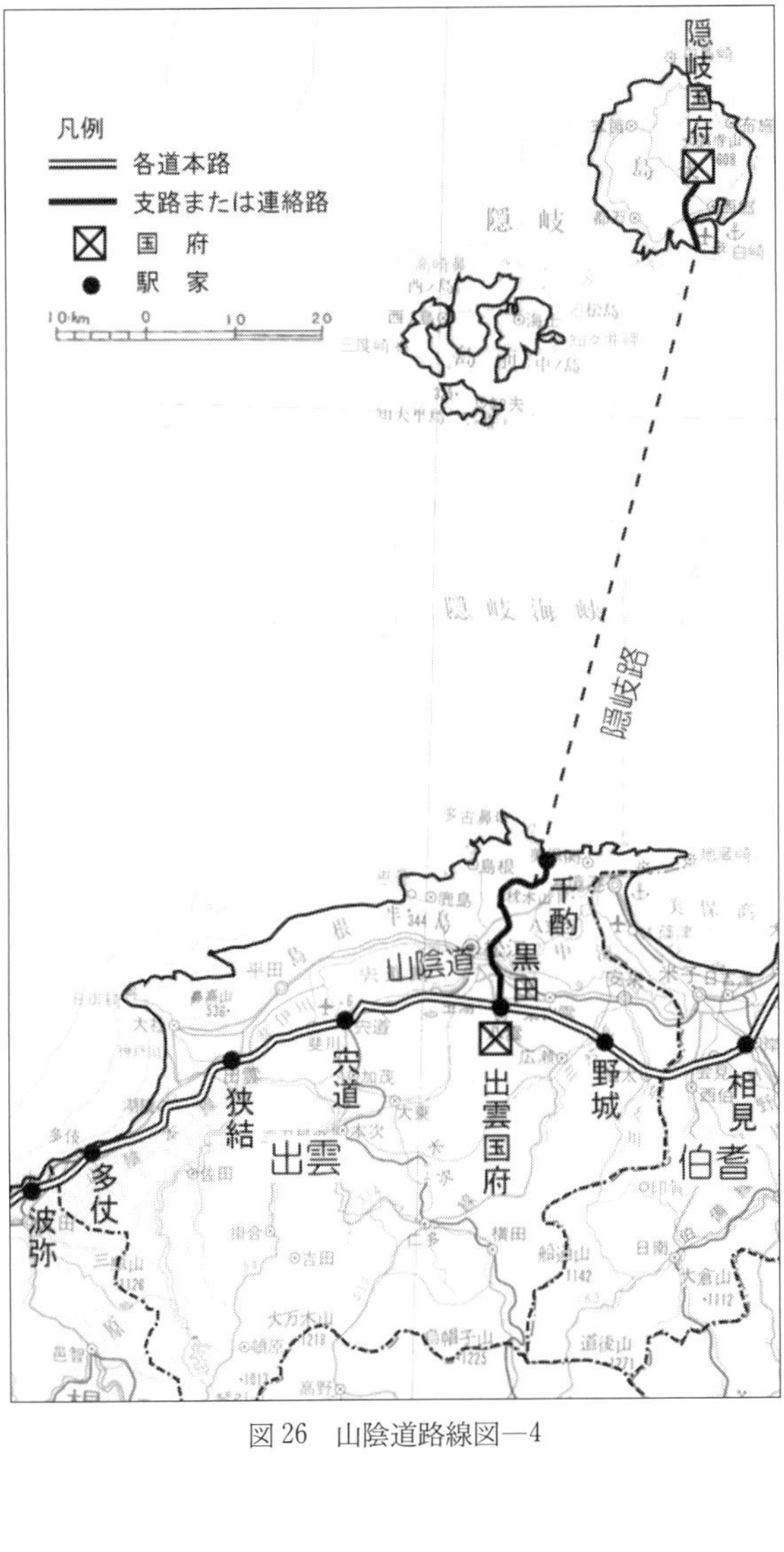

図 26　山陰道路線図―4

図27　黒田駅に比定される十字街付近（松江市大草町）

図28　千酌駅比定地付近を隠岐路想定路線上より見る

野城駅から黒田駅まで一一キロと、ほぼ同じになる。

十字街から隠岐路を行く

北へ行く道は隠岐路で、『風土記』の「枉北道」である。朝酌《あさくみ》渡《わたし》まではほぼ真北に向かって直線的に進んだと見られる。現在でも機能している朝酌の渡しを過ぎてから北は、和久羅山西麓を回ったという考え方もあるが、古代路の常道でいえば、和久羅《わくら》山と嵩《だけ》山の中間を越えて松江市下東川津町付近で国道431号の付近に至ると考えたほうがよかろう。現在は車で通れる道もある。

国道431号の道筋は、ここから東進して中海北岸に沿って走るが、隠岐路は一つ北の谷筋を通って松江市枕木町・長海《ながみ》町を通過し、そこから北に忠山の頂上の西を越えて千酌に至ったものと考えたい。**千酌《ちくみ》駅**（松江市美保関町千酌）がいまも漁港として残るこの地であることに異論はない（図28）。黒田駅から一九・三キロを測る。

ここから船で隠岐の島後《どうご》に渡った。今の隠岐の島町である。この間、直線距離で六〇キロ以上ある。

『延喜式』には、千酌駅に本路と同様、駅馬五疋の記載はあるが、船に関する記載はない。島後での上陸地点は定かではない。地形的に見て、西郷湾内の現在の港ではなく、外海に直接面した隠岐の島町今津に上陸したと見たい（図29）。現在は近海漁港として使われている。そこから北上して隠岐《おき》国府（隠岐の島町城北町）に至る。隠岐国府付近に駅は置かれていないので国府を終点とすると、隠岐島内の陸路は四・三キロある。今津から隠岐国府への途上に玉若酢命《たまわかすのみこと》神社がある。この神社の歴代宮司で隠岐国造家とされる億岐家には、日本唯一の国指定重要文化財に指定されている駅鈴二口が保存されている。

図29　隠岐路の島後上陸想定地点
（隠岐の島町今津）

西へ向かう山陰道本路

さて山陰道本路は、黒田駅があったとされる十字街から西に直進する。黒田駅以西の出雲国の山陰道については、中村太一の論考より新しい木本雅康の論考（木本「出雲国西部の古代道路」『出雲古代史研究第一一号』二〇〇一年）があるので、主としてそれによってルートを追うこととしよう。

この西へ向く道は『風土記』にいう正西道である。この道は中村太一によって真西に向かって幅一四メートルの条里余剰帯が検出され、その直線は若干の振れはあるものの、宍道湖《しんじこ》近くで山陰自動車道建設の調査で発掘された松本古墳群まで五・八キロにわたって続く。松本古墳群では切り通しを伴う八〜一〇メートル幅の道路跡が検出されている。

木本は黒田駅以東の直線部を含めると、駅路として一一・八キロの直線路になる、と指摘している。木本はまた、『万葉集』にある出雲守の門部王《かどべのおおきみ》の次の恋歌を、この直線道路の心象によって生まれたのではないかと推測する。

飫宇《おう》の海の潮干《しほひ》の潟の片思《かたおもひ》に　思ひや行かむ道の長手を（巻四・五三六）

面白い着想であるが、『万葉集』には「道の長手」と詠んだ恋歌が別にもある。

君が行く道の長手を繰り畳《たた》ね　焼きほろぼさむ天《あま》の火もがも（巻一五・三七二四）

これは都にいる女官の狭野芽上娘子《さののちがみのおとめ》が越前に流された官人への思いをつづった歌で、この場合は具体的な道でなく、遠い道程を意味している。ほかにも「路《みち》の長道《ながて》」を抽象的に使った大伴家持《おおとものやかもち》の恋歌がある（巻四・七八一）。これらの歌はほぼ同時代のものであり、門部王の歌もどこまで具体的な道をイメージしていたかは疑問である。

閑話休題、直線路の最後とされる松本古墳群から西もまた、木本の詳細な検証がある。それによれば、大筋は宍道湖にさしかかるあたりから湖の南岸を国道9号に沿うように西進するのであるが、全体として近世山陰道のように宍道湖沿いではなく、そのやや内陸側をできるだけ直線的に通っていたと考えられる。宍道町へ入って来《き》待《まち》川の横断箇所は国道9号の橋より一〇〇メートルほど南と見られる。これは『風土記』に、来待川に長さ三丈（一〇メートル）、広さ一丈三尺（三・三メートル）の橋が架かっていたとの記述があり、この付近に橋本という小字地名があることによる。木本はまた、来待川付近の立石と呼ばれる石が渡河点を表示するものではないかとしている。立石が古代道路の通過点に存在することは、東海道の下総国で見たところである（『古代の道　東国編』）。

図30　狭結駅比定地付近の発掘址

次の**宍道駅**《ししじ》（松江市宍道町《しんじ》佐々布《さそう》）の比定地は、これまでの諸研究者の検討を踏まえて、木本は佐々布内の小字蔵敷をきわめて有力としている。大きくいえば、宍道湖の西南端に近い。筆者の計測で、前黒田駅から二〇・二キロ、『風土記』によれば十字街から宍道駅家まで三八里（二〇・四キロ）である。

宍道駅からは、山陰道は西へ進んで斐川町《ひかわ》に入る。斐川町内には「筑紫街道」という古道があり、これが古代駅路を踏襲したものであるとして調査がされている。筆者も木本に従って点在する道路遺構をたどってその一部を踏査したことがある。この道筋は近世山陰道より南側で、斐伊川《ひい》の渡河地点はJR山陰本線の鉄橋よりおよそ一キロほど南になる。

斐伊川を渡ってさらに西進し、次の**狭結駅**《さゆう》（出雲市下古志町）は神門《かんど》郡家と同所にあったことが『風土記』に記されている。神部川に斐伊川の放水路を造る計画があり、その工事の調査で神門郡家跡が発掘されて、駅家の位置も明らかになった（図30）。前宍道駅から一五・五キロである。

狭結駅から先は道路痕跡などはそれ以前に比べてはっきりしていないが、JR山陰本線にほぼ並行する県道199号多伎江南出雲線のルートを、より直線的に西へ進んだと見られる。この道路について木本は、これは明治十七〜二十四年（一八八四〜九一）にかけて国道二十四号として新しく造られたもので、その計画は東北地方で道路県令といわれた三島通《みち》庸《つね》の薫陶を受けた島根県令藤川為親《ためちか》が、直線的に作ったもので、中央政府の強力な権力を表現したものであり、期せずして古代駅路とほぼ同じルートを選んだのではないか、としている。鋭い着眼である。なお当時の国道二十四号は現在の国道9号に相当するものである。

出雲国最後の多仗駅《たき》（出雲市多伎町小田）も『風土記』の記述から推定されている。木本は多伎町小田の砂原に「車廻」の小字地名を確認し、この地名が多仗駅に関係する地名ではないかと考えている。現在の砂原には、国道9号沿いに道の駅「キララ多伎」がある。道の駅は、これまでもしばしば古代路駅と場所を同じくしている。

多仗駅から先で石見国へ入る。次の波祢駅までのルートについては、石見国と関係が深いので、これは次節で論じることとしよう。

七　石見国の山陰道

出雲との国境に剗がある

『延喜式』には、石見国では六駅が記されている。図は山陰道路線図—5（図31）である。石見国内の古代山陰道については、『石西国道史』が概略ながらルート図を示し、駅の考証も行っている。これは昭和三十九年（一九六四）に建設省浜田工事事務所（現国土交通省浜田河川国道事務所）が郷土史家の矢富熊一郎に委嘱して、古代から現代までの管内道路の歴史をまとめたもので、筆者の見るところ、おそらく一事務所の管轄範囲としては、これほど優れた道路史に関する述作は全国でほかには例を見ないのではないかと思われる。著者の学殖・見識もさることながら、著者に全面委嘱した当時の事務当局の慧眼にも敬服する。以下、おおむねこれをベースに記述して行く。図は山陰道路線図―5（図31）による。

石見国の最初は波弥駅《はね》（大田市波根町）である。『和名抄』に安濃《あの》郡波祢郷があり、中林保が大田市羽根町地内に「天馬」等の小字名を見出した（藤岡『古代日本の交通路III』前掲）。木本雅康は天馬は伝馬に通じ、必ずしも駅とはいえないとしながらも、現羽根地内であることには肯定的である。

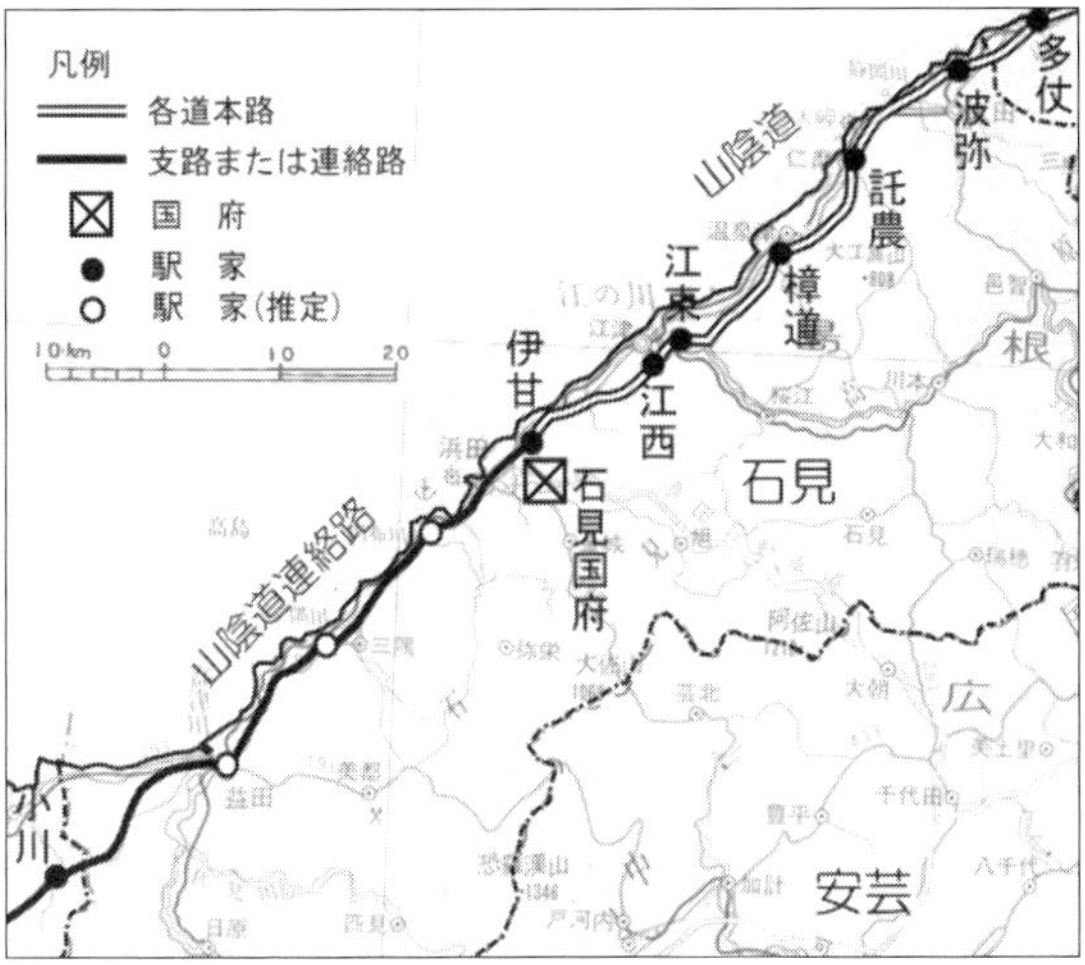

図31　山陰道路線図―5

さて、前多仗駅からのルートであるが、古くから海岸沿いルート説と内陸ルート説がある。海岸ルートは、国境付近までは近世山陰道のルートであるが、海岸が険しく、古代駅路にはふさわしくない。一方、内陸ルートは現在でも十分な道がない。このルートを推測する重要なポイントに、出雲・石見国境の通過点がある。『風土記』「神門郡」の条に「石見国安濃郡《あぬのこおり》の堺、多伎《たき》伎《ぎ》山を通りて卅三里。〔路、常に剗《せき》あり〕」とある。先に見たように『風土記』には、東の伯耆国からの境に手《て》間剗《まのせき》があることが記されており、ほかにも境水道で伯耆国から入るところにある戸《と》江剗《えのせき》やその他、名は記されていないが国境には多くの剗があったことが見え

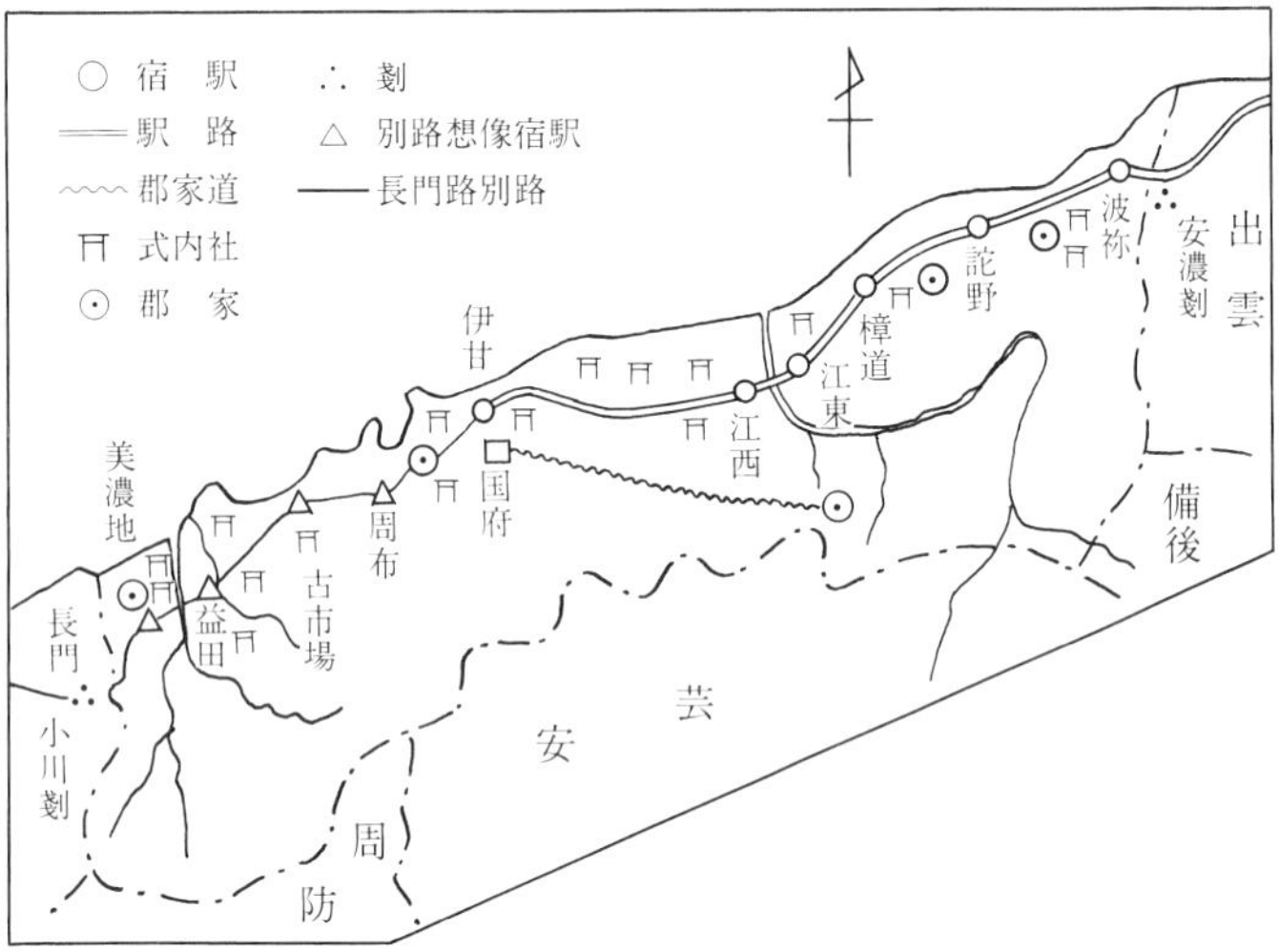

図32　駅制時代の山陰交通図（原図：『石西国道史』より）

る。剗には常設のものとそうでないものがあった。名前の記されている剗はいずれも出雲の国から見て都に近い側の剗であり、重視されていたようである。

　では出雲・石見国境の剗はどこにあったのか。日本海に近い出雲・石見国境は、現在の出雲市と大田市の境界であり、田儀《たぎ》川のすぐ西にある。『風土記』にある多伎伎山とは、日本海から数キロ南に入った地点にある国境付近の山とされている。

　矢富熊一郎は、概略図ではあるが国境線で海岸より南に入った地点に安《あ》濃《の》剗《のせき》を置き、その前後は内陸のルートを図示している（図32）。図では出雲国側に位置するように見えるが、安濃は石見国の郡名であるから、あるいは石見国にも剗があると考えたかもしれないが不明である。木本雅康は、矢富の文献は参照していないようであるが、多くの文献批判と現地踏査の上に立って、矢富と同じ内陸ルートを採っている。このルートで、前多伎駅より波弥駅まで一〇・八キロを測る。

波祢駅から次の**託農《たくの》駅**（仁摩町宅野町）までは、ほぼ海岸沿いを通ったと考えられる。託濃駅も宅野の遺称地名があるので地域としては問題はない。前波祢駅から一五・四キロになる。

次の**樟道《くすち》駅**（温泉津《ゆのつ》町福光）の位置比定は難しく、江津市は同市の中都治《つじ》に樟道駅の標識を立てているが（図33）、筆者の見るところ前後の駅間距離のバランスが悪く、中林が比定地の一つに挙げている温泉津《ゆのつ》町福光の方を採りたい。宅農駅から一四・二キロである。託農駅からは国道9号には沿わず、もう少し内陸側の県道221号のルートを通ったと思われる。江津市の立てた樟道駅の比定地標識も、この県道沿いにあり、「柿本人麻呂万葉道」としている。

図33　樟道駅の標示柱（ただし，ここでは西に寄り過ぎる）

柿本人麻呂に縁の深い石見国の駅路

次の**江東《こうとう》駅**（江津《ごうつ》市松川町太田）と**江西《こうさい》駅**（江津市金田町千金）は江《ごう》の川の両岸にあったとされる。文字通り、江東駅は東岸に江西駅は西岸である。全国駅路の渡河地点に駅を置く例は数多いが、両岸に置いた例は他にない。ただ東海道の終点、常陸国府から先、東山道連絡路上の河内駅は那珂川のほとりにあり、『常陸国風土記』には初め両側に置かれ（ただし一駅）、後に片方になったと書かれている。

この付近は柿本人麻呂《かきのもとのひとまろ》にちなむ伝説が多い。『万葉集』の歌人として知られる人麻呂は、慶雲四年（七〇七）ころに石見国

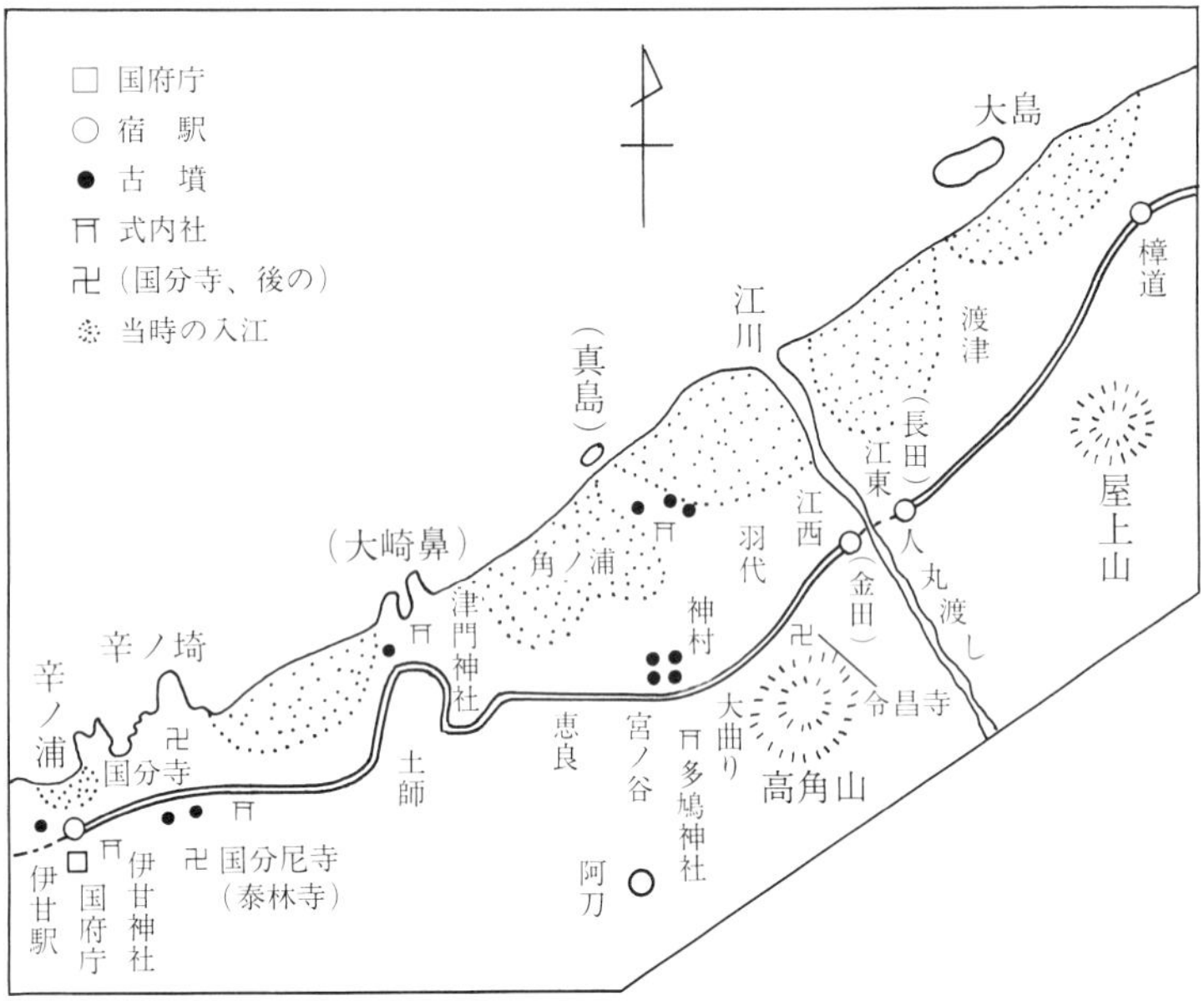

図34　人麻呂上京の万葉道路（原図：『石西国道史』より）

の鴨山で死んだとされており、その鴨山がどこかで数々の議論を呼んだ。もっとも有名なものに歌人の斉藤茂吉の説がある。茂吉は、人麻呂の死処を江の川を深く遡った山深い島根県邑智《おおち》村湯抱の鴨山とした。砂鉄事業の監督に来て流行病に罹って死んだ、とその理由付けをした。それに反撃したのが哲学者の梅原猛である。梅原は、人麻呂が死んだのは益田市の鴨島で、政治事件による流刑によって死んだとした（梅原『水底の歌』新潮社、一九七四年）。その反論のなかで梅原は、矢富熊一郎が交通路の面から痛烈な反論をしていることを高く評価した。矢富の所論（『柿本人麻呂と鴨山』）は、『石西国道史』においても展開され、人麻呂は駅路を旅したとして、そのルート図を載せている（図34）。

図34に見る人麻呂上京の道とされる駅路

は、部分的にひどく曲折している問題以外は、ほぼ古代山陰道の経路と考えて良いようである。江東駅は県道221号のルートで西南に進んで達した江の川右岸から、三キロほど江の川沿いに下った同市松川町太田が比定地である。そこから対岸の同市金田町千金の江西駅に船で渡ったと考えられる。樟道駅から江東駅までは一二・二キロ、江東駅から江西駅まではわずか一・五キロで、全駅路中で最も短い駅間距離である。ここは今も人丸《ひとまる》渡しと呼ばれている（図35）。

図35　江の川左岸の江西駅比定地付近（人丸渡し）

江西駅からすぐ山を這い上がるように進むと、島の星町の人丸神社近くには、地元で山陰道駅路と考えられている細い道跡が残っている。ここから駅路は西南に進んで石見国最後の**伊甘《いかみ》駅**（浜田市下府《しもこう》町）に達する。伊甘駅比定地は、浜田市の中心部よりかなり離れ、五キロほど東北に位置し、**石見《いわみ》国府**（浜田市下府町）の付設駅として、その近くにあったと見られ、式内伊甘神社もある。江西駅から一六・三キロを測る。

石見国内の山陽道山陰道連絡路

山陰道は石見国府の最寄り駅である伊甘駅が終点である。『延喜式』の石見国には石見国府までの六駅しか記されていないが、さらに西の長門国との関係を見ると、長門国では山陽道本路から分かれて日本海岸沿いに、石見国府に向けて一〇駅が記されており、この駅路は石見国府までつながっていたものと推測される。同様な例が東山道にある。信濃国で東山道から分岐して越後国で北陸道に連絡する支路がある。『延喜式』で信濃国には支路上の駅家が見られるのに、越後国には見えない。そこでこの支路を東山道の北陸道連絡路と位置づけた。ここでも同様に山陽道の山陰道連絡路と位置づけることとする。

したがって本来ならば山陽道の時に論ずべきであるが、図版の関係で石見国内については、ここで論ずることとする（図31参照）。なお、大槻如電はこの連絡路を「長門路」として、石見国府より山陽道の厚狭駅までとしている。

伊甘駅から長門国の最も東にある小川駅まではおよそ六〇キロ近くある。そのため矢富は駅間距離をおよそ一五キロと想定して、その間に浜田市周布《すふ》、三隅町古市場、益田市市街部の三箇所に駅が置かれていたものと推測した。その間はおおむね現国道9号の経路を軸に、やや直線的に結ばれていたのではないかと思われる。駅推定地のひとつの益田市は柿本人麻呂終焉の地とされ、高津柿本《たかつかきのもと》神社がある（図36）。

図36　高津柿本神社の人麻呂像（益田市高津町）

これで山陰道を終る。繰り返すが、伯耆、出雲、石見の各駅の駅馬数はすべて五疋である。山陰道全体を通じて駅路の発掘事例も少なく、ルートや駅家位置推定には今後に残された課題もまた多いといわなければならない。

III 山陽道をたどる

一　山陽道のあらまし

唯一の大道とその威容

山陽道は、七道駅路の中で唯一の大路である。各駅の配備馬数も二〇疋と、中路の一〇疋、小路の五疋とくらべ段違いに多い。それもこの道が都から大陸との交流の窓口である九州地域の大宰府までを結んでいるためである。行政区域の山陽道としては、播磨《はりま》・美作《みまさか》・備前《びぜん》・備中《びっちゅう》・備後《びんご》・安芸《あき》・周防《すおう》・長門《ながと》の八ヵ国だが、駅路としてはこれに畿内の山城・摂津の両国が加わる。さらに、大路として九州に渡り、豊前国を経て筑前国の大宰府に達する。京から大宰府までを総じて大宰府道あるいは筑紫路と称する場合もある。なお、本書では、本州内のみを山陽道として扱い、九州内の大路路線を西海道の一部として大宰府路とする。

山陽道の歴史もまた非常に古くから具体性をもって語られている。これまでも何度か紹介した『日本書紀』の四道将軍の説話にも、北陸、東海、丹波のほか、吉備《きび》津彦が西道に遣わされている。この場合の西道とは後の山陽道のこととされている。他の駅路では、そのあとの記録が見られるのは大化改新以後となってぐっと遅くなるが、山陽道の場合には、それ以前に大宰府と都を連絡する駅使の記事が『日本書紀』に見える。崇峻五年（五九二）十一月、蘇我馬子《そがのうまこ》が崇峻《すしゅん》天皇を殺《あや》めたときに、駅使《はいま》を九州の将軍らに遣わしたこと、推古十一年（六〇三）二月、筑紫にあった将軍来目皇子《くめのみこ》死去の報が駅使によって大和に報告されたことなどがそれである。

大宰府まではないが、それより古く清寧天皇二年十一月、播磨の国で後に顕宗、仁賢天皇となる二人の皇子が見つかり、「乗駅《はいま》」して奏上されたとの記事が『日本書紀』に見える。これらの駅馬や駅使の意味が、後に制度化されたものとは同じではなく、単なる早馬による伝令であったにせよ、大化改新の詔で駅馬の制が規定される以前から、山陽道が大和にある中央政権の伝令や使者の往復する重要な道であったことは間違いない。「山陽道」の名前としては、先に山陰道の章で見たように『続日本紀』大

表5　山陽道　路線，駅および駅間距離

駅　名	駅間距離(km)
山陽道本路	
九条分岐	0.0
山埼	10.0
草野	22.5
葦屋	19.5
須磨	16.6
明石	16.2
賀古	18.6
草上	17.6
大市	8.9
布勢	10.2
高田	10.0
野磨	7.0
坂長	7.0
珂磨	18.6
高月	10.6
津高	10.8
津峴	7.9
河辺	9.3
小田	18.0
後月	11.4
安那	5.3
品治	6.6
備後国府*	7.2
看度	11.2
真良	18.4
梨葉	7.8
都宇	6.4
鹿附	6.6
木綿	8.2
大山	9.2
荒山	7.2
安芸	8.4

駅　名	駅間距離(km)
大町	7.6
伴部	7.7
種箆	9.3
濃唹	12.4
遠管	7.6
石国	7.2
野口	13.8
周防	14.2
生屋	8.8
平野	13.8
勝間	16.9
八千	13.6
賀宝	9.4
阿潭	12.9
厚狭	9.1
埴生	8.6
宅賀	7.8
臨門	11.0
合　計	544.9
美　作　路	
(草　上)	0.0
越部	17.5
中川	18.0
美作国府*	42.0
合　計	77.5
山陰道連絡路	
(厚　狭)	0.0
阿津	6.8
鹿野	9.8
意福	9.4
由宇	7.3
三隅	8.7

駅　名	駅間距離(km)	駅　名	駅間距離(km)
山陰道連絡路		小　　川	21.3
参　　美	10.0	(伊　　甘)	58.1
垣　　田	6.4	合　計	161.3
阿　　武	8.6		
宅　　佐	14.9	山陽道総計	783.7

注1：＊は駅に準ずるもの
注2：(　)内の駅名は，他の路線でカウントされるもの

宝三年（七〇三）の七道巡察使の派遣の記事が初見であるが、「山陽」の名は、それ以前の天武十四年（六八五）九月に「直廣肆《じきこうし》佐味《さみの》朝臣少麻呂《すくなまろ》を山陽使者とす」とある。このときは東海・東山・山陽・山陰・南海・筑紫の六地域に使者が派遣されている。

山陽道は、このように歴史上古く、かつ重要な位置を占めていたために、他の駅路には見られない幾つかの特徴がある。まず第一は、「I　古代の道とその探索」の章で述べたように、本路は駅馬の配備数が多く、かつ駅間距離が短いために、輸送能力が中路に対して三倍もあることである。第二には、外国からの賓客に備えて瓦葺きで粉壁（白壁）の駅館を建てたことが勅令に記されており、これも他の駅路には見られない配慮である。また駅館に葺かれた屋根瓦が出土することから、その位置が駅家として比定される例がかなりある。

第三には、屋根瓦の出土などから駅家位置の比定がかなり進んでいるのに対して、発掘による駅路自体の遺構の検出例が少なく、あっても比較的後期の幅六メートル程度のものが多く、東山道や東海道に見られるような幅一二メートルの遺構などはほとんど出てきていない。条里余剰帯や行政境界などによる路線の認定は各所にあるが、これらは道路遺構ではない。遺構発掘が少ないのは、後世まで同じ道がよく使われたために、かえって残らなかったものと考えられる。道が廃道になれば、その上に土砂や塵芥が堆積して埋没し、地中にそのままの形を残す。しかし、同一路面が使用されていれば、それは維持改良によって

変質し、古い姿は失われる。山陽道は、地形的に狭い場所を通ることが多いこともあって、東海道や東山道とは異なり駅路ルートが比較的そのまま後世に継承されたためと考えられる。

第四には、各道は一般にその通過地域の各国で終るが、山陽道だけは西海道とつながって、大宰府までが一本の道として機能し、その全体が大宰府道あるいは筑紫路とも呼ばれることがある。京と大宰府間では、地域的区分にも増して、駅路の一貫的整備がより重要な課題であったといえよう。なお、本書では西海道に属する部分のみを大宰府路と称する。

第五には、『延喜式』駅伝馬条によれば山陽道および南海道には伝馬の配備がないことである。これは、両道については瀬戸内海の海路をも利用したことに起因しており、駅路利用の形態とその変遷にもまた他の駅路とは異なった面が見られる。

山陽道の総延長は、筆者の計算では本路が五四四・九キロ、美作《みまさか》路七七・五キロ、山陰道連絡路一六一・三キロ、総計七八三・七キロである（前掲表5）。ちなみに大宰府道（筑紫路）という形で京から大宰府までとしてみると、その延長は六三三・八キロとなる。山陽道本路の平均駅間距離は、一〇・九キロである。

山陽道研究の文献

山陽道は、発掘を含め研究が進展していて、参考文献が多い。基本文献はこれまでの山陰道と同じく、藤岡謙二郎編『古代日本の交通路Ⅰ・Ⅲ』（前掲）と木下良編『古代を考える　古代道路』（前掲）であるが、これに山陽道の場合、高橋美久二『古代交通の考古地理』（大明堂、一九九五年）と中村太一『日本の古代道路を探す』（平凡社新書、二〇〇〇年）が加わる。高橋の著書は、表題からは汎論的な印象を受けるが、実際には九割以上が山陽道に費やされており、現在の山陽道に関する学界の見解はほぼ高橋の説によっているといえる。前記『古代を考える　古代道路』の山陽道編も高橋の担当である。この章もしたがって高橋の見解に従うところが多い。また、中村の著書は、山陽道の駅路や駅家を例に古代駅路を一般向けにやさしく解説している新書版で、益するところが多い。中村はほかに自著の『日本古代国家と計画道路』（前掲）でも、山陽道の幾つかの国についてかなり詳しく分析している。ほかに摂津国など畿内の国やその隣の播磨国および備前・備中・備後三国については足利健亮の諸論考がある。摂津・播磨・美作国に対する吉本昌弘の条里との関係からの駅路比定の研究も貢献度が高い。また各種の山陽道関係のシンポジウム記録等も少なくない。

ほかに、中世南北朝時代の室町幕府方の武将で、歌人として名高い今川了俊《りょうしゅん》が九州探題《きゅうしゅうたんだい》に任命され、応安四年（一三七一）二月に赴任の途次、京を出発して長門国赤間関《あかまがせき》に到着するまでの、およそ一〇ヵ月におよぶ長旅の記録『道ゆきぶり』の記述が、古代山陽道のルートを考える上でのヒントとして取り上げられることがある。ただし全体を通じ、古代の道筋と明らかに異なって場合もあるので、古代山陽道を考える上では慎重に取り扱わねばならないだろう。

改廃の著しい山陽道の駅家と駅馬

さきに、山陽道の駅馬数が他の駅路に比べて多いことを記したが、それにもかなりの変動がある。平安時代に入った大同二年（八〇七）十月二十五日の太政官符で、大宰府道関連諸国の駅馬数の減少が告示されている（『類聚三代格《るいじゅうさんだいきゃく》』）。それによると、山城国（一駅）ではそれまでの三〇疋から二〇疋へ、摂津国（五駅）では各三五疋から各二〇疋へ、備前から長門の六国は各二五疋から各二〇疋へ、さらに西海道の豊前・筑前の二国では各二〇疋から各一五疋に減じられている。全体として六八駅で一七〇〇疋もあったのが、このとき一三〇五疋まで減少し、さらに『延喜式』では駅数も五八駅と一〇駅減少し、駅馬数も一一三二疋と三分の二にまで減っている（高橋『古代交通の考古地理』前掲）。駅の間隔も、そのような事情もあって、必ずしも一定ではない。

二　平安京から山城・摂津国の山陽道

平安京から摂津国へ

また平安京から出発する。基本の路線図は山陽道路線図―1（図37）であるが、最初は第II章二節で掲げた縮尺の大きい畿内駅路図（図2、18頁）も併せて参照されたい。宮都の南端で、すべての駅路の出発点でもある羅城門を出て、南に下がる直線道が鳥羽の作り道と呼ばれた。現在も細い道筋が残っている。まず最初は西海道を除く六本の駅路の共通路が南に向かう。およそ六〇〇メートルほど下がったところで交差する道が東西に延びる大縄手と呼ばれる道で、東に東海・東山・北陸の三道共通路が、西に山陰道が分かれていた。そのまま鳥羽の作り道をまっすぐ行くのが、山陽・南海共通路である。ここを京南分岐とし、山陽道の距離計算はここから始める。

現在で言えば名神高速道路と交差する少し先付近で、山陽・南海共通路は、鳥羽の作り道からほぼ四五度の角度で西南に折れる。現在の地図ではその手前で鴨川を渡ることになるが、平安時代には河道が

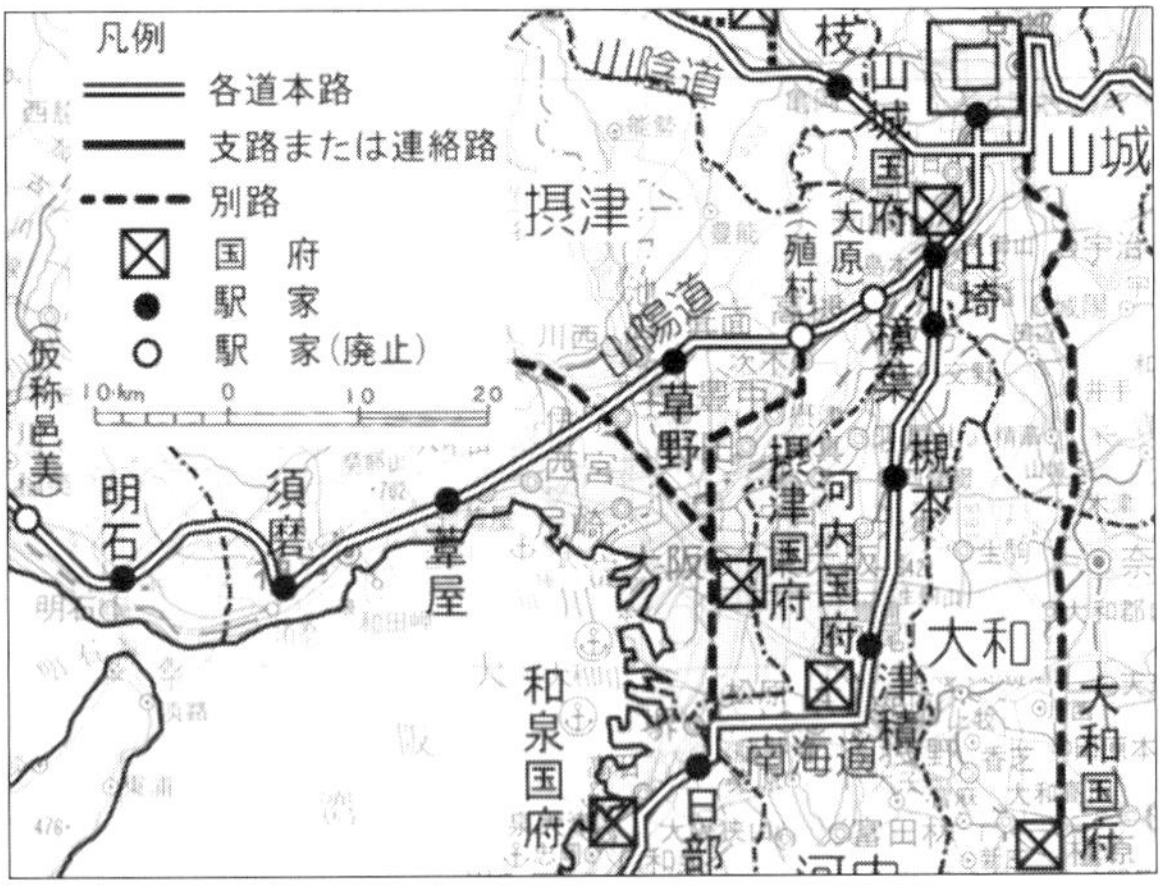

図37　山陽道路線図—1

今とは異なり、もう少し南を流れていたので、山陽・南海共通路は桂川を渡るだけでよかった。川を渡る回数を少なくするのは古代道としては一般的な路線選定である。鳥羽の作り道から分岐して山陽道最初の**山崎駅**《やまさき》（京都府大山崎町大山崎）までもやはり直線道で、古くから久我畷《こがなわて》と呼ばれ、現在でも一部にかなり明瞭に道筋が残り、その東北側は街路になっている（図38）。昭和六十年（一九八五）の長岡京市での久我畷の発掘で、幅約八メートルの盛土構造が検出されている（図39）。古代より少し時代は下がるが、南北朝の争いを記した『太平記』の中に「作道《つくりみち》」「久我縄手《こがなわて》（畷）」の文字が見える。とりわけ久我畷については、元弘三年（一三三三）四月二十七日、八幡・山崎の合戦で、京都から出陣した武家方が「さしも深き久我畷の、馬の足も立たぬ泥土の中へ馬を打ち入れ、我先にとぞ進みける」という描写がある。この道が軟弱地盤地帯に直線的に造られたものであることがよく分かる。

山崎駅は**山城国府**《やましろ》（京都府大山崎町大山崎）と同所であり、南海道との分岐駅でもあった。その点からすれば、山崎駅の配備駅馬数が二〇疋と標準値であるのは、やや少ない感がある。その理由は後にま

図 38　久我畷を踏襲する現道（京都府伏見区久我東町）

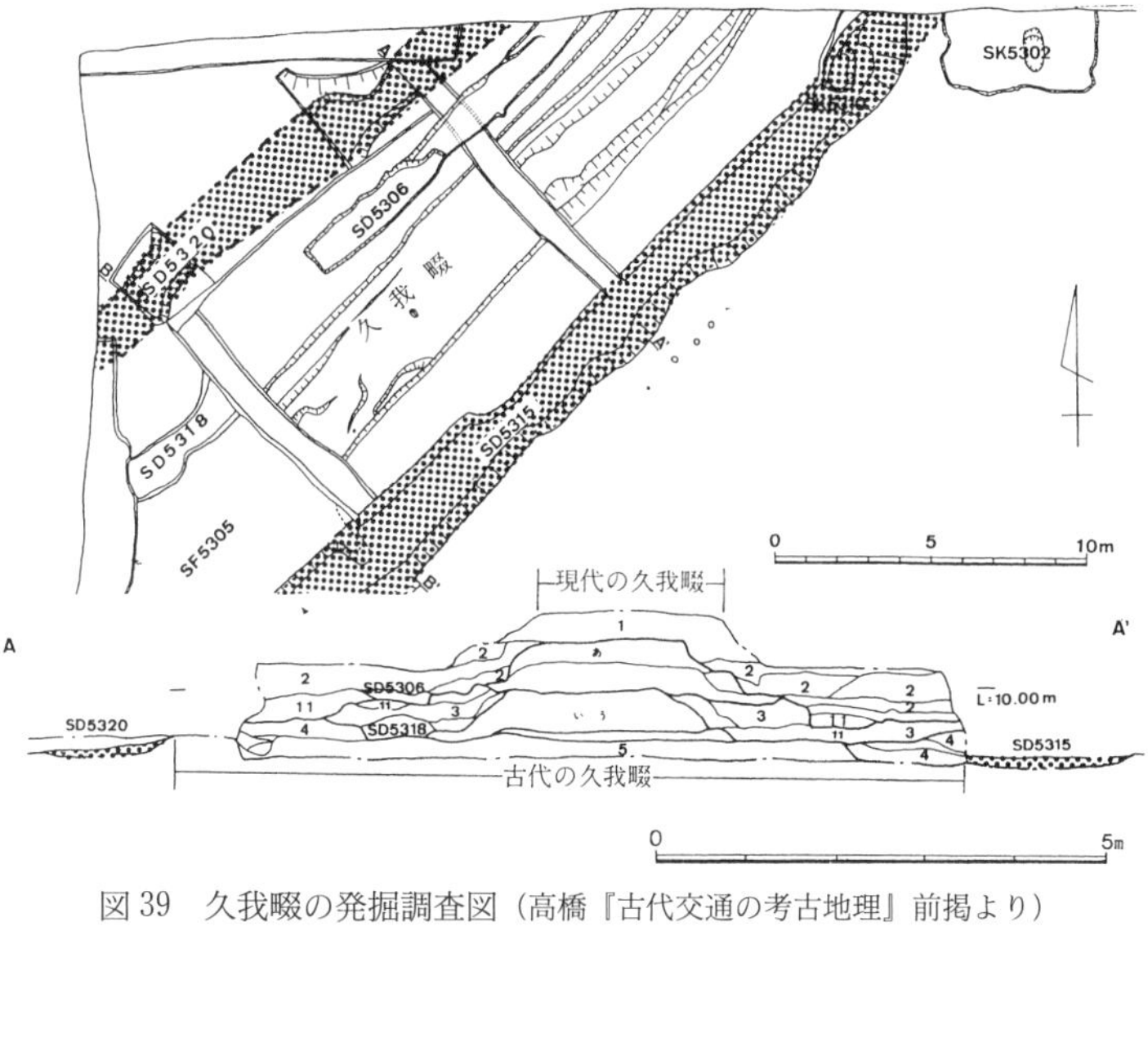

図 39　久我畷の発掘調査図（高橋『古代交通の考古地理』前掲より）

た触れるが、淀川の舟運が利用されたために少ない駅馬数で足りたのである。山崎駅近くの淀川には津（湊）が設けられていた。

山崎津は山陽道の初駅であるとともに、海路をとる場合の起点でもあった。『土左日記《とさ》』によれば、紀貫之《きのつらゆき》も山崎で上陸している。『土左日記』については、南海道の章で改めて述べる。平安京の正式の外港は与等津《よどつ》であったが、山崎は陸路・水路双方の中継施設があったために、旅人にはこちらのほうが便利であったようだ。『延喜式』に、「凡そ山陽、南海、西海道等の府国、新任官人任に赴くは、皆海路を取れ。仍って縁海の国をして例に依って食を給せしむ。其の大弐已上《いじょう》は乃ち陸路を取れ」とある。つまりこれら三道の官人の赴任の際は、大弐以上の高位の者（実質的には大宰府の長官と副長官）を除き、みな海路で行けとするものである。その人びとはここから船に乗ったのである。

山埼駅は、嵯峨天皇が弘仁二年（八一一）に近辺の野に遊猟されたときに立ち寄られたのをはじめ、その後も何度も休憩、宿泊に利用された。そのことからこれが行宮《あんぐう》となり離宮となって「河陽離宮《かやの》」として整備されるまでになった。ところが天皇の代が変わると離宮としてはあまり使われなくなり、延喜八年（九〇八）には山城国府に転用され、行幸の日には掃除をすることになった。この国府は山崎駅の機能も併せ持つ複合施設であった。そのため「河陽駅《かよう》」と呼ばれることもあった。河陽とは淀川の北岸にあったから付けられた名で、陽は山の場合には南側、川の場合は北岸を指す。

菅原道真《すがわらみちざね》に「河陽駅に到り、感ありて泣く」という題の詩がある。仁和《にんな》二年（八八六）春三月、讃岐国守として赴任する時、王という親しいここの駅長と、この駅楼で涙ながらに手を取り合って別れを惜しんだ。一年たって再びここに来たので、亭吏（駅の職員）に王駅長の消息を聞くと、近くの土墳を指して死んだことを教えてくれた、という内容の詩である。はからずも駅の使い方の様子が知られる。

南海道は京からここまでは同じ道で、ここから分かれて淀川を山崎橋で渡って南方に進んだ。高橋美久二は、諸史料から河陽離宮が転用された山城国府と山埼駅との関係を復元想定した（図40）。山埼駅の比定地は、現在のＪＲ東海道線山崎駅に近い（図41）。

平成十年（一九九八）に駅家の遺構である柱跡と石組みの溝が発掘されている。九世紀初頭の遺構と

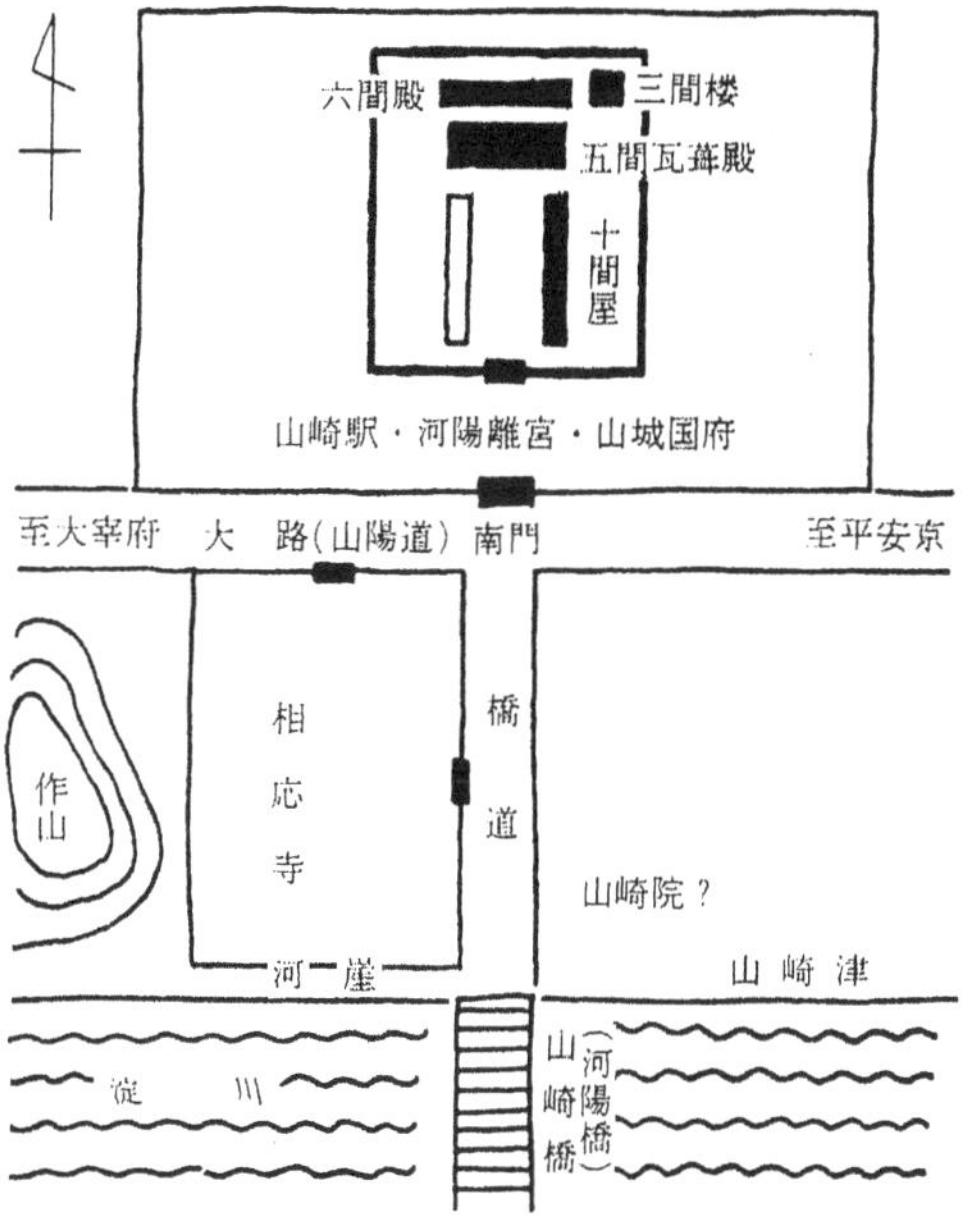

図40　山埼駅付近復元想定図（高橋『古代交通の考古地理』より）

図41　山埼駅比定地はJR山崎駅に近い

図42　右奥が待宵小侍従の墓，左は近世の顕彰碑

見られている。当時はこの地から南を見れば、南海道の山崎橋とその先の男山が展望されたであろう。背後の山は今でも紅葉の美しい一帯で、いかにも離宮にふさわしい場所に思われる。京南分岐からちょうど一〇キロであるので、羅城門からは一〇・六キロの位置にある。

駅路の跡を偲ばせる待宵の小侍従の墓

山崎駅を過ぎるとすぐ摂津国に入る。摂津国は山城国とともに畿内の国である。道筋はほぼ後の西国街道に沿うといってよい。山埼駅から二キロほど進んだ所で西北側に並行して進む名神高速道路の傍らに待《まつ》宵《よい》の小侍従の墓がある（図42）。待宵の小侍従とは、平安末期の高名な女流歌人である。彼女は岩清水八幡宮別当大僧都の娘という由緒ある家柄の出で、母も有名歌人であった。太政大臣藤原伊通《これみち》の子に嫁したが夫に早く先立たれ、二条天皇やその皇后藤原多子に仕えて小侍従と呼ばれ、歌壇に登場した。待宵の名は、『新古今和歌集』に収められている名句、

待つ宵に　ふけ行く鐘の　こゑきけば　あかぬ別れの　鳥はものかは

に依っている。これは『平家物語』によると、恋人の来るのを待っている夕べと、恋人の帰ってゆく朝とではどちらが情緒が深いかという大皇太后多子の問いに答えて詠んだものとされる。墓の傍の顕彰碑は、慶安三年（一六五〇）、高槻城主の永井直清が建てたもので、由緒が書いてある。それには福原の

名も見え、この地が平安京と、清盛が好んで住み、のちに一時は都にまでなった福原の地とを結ぶ山陽道の道筋であることを改めて思い出させる。待宵の小侍従は晩年、島本町桜井のこの地に住んだとも言われる。

摂津国の山陽道駅家と駅馬数の変遷

先に山陽道では駅数と駅馬数にかなりの改廃のあることを挙げたが、特に著しいのが摂津国である。『延喜式』には、摂津国の山陽道の駅家として、草野《すすき》（駅馬一三疋）、須磨《すま》（一三疋）、葦屋《あしのや》（一二疋）の三駅が見える（表1〈前掲〉参照）。先に見たように、山陽道各国各駅の配備駅馬数は、大同二年（八〇七）の一斉減少で摂津国では各駅二〇疋となった。そのときは摂津国の駅数は五駅であった。ではどの駅が廃止されたのであろうか。奈良時代の和銅四年（七一一）正月、平城遷都の機会に、都と近隣国に都亭駅はじめ七駅が新たに設けられた（『続日本紀』）。そのなかに、摂津国嶋上《しまのかみ》郡の大原駅と嶋下《しまのしも》郡の殖村《うえむら》駅がある。この二駅の名は、『延喜式』には見えないから、それが廃止されたものと一般に考えられている。

ところで摂津国の駅馬は、大同二年に五駅各二〇疋、合計一〇〇疋であったものが、『延喜式』では三駅で合計三八疋とほぼ三分の一までに減少している。この理由は何であろうか。まず、さきの大同二年の駅馬減少の太政官符においては、「元来、駅別の置馬は廿疋なるも、今《いま》貢上の雑物減省すること半《なかば》を過ぎ、逓送の労、旧日より少なく、人馬徒《いたずら》に多く、乗用に余有り」とされている。本来、貢物の搬送は伝馬によるのが普通であるのに、山陽道では神護景雲二年（七六八）に伝馬を廃止して、貢物搬送はすべて駅路によって実施されることになり、伝馬の代りとして各駅の駅馬を五疋ずつ増していた。それが貢上の雑物減少のため、大同二年にほぼ標準の値に戻った。それが摂津国ではさらに減少した。これは山陽道の他の諸国には見られない特異なものである。足利健亮は、これを山城国の山埼駅と播磨国の明石駅との間では淀川と大阪湾の水運の利用が盛んになったためと見ている（藤岡『古代日本の交通路I』前掲）。

さて摂津国三駅のうち、『和名抄』によれば、草野駅は豊嶋郡駅家郷に当たる。廃止された大原駅は嶋上郡に、また殖村駅は嶋下郡にあるとされるので、各郡の地理的位置からすると、一番東に大原駅、次に殖村駅、そしてその次に草野駅があったことになる（図37参照）。大原駅は待宵小侍従の墓に近い島本町桜井かその西南に比定される。また殖村駅は茨木市内に比定されるが、足利健亮はそれを継体天皇陵付近とする。なお、継体天皇陵は宮内庁指定ではあるが、現在の学界ではこれより山陽道に沿って一・五キロほど手前の今城塚《いましろづか》古墳が継体陵であるとされている。

足利はまた、殖村駅から南に難波《なにわ》京を経て南海道に至る古道が分岐したとする（『古代の道　東国編』参照）。この古道は、のちに**摂津《せっつ》国府**（大阪市天王寺区国分寺）への連絡路として利用されたものと考えられる（図2　畿内駅路図、参照）。ただし、畿内各国への連絡は駅制外とされるので（『古代の道　東国編』参照）、『延喜式』の駅路としては含めず、別路として取り扱う。

最も古く発掘された古代道路遺跡

山陽道は、待宵の小侍従の墓のある島本町桜井から先で、方向をやや西南西に変えて直進する。高槻

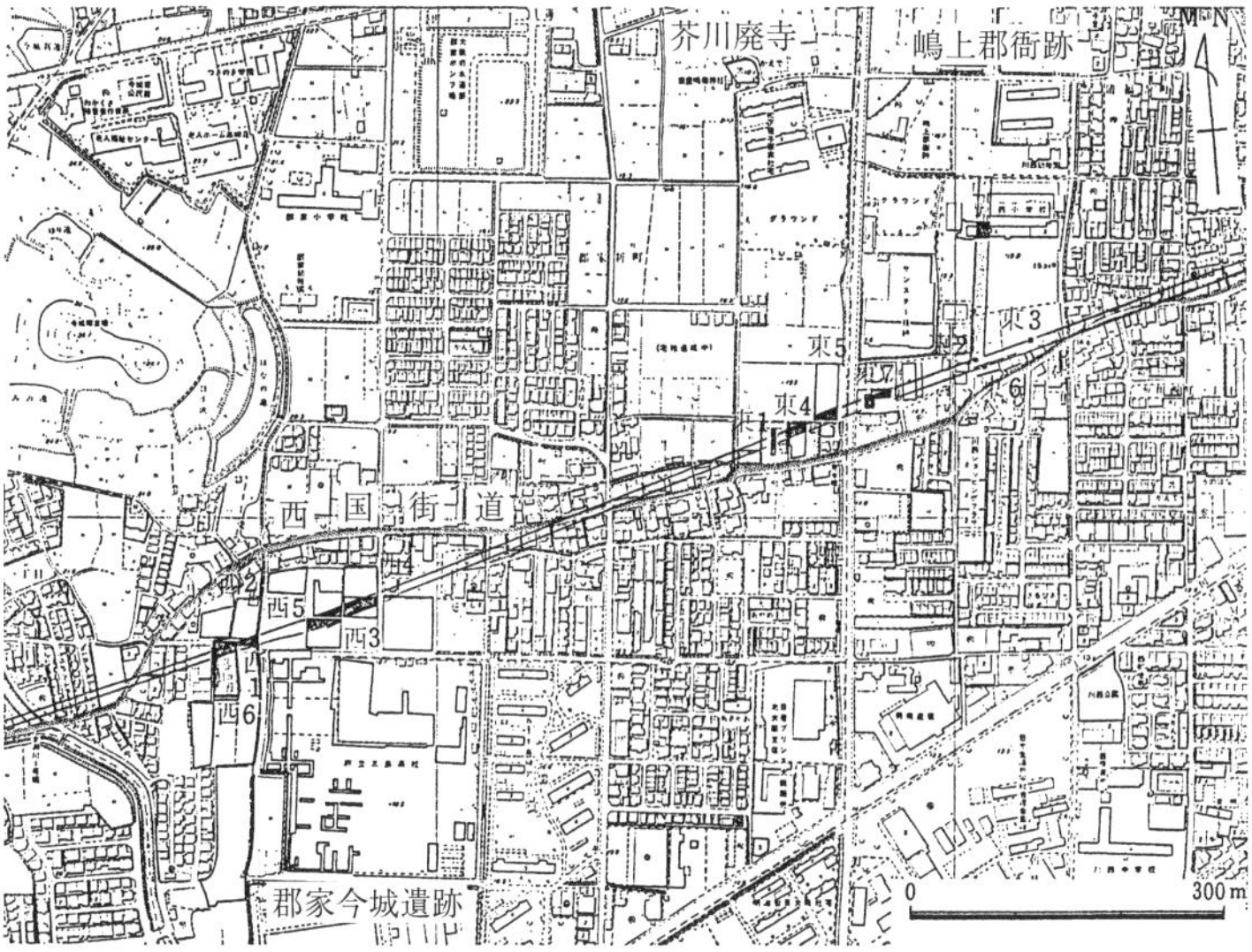

図43　高槻市の山陽道の復元（宮崎康雄文献〈本文参照〉より）

市の今城塚《いましろづか》古墳（学界では継体陵とされる）の近くの郡家今城遺跡とその東の嶋上郡衙前で、奈良時代と平安時代の二期の道路遺構が発掘されている（図43、宮崎康雄「高槻市発掘の山陽道」『季刊考古学』四六、一九九四年より）。西国街道がやや蛇行しているのに対して、明らかな直線上にあり、奈良時代のものは両側に側溝を持つ幅一二メートルの道で、平安時代のものは同じく側溝を持つ幅六メートルの道であった。路面は場所によって礫や瓦片を粘土とともにつき固められているのが見つかっている。ほぼ真北を指す条里区画とは無関係な方向に道路が走るように見受けられるが、七世紀末から八世紀前半には道路に沿った方向の地割がされていたと報告されている。この道路遺構については、足利が空中写真からも直線的古道痕跡を確認している（藤岡『古代日本の交通路Ⅰ』前掲）。ここの遺跡の調査は一九七〇年に始められたもので、古代駅路の確認としては全国で最も古いものである。

山陽道は、さらに廃止された殖村駅跡ではないかとされる継体天皇陵付近を過ぎ、次駅は西国街道を踏襲した国道171号沿いの**草野《すすき》駅**（大阪府箕面《みのお》市萱野《かやの》）である。ススキの訓みは、『延喜式』の振り仮名による。その訓みから箕面市萱野に比定されている。ただしあくまでも推定で、遺跡は確認されていない。前山崎駅から二二・五キロを測る。途中に二駅が廃止されているので、このような長さになる。ただ、次の芦屋駅まで一九・五キロである。とすると、二駅廃止前の駅間距離のバランスが悪すぎる。そこで木下は、二駅のうちの一駅は足利が想定する難波宮から山陽道西方向への連絡路（図37参照）の連結点である伊丹市昆陽付近にあった可能性も想定している。

現国道まで踏襲する芦屋・神戸付近の山陽道

草野駅から先の山陽道は、その後も国道171号におおむね沿って進み、兵庫県に入っても依然として摂津国である。芦屋市で国道2号に合するあたりからは、国道の南を並行して西進する。次の**葦屋《あしのや》駅**（兵庫県芦屋市津知町）について、芦屋市の旧芦屋村であることには異論はなく、具体的な場所として、高橋は芦屋川の西の芦屋市津知町にある津知遺跡を比定している。前草野駅から一九・五キロを測る。

これから先は芦屋市から神戸市にかけての摂津国の条里区画に沿って走っていることは明らかだ。また現在の神戸市の街路形成は、基本的に古代の条里区画を基本としている。ただ、どの条里に沿っていたかはこれまでも議論があり、現在では吉本昌弘（「摂津国八部・菟原両郡の古代山陽道と条里制」『人文地理第33巻4号』一九八一年）のあげる条里区画線が、道代《みちしろ》と呼ばれる条里余剰帯を含んでいて、古代路の

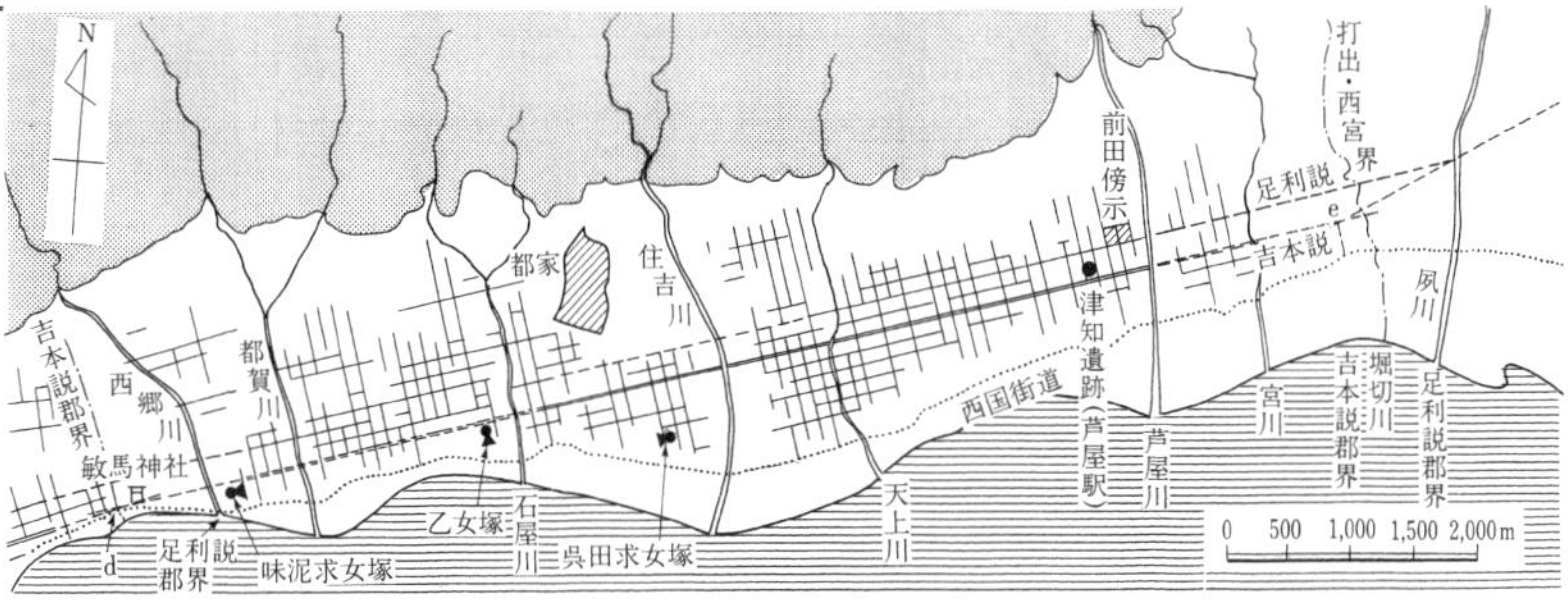

図44　芦屋市から神戸市にかけての条里区画と山陽道（高橋『古代交通の考古地理』前掲より）

図45　古代山陽道と重なっているJR三宮駅付近の国道2号

路線にふさわしいと見られている（図44）。このあたりの考証は高橋美久二の先に挙げた著書（『古代交通の考古地理』前掲）にくわしい。

これから西も神戸市内を直線的に進む。JR三宮《さんのみや》駅の近くでは、現在の幅広い国道2号と古代山陽道は完全に重なっていると見られる（図45）。その先でも、山陽道は県道21号神戸明石線の筋である。

次駅の**須磨《すま》駅**（神戸市須磨区大田町）は神戸市の海岸沿いの平野の終端付近の大田町遺跡に比定される。前葦屋駅から一六・六キロとなる。摂津国の駅はここまでである。

前述のように、『延喜式』では摂津国の駅名を草野（一三疋）、須磨（一三疋）、葦屋（一二疋）の順で記載している。しかし、これまで見たように、遺称地名からして、これが草野、葦屋、須磨の順で並んでいることは明らかである。『延喜式』の駅名は一般には駅路の順にしたがって記載されるのが普通である。ここでそのような順序にされている意味は不明であり、高橋は、駅馬数の同じものをまとめて記載したのではないかと推理している。

三　播磨国の山陽道

播磨国の駅路と明石駅の菅原道真

播磨国は、山陽道に属する最初の国である。『延喜式』では、播磨国には明石《あかし》（駅馬三〇疋）、賀古《かこ》（四〇疋）、草上《くさかみ》（三〇疋）、大市《おうち》、布勢《ふせ》、高田《たかだ》、野磨《やま》（以上各二〇疋）の本路七駅と越部《こしべ》、中川《なかつがわ》の美作《みまさか》路における二駅（各五疋）があった。上に見るように、本路では駅によって配備駅馬数がかなり異なる。これはもともと山陽道本路には九駅あり、大同二年（八〇七）十月の太政官符により、各駅二五疋から二〇疋となった。その後、明石・賀古と賀古・草上の間でそれぞれ一駅ずつ、合計二駅が廃止され、その廃止された駅の馬がそれぞれ隣接駅に移管された結果、明石三〇疋、賀古四〇疋、草上三〇疋になったと考えられる。つまり、九駅で一八〇疋であったのが、七駅になっても相変わらず総数は一八〇疋で変わりがないからである。なお、賀古・草上間にあった駅名が佐突《さつち》であることは文献（『続日本後紀』）に残るが、明石・賀古間の廃止駅の名は不明である。高橋はその想定地の郷名から邑美《おうみ》駅と仮称している。以後、本書では「仮称邑美」駅とする。図は山陽道路線図―2（図46）による。

須磨駅から播磨国最初の駅である次の明石駅までのルートについては、古くは近世の西国街道と同じく、須磨の海岸沿いのルートと考えられていたが、現在では須磨駅比定地の大田町遺跡以西には条里余剰帯が認められないので、この遺跡付近で直角に北に曲がり、県道22号神戸三木線のルートで白川峠を越え、須磨の裏山を回って明石城跡の東側に出る迂回ルートと考えられている。明石駅の手前で、播磨国に入る。古代には須磨海岸は通過するのが困難だったと見られる。今川了俊の『道ゆきぶり』（前掲）には、須磨から明石まで海づらを進んで大蔵谷に到ったことが記されている。大蔵谷は明石城跡東の海岸沿いにある。

図46　山陽道路線図―2

明石市に近い神戸市西区伊川谷町長坂地内には、古道の痕跡が見られることを吉本昌弘が指摘している（「播磨国明石駅家・摂津国須磨駅家間の古代駅路」『歴史地理学』一二八、一九八五年、図47）。山陽新幹線の長坂トンネル西口に近く、山陽道が山回りの迂回路であったことを裏付けている。

最初の**明石《あかし》駅**（兵庫県明石市太寺《たいでら》）は、明石城跡東北方の丘陵部にある太寺廃寺跡が高橋による比定地であるが、全体に駅比定地がほとんど明瞭な播磨国にあって、ここは確定的ではな

図47　神戸市西区長坂の古代道路跡

い。播磨国の駅家は、一般に国府系瓦が出土し、かつそこが寺院跡ではないと推定された場所が比定されている。この太寺は白鳳期（天武天皇の時代を中心とした七世紀後半の時期）創建の寺院であることが明らかになっている。高橋は山陽道が白川峠を迂回するルートである場合には、台地上に位置する太寺廃寺の位置が適当だとし、明石駅はこれに併設もしくは近接していたのではないかと推測する。

吉本昌弘は、これよりやや西南に下がった平地の明石城跡内にあったのが、築城で破壊されたのではないかとの見解を示したが（吉本「播磨国の山陽道古代駅路」神戸史学会『歴史と神戸』二四巻一号（一二八）一九八五年）、考古学的な証拠はない。駅家が近くにあった名残りと思われる麻耶《まや》谷および麻耶坂の地名は、太寺遺跡と明石城の中間にあって、どちらとも軍配を挙げにくい。

また、その西の吉田南遺跡を駅跡とする説もあったが、現在では同遺跡は奈良時代の明石郡家遺跡とする説が有力である。ここでは、木製車輪や橋梁遺構が発掘されるなどきわめて魅力的であるが（天野光三「奈良時代の〝橋〟に関する考察—吉田南遺跡の木造構造物—」『第2回日本土木史研究発表会論文集』一九八二年）、山陽道の推定駅路からは北に五〇〇メートル以上離れているのが難点である。明石駅を太寺跡として、須磨駅から一六・二キロとなる。

太寺跡近くの、今では住宅地になっている街角に「菅公旅次遺跡」碑が立っている（図48）。菅原道真が昌泰四年（九〇一）、突然失脚し、九州大宰府に左遷されるとき、ここで明石駅長に口詩（口ずさんだ詩）を与えた故事が知られている。道真が大宰権帥《だざいのごんのそち》として九州に左遷されることを言い渡されたのが同年正月二十五日、京を旅立ったのは二月一日である。旅装を調える暇のないほどあわただしく、道真を送る使いもわずか二名と定められた。道中の国々も食・馬を給うことなしと命じられた。平安京を出て、山陽道の最初の駅は山埼、道真はここで出家する。それから二日ほどのち、道真の一行は明石の駅に到着する。

明石の駅で、道真は旧知の駅長に会う。道真はかつて四国の讃岐国守であった時代があり、任命二年後の仁和四年（八八八）に一たん休暇を得て帰京し、ふたたび任地に赴くときに明石に泊ったことがあった。そのとき、「駅楼の壁に題す」という詩を賦した。詩の冒頭に「家を離れて四日」とあるから、都を出てから五駅目までに四日かけていることになる。道真は南海道に属する国の国守であるから、公式の業務での往復の場合は南海道の駅路を通るのが原則であるが、そうでない場合には通りやすい道を通ることも出来たし、かなりゆったりとした日程を組めたのであろう。

図48　明石市の「菅公旅次遺跡」碑

都落ちとなった道真は、そうしたことでここ明石の駅長を見知っていた。駅長の名を橘季祐《たちばなのすえすけ》という。にわかに落魄した道真を見て、駅長は言葉もない。悲しむ駅長に道真は一詩を与えて慰め返した。

駅長驚くなかれ　時の変改《へんかい》することを　一栄一落《いちえいいちらく》　是れ春秋

人の世の栄枯盛衰も、春が来れば花が咲き、秋には落葉する自然の姿と同じではないか。道真はこう諦観して、その思いを詩に託した。『大鏡』に載せられている逸話であり、後年『源氏物語』には、「駅長に口詩を与えた人もいた」と記されている。

直線の駅路跡と山陽道特有の瓦葺粉壁の駅館

明石駅を過ぎた山陽道は、三キロほどするとほぼ西北方向に向けて一直線に進む。この直線はある部分は近世の西国街道と重なり、またある部分は国道2号（ただしバイパスではなく旧道）にかなり近いが、山陽道はほとんど曲がらずに約二〇キロの直線となっている。東からいえば、賀古駅までに、木下良は早くに空中写真からその痕跡を検出した（木下「空中写真に認められる想定駅路」『びぞん64』一九七六年）。平成十三年（二〇〇一）にこの直線上の明石市二見町で、山陽道の遺構が発掘された。福里《ふくさと》遺跡という。検出された部分は長さ六メートルと短いものだが、幅五・五メートルで北側に側溝を持ち、小石を敷いた道路面が検出された。本章冒頭に述べたことだが、山陽道は駅家の発掘は瓦の出土からかなりの場所で明らかになっているのに、駅路の遺構の発掘例は極めて少ない。その意味でも貴重な発掘事例だ。もともとこの辺りは空中写真で明らかになった駅路推定線が国道2号の西側一〇〇メートルほどを並行して走っているところだが、この遺跡のすぐ先で、国道に沿って稗沢《ひえさわ》池という灌漑用水用の池がある。その真ん中を国道に並行するように人が歩ける程度のまっすぐな土手道が続いている（図49）。これが駅路の痕跡として知られている所で、先ほどの福里遺跡はその直線状土手の手前に位置する。

稗沢池の土手から先に五キロ半ほど進めば、『延喜式』による次の賀古駅《かこ》（加古川市野口町）があった。古大内《ふるおおうち》遺跡と呼ばれ、ここは山陽道の駅家位置が明らかになった最初の場所である。

『日本後紀』大同元年（八〇六）五月十四日条に、

勅す。備後、安芸、周防、長門等の駅館《うまやたち》、本《もと》より蕃客《ばんきゃく》（外国の客）に備えて瓦葺粉壁《がしゅうふんぺき》す。頃年《けいねん》（近年）百姓《ひゃくせい》疲弊して、修造堪え難し。或いは蕃客にして入朝するもの、便《すなわ》ち海路に従《よ》る。其の破損するは、農閑に修理せよ（訓みは中村太一『日本の古代道路を探す』前掲、による）

とある。

図49　稗沢池の駅路痕跡と見られる直線道（明石市二見町）

もともと山陽道では海外からの客を迎えて、精一杯よいところを見せようと瓦葺き白壁の駅館を置いたのである。ところが人民が疲弊して修理も出来かねる始末となり、外国から都を訪ねるお客は海路で運ぶようになった。そこで破損しているものは農閑期に修理せよ、とのお達しである。ここには山陽道のうち四ヵ国だけが示されているが、瓦葺き白壁の駅館がこの四ヵ国だけにあったのではなく、ただ特に修造が困難だった四ヵ国に勅が下されたということのようだ。播磨国の駅家跡では、修築された痕跡が見られる例もあるという。駅館修理の勅の出た直後の同年六月十一日付けで「山陽道の新任国司等は、西海道に準じて海路に従って任に赴く」べきことが示されている（『類聚

図50　播磨国府系瓦の一例

三代格』）くらいだから、山陽道筋の駅館をせっかく修理しても、外国の賓客が再び陸路に戻ることはなかったのであろう。先にも示したように、最終的には山陽、南海、西海道という瀬戸内海筋の三道すべてにおいて、特別な高位の人を除き、新任官人はみな海路を採ることになったのである。

瓦葺きの瓦については、播磨国が最もよく研究調査されており、瓦の出土地による駅家比定も最初に行われた。一般に国分寺や国分尼寺の建立に際して造られた国司管轄下の官営の窯で焼かれた瓦を国府系瓦と称し、それが駅家にも利用されたことが、播磨国で最初に明らかにされたのである（図50）。

国府系瓦の出土地は、実際に寺院跡の場合もあり、駅路に沿う遺跡で寺院跡ではないと考えられるものが駅家として比定されるようになった。そのきっかけがこの賀古駅家である。

賀古駅家とされた場所は古大内遺跡と呼ばれて、以前は寺院跡だと思われていた。しかし、前後に幅二〇メートルの条里余剰帯が検出されて山陽道の痕跡が読み取られたり、近くに駅池《うまやがいけ》（図51）と呼ばれる古い池があったことなどから、ここが賀古駅に比定され、そのあと前後の駅が次々と明らかになっていった。明石駅から一八・六キロを測り、途中の一駅（名称不明―仮称邑美駅―）を廃止したので山陽道としては多少長くなっている。その仮称邑美駅も播磨国府系瓦の出土から、明石・賀古両駅の中間点西寄りの長坂《ちょうはん》寺《じ》遺跡が比定されている。この遺跡も地域名称から当初は寺院跡ではないかとされていた。明石駅と賀古駅のほぼ中間点付近に位置し、先に見た道路遺構のある福里遺跡は、駅路に沿っていえば仮称邑美駅跡から二キロほど進んだ地点である。

賀古駅から次の草上駅までの間の道筋も、なお国道2号（旧道）に沿って進む。賀古駅付近から先は、駅路はかなり条里に沿っている。加古川を渡って、高御《たかみ》位《くら》山の南麓にぶつかる辺りでやや曲折するが、それでも2号旧道とほぼ道を同じくすることは変わらない。

図51　賀古駅比定地付近の駅池

高御位山の南麓の姫路市別所町北宿に、先に述べた播磨国の廃止駅のひとつである佐突《さつち》駅があった。北宿《きたじゅく》遺跡から国府系瓦が出土し、すぐ西に別所佐土の地名が残っていることから比定されている。『続日本後紀』承和《じょうわ》六年（八三九）二月二十六日条に、「播磨国印南郡佐突駅を旧に依り建立す」との記事がある。一度廃止された駅が復活した話である。しかしこの駅は『延喜式』には見えないのだから、設置・廃止を繰り返したことになる。

播磨国分寺跡付近ではその南西を過ぎ、市川を渡って姫路市の中心街に入ったところが**草上《くさかみ》駅**（姫路市総社本町）になる。草上駅の北に接して**播磨《はりま》国府**（姫路市総社本町）があった。駅家位置比定がかなり進められている播磨国各駅の中では、この草上駅には、国府付近の本町遺跡と

図52　「邑智駅家跡」の標柱と説明板

する説と、それより二・六キロほど西で草上寺の遺称地名のある今宿《いまじゅく》遺跡と両説があって決着は付いていない。今宿で瓦の出土があり、有力視されているが、草上駅は国府付随駅であると考えられること、また美作路の分岐点であることから、木下の採る本町遺跡付近とする。賀古駅から一七・六キロを測り、次駅の大市駅まで八・九キロとなる。仮に草上駅の位置を今宿とすれば、賀古駅から草上駅まで二〇・二キロ、さらに大市駅まで六・三キロとなり、賀古駅と草上駅との中間に廃止された佐突駅（姫路市別所町北宿）があったことを考慮しても、駅間距離のバランスが悪すぎる。

駅跡確かな播磨国各駅

草上駅から西も、山陽道本路は国道2号をそのまま進むが、夢前《ゆめさき》川を越えるまでの直線部には、条里余剰帯が検出されていて、山陽道が通過していることは疑いない。

夢前川を越える手前から国道2号が南に下がって行くのに、山陽道はそのまま丘陵地を西北西に直進して桜峠を越える。桜山貯水池をよぎり、JR姫新《きしん》線の太市《おおいち》駅の南西部の太市中向山遺跡が**大市《おうち》駅**（姫路市太市中）の比定地である。『和名抄』に揖保《いぼ》郡大市郷があり、また『播磨国風土記』には「邑智《おほち》里に駅家あり」とある。桜峠からの直進路の先になる。その手前の太市公民館前に、地元では「邑智駅家跡」の標柱を立てており（図52）、公民館には出土した瓦が収集されている。草上駅から大市駅まで八・

九キロを測る。

大市駅の少し先で山陽道は主要地方道5号姫路上郡線に沿ってほぼ真西に向けて変針する。槻坂を越えると見られるが、ここは主要地方道5号線、ＪＲ姫新線、山陽自動車道の三本の交通路が、いずれもトンネルで抜けている交通上の要地である。槻坂を越えると揖保《いぼ》川の左岸に出る。ここは現在、龍野市の中心市街地となっているが、ＪＲ本竜野駅の南で線路と交差する里道（市道）がほぼ東西に走っており、東は槻坂に向かっていた古道跡ではないかと思われる。

図53　布勢駅跡説明板，正面に見えるのが播磨自動車道．駅跡は実際には中央の道の反対側，つまり駅路の北側にあった

踏切を越えて国道179号にぶつかるあたりで古道はいったん消えるが、龍野市役所北で揖保川をこえてからは、ふたたび東西の直線路が現れる。槻坂のところで一緒であった主要地方道5号姫路上郡線である。揖保川を越えたすぐ西の一キロほどの部分は、比較的新しい道だが、その建設前に駅路と見られる条里余剰帯が残されていた所である。さらに進んで小さな琴坂の峠を越える付近まで、揖保川からほぼ四キロほどの東西を貫く直線道であったと見られる。

琴坂を下りたところに**布勢《ふせ》駅**（龍野市揖西《いっさい》町小犬丸）がある。ここは小犬丸《こいぬまる》遺跡と呼ばれ、発掘調査によって全国で最も早く駅家の建物配置の実体がはっきりした駅跡である。駅路を踏襲する現道（主要地方道5号線）の北に接して設けられていた。道の南側の公民館前に説明板がある（図53）。大市駅から一〇・二キロである。

布勢駅から西に向かうと、山陽道の通る山峡を横断して、南北に播磨自動車道の高架橋が空高く通っている。さらに西に二木峠《ふたつぎ》と椿峠を越えて**高田駅**《たかだ》（上郡町神明寺《かみごおりじみようじ》）へ至る。その間ずっとこれまでたどってきた主要地方道5号線沿いである。この付近は旧赤穂郡高田村で、遺称地名と考えられる。具体的には道の南側に沿う神名寺遺跡が駅趾と見られている。布勢駅から一〇キロを測る。

山陽道は、高田駅からそのまま西へ丘陵を越えて進むが、主要地方道5号線はやや南を迂回する。千種川を越えて上郡町の中心街を過ぎるあたりから、また主要地方道5号線と道を同じくして飯坂峠を越しながら南西に向きを変え、国道2号と合流する手前に**野磨駅**《やま》（上郡町落地《おろち》）がある。高田駅から七キロとなる。

野磨駅も、発掘でかなり明らかにされた駅である。遺跡は二つあって、飯坂峠を越えてやや広くなった左手（東側）に位置するのが落地《おろち》飯坂《いいざか》遺跡で（図54）、駅家の中枢施設である正殿や築地塀、西門などの跡が発掘され、また八世紀後半の瓦が出土していることから、それ以降に機能した駅跡とされている（図55）。いま追っている『延喜式』時代の駅位置である。『今昔物語』に、ある僧侶の前世が播磨国赤穂郡の山駅に住む毒蛇だったとの話がある。山《やま》駅とは野磨《やま》駅のことで、毒蛇は大蛇《おろち》で、それが地名の落《おろ》地《ち》になったとされ、この地に野磨駅があった傍証ともなっている。

飯坂遺跡から三〇〇メートルほど下がったところの右手（西側）に落地八反坪遺跡がある。ここも同じ落地駅跡とされるが、こちらには瓦が出土せず、七世紀後半から八世紀前半の駅跡と考えられている。平成二年（一九九〇）に行われたこちらの調査では、駅路と見られる幅一〇メートルの直線の道路跡も見つかって

図 54　野磨駅跡の落地飯坂遺跡．北から南を望む
（上郡町教育委員会提供）

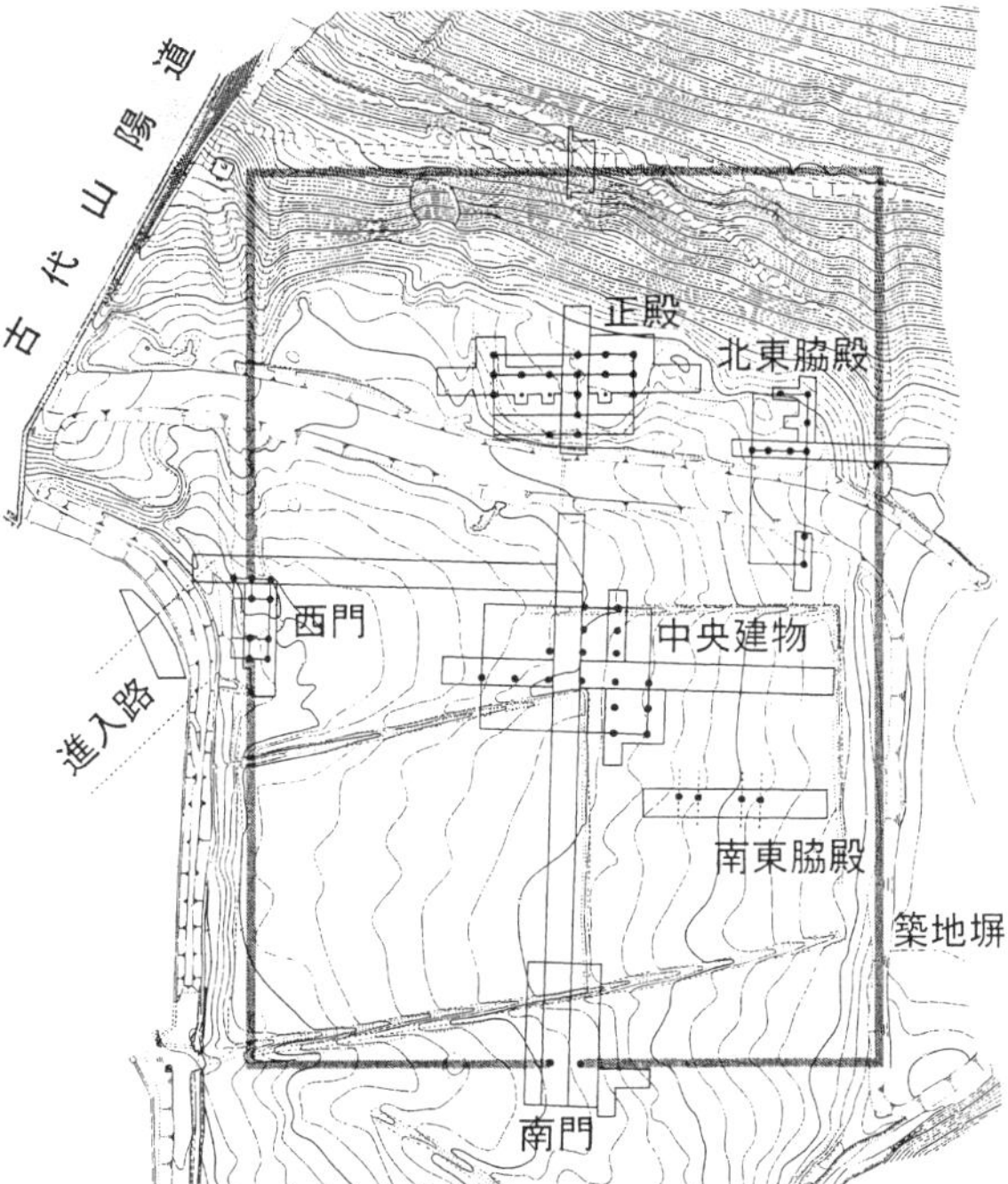

図 55　落地飯坂遺跡駅館復元想定図（上郡町教育委員会提供）

いる。
この先、国道2号に沿って船坂峠を越えれば備前国に入る。播磨国の駅路ルートを全体的に見ると、夢前川まではおおむね近世西国街道（山陽道）やそれを踏襲する国道2号と付かず離れずであったが、それから先では分かれて、ほぼ直線的に西へ向かっていた。これに対して近世西国街道はほぼ国道2号沿いに南を迂回し、野磨駅を過ぎてから一緒になる。

四　美作路と陰陽連絡路

播磨国内だけに駅名記載のある美作路

備前国に入る前に、少し元に戻って支路である美作《みまさか》路について触れておこう。この支路については高橋美久二の研究（『古代交通の考古地理』前掲）に加えて、中村太一の研究（『日本古代国家と計画道路』前掲）が詳しい。美作路は美作国府へ至る道であることは言うまでもないが、山陰道因幡国で述べた陰陽連絡路が途中で分岐していた。図は山陽道路線図—3（図56）である。

美作路の山陽道本路からの分岐点は、本路の大市駅からという説もあったが、現在では草上駅からと考えられている。その草上駅も確定はしていないが、前述のように国府付近と考えると、姫路城の南面を西北に直線的に進む市道城南線（通称）に沿うと見られる。この道の左（南）側に沿って飾磨《しかま》郡家《ぐうけ》関連の寺跡ではないかとされる辻井《つじい》遺跡がある（図57）。夢前《ゆめさき》川とその支流の菅生川を渡ってから二つの小さな峠を越える。旧国道29号（旧因幡街道）のルートにほぼ沿っており、その中間で山陽自動車道と

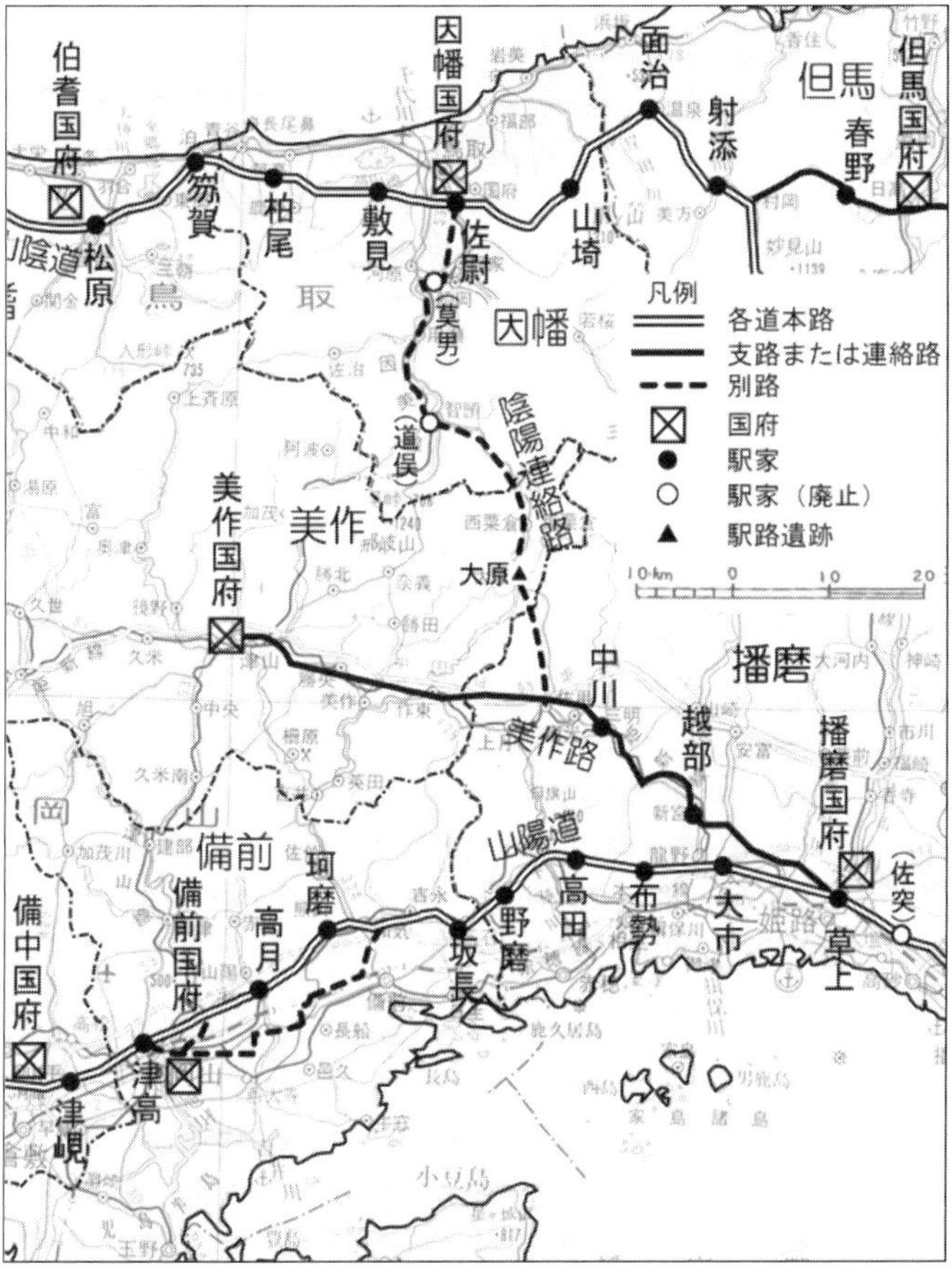

伯耆国府
松原
山陰道
笏賀
柏尾
敷見
因幡国府
佐尉
山埼
面治
射添
春野
但馬国府
但馬
鳥取
因幡
（莫男）
（道俣）
陰陽連絡路
凡例
各道本路
支路または連絡路
別路
国府
駅家
駅家（廃止）
駅路遺跡
10 km 0 10 20
美作国府
美作
大原
中川
播磨
越部
美作路
播磨国府
（佐突）
草上
大市
布勢
高田
野磨
坂長
山陽道
珂磨
高月
備前国府
備前
津高
津峴
備中国府

図 56　山陽道路線図—3

図57　美作路ルートの市道城南線沿いにある辻井廃寺跡

図58　条里余剰帯が検出された市道付近（龍野市神岡町横内）

交差する。龍野町北部の神岡地区で針路を西に取る。吉本昌弘によって、林田川と揖保《いぼ》川の間を東西に走る道代《みちしろ》（条里余剰帯）が検出されており、それが美作路とされている。現在の県道724号姫路新宮線のおよそ二〇〇メートルほど南を東西に走る市道がその後継である（図58）。

揖保《いぼ》川を嘴崎《はしさき》橋付近で渡り、支路最初の駅である**越部《こしべ》駅**（新宮町馬立）に至る。越部駅の地点は揖保川支流の栗栖川に沿った山裾に位置すると見られる。この駅の比定地は馬立という駅家関連地名が残り、特に問題がない。草上駅から一七・五キロになる。

美作路は越部駅から県道新宮追分線に沿って北上するが、一キロほどすると、左手に越部廃寺跡があり、瓦が出土している。この道筋が古代からのものであることが分かる。さらに一キロほど先からは北西に向きを変え、栗栖川沿岸を国道179号やJR姫新線と同じ経路を採る。近世の出雲街道のルートでもある。相坂峠を越えて三日月町に入り、志文川という別の水系に入るが、ルートは出雲街道に等しい。次の**中川駅**《なかつがわ》（三日月町末広新宿）は「播磨国中津河」と刻まれた中世の宝篋印塔《ほうきょう》が現地にあることなどから比定地とされている（図59）。越部駅から一八キロを測る。

中川駅から先は、卯ノ山峠を越える国道179号のルートと志文川沿いのJR姫新線沿いの二つのルートが考えられ、高橋美久二は姫新線の播磨徳久駅手前のトンネル上に古代道路の痕跡と考えられる切り通しが見られることから、こちらのルートを採っている。しかし中川駅比定地からこのトンネル上の切り通しまで、JR姫新線沿いにかなり迂回しなければならず、ここは国道179号に沿った直通的ルートを採りたい。

徳久からさらに佐用町佐用の佐用郡家跡に至る。この間のルートにも問題がある。国道179号に沿って佐用峠を越えるルートと、徳久から大願寺へ抜けるルートとが考えられる。

図59　中川駅比定地付近の宝篋印塔（台座の右に播磨国，左に中津河と刻されている）

図60　美作路は佐用郡家の西で佐用高校を突き抜けて西進した

図61　美作路は中国自動車道の下にある（楢原PAより望む）

図62　美作国府跡（津山市総社）

佐用で陰陽連絡路と分岐するが、美作路が東西に通り、そこから北に陰陽連絡路が分岐すると考えたほうが理解しやすいとする高橋の考え方（徳久—大願寺ルート）に従う。

美作路は佐用の盆地を西に向かって進むことになるが、その後継と見られる里道は佐用高校の敷地で中断される（図60）。その手前に佐用郡家があったとされ、その東側に東西の美作路と直交する南北の直線道路跡が発掘されており、陰陽連絡路の一部と見られる。陰陽連絡路については後述する。

美作路はそのまま西進して杉坂峠を越えて美作国（岡山県）に入るが、佐用郡家付近から杉坂峠を越えて美作市楢原付近までおよそ一五キロほどは、ほぼ中国自動車道に沿っていると見られる（図61）。美作路が杉坂を通っていたことは、中世の元弘二年（一三三二）に隠岐に配流された後醍醐天皇が杉坂を越えて美作に入った故事（『太平記』）などが傍証となっている。

美作路には、距離からすれば中川駅以後、二駅ほどはあったと思われるが、『延喜式』にも、またその他の資料にも見当たらない。これについてはもともとあったのが廃止されて、『延喜式』に記載されていないのか、あるいは記載洩れなのかは、記録がないので不明である。途中にある英田《あいだ》郡家跡（岡山県美作市川北）と勝田《かった》郡家跡（勝央町勝間田）がその位置と間隔からそれぞれ駅跡ではないかと見られている。

美作路は津山市に入って美作国分寺に立ち寄るようなルート形成をして、**美作国府**《みまさか》（津山市総社、図62）に真東から入ったと、中村は推定している。中川駅から美作国府まで、途中の駅が記録されていないので、四二キロを数える。美作路の総延長は七七・五キロである。

美作路各駅（越部・中川）の配備駅馬数はいずれも五疋である。

山陽道と山陰道を結ぶ陰陽連絡路

陰陽（山陰・山陽）連絡路（因幡道ともいう）については既に山陰道の「因幡国と陰陽連絡道」の項（42頁）でかなり詳しく述べた。『延喜式』ルートではないが、山陰と山陽を結ぶ重要な道筋であるので、改めて記しておきたい。

山陰道の地形があまりに厳しかったので、古代から近世そして現在まで、山陰道筋の交通路の整備が不十分で、しばしば陰陽連絡路が利用されていた。その事例としてあげた平時範《ときのり》は、その日記（『時範記』、『書陵部紀要』第14号、一九六二年）によると承徳《じょうとく》三年（一〇九九）二月に、前年七月に因幡守に任命された時範が、平安京から山陽道を経由で因幡国府に赴いた。

律令時代もこのころになると、国司に任命されても現地に常駐せず、実務は在庁官人に任せたが、任期中に一度は神社崇拝のため現地を訪れる決まりだった。二月九日に京を出発、山陽道の幾つかの駅で宿泊し、四日目の十二日に高草駅（草上駅か）に着き、翌十三日は佐余（佐用）泊、十四日は美作国の境根（現岡山県西粟倉村坂根）に泊り、十五日は鹿跡神坂《ししとのみさか》（国境の志度坂峠）を越えて、その日に因幡国に入って、智頭《ちづ》郡駅に立ち寄ったのち、夜になって因幡国府に着いた。陰陽連絡道には因幡国内に莫《まく》男《なむ》・道俣《みちまた》の二駅があったが、大同三年（八〇八）に馬五疋から二疋減じられ、さらに十世紀の『延喜式』にはまったくその名も見えないのに、さらに後年には駅制も崩壊していたけれども、かように国司の通行路として利用されていたのである。

ところで平成十六年（二〇〇四）十一月に、岡山県美作市（旧大原町）で陰陽連絡路の道路遺構が発掘された。中町B遺跡という。鳥取自動車道の大原ICの建設にかかるもので、両側側溝の中心線間隔が七・五～九・七メートル、側溝の内側相互間の幅が五・五～六メートルの直線状遺構で、南東から北西方向にかけて全長約一三八メートルに及んだ。道路遺構であることは、波板状凹凸面が検出されていることからも明らかである。これだけはっきり道路痕跡が発掘されたことは、陰陽連絡路としては初めてのことである（図63）。

　この遺構によって明らかになった古代道路は、すぐ横の智頭急行鉄道およびさらにその東側の鳥取自動車道と並行した道筋である。鳥取自動車道は中国自動車道から分かれて鳥取市を経て山陰自動車道につながる高速道路である。高速道路には、京都（および大阪）方面から山陰道筋をへて鳥取に向かうルートは、現況はおろか計画としてもない。智頭急行線もまたＪＲ山陰本線の機能不足を補うための、実質的に鳥取と京阪神地方を結ぶ新しい幹線鉄道である。古代路の陰陽連絡路が山々を越える嶮路の古代山陰道の代替機能を果たしていたことが、はからずも高速道路や新設鉄道幹線路の状況からも実証されているのである。

図63　発掘された陰陽連絡路遺構　両側に側溝があり，手前には波板状凹凸面が数状見える（岡山県美作市中町）

　美作路では中川駅以降、美作国に入ってからは『延喜式』に駅名が記されていない。ところで陰陽連絡道でも事情は同じではなかろうか。陰陽連絡路には因幡国内に二駅があったことが知られている。美作路の中川駅から陰陽連絡道の道俣駅までは四〇キロほどはあり、先の平時範の旅でも、帰路には讃甘（佐奈保）で一泊している。ここは現在の美作市（旧大原町）宮本を中心とした地であり、道路遺構が最近発掘された地点の南に当たる。宮本は中川駅と道股駅のほぼ中間点にある。資料には見えないけれど、あるいはこの付近に駅家が置かれていたことがあったかもしれない。宮本は宮本武蔵の出身地ともいわれる。

五　備前国の山陽道

吉井川前後のルートと藤野駅の改廃

備前国内の山陽道ルートは、駅の改廃があったこともあり、ルート自体にも変遷があって、多くの研究がありながら、なお未解明な問題が存在する。特に吉井川の渡河地点を中心として幾つかの問題があるので、備前国内についてはこれまでの通常の路線図程度では説明しきれない。ここでは特に縮尺二〇万分の一図を基本とする備前国駅路図（図64）により説明することとする（東側の坂長駅付近の一部を除く）。全体の関連は、前節の山陽道路線図―3（図56、93頁）を参照されたい。

はじめ吉備《きび》の国と呼ばれた地域は、のちに備前・備中・備後の三国に分割され、さらに備前から美作が分離された。現在は備後のみ広島県に属し、その他の三国は岡山県に属する。

備前国の山陽道の駅は、『延喜式』では坂長《さかなが》、珂磨《かま》、高月《たかつき》、津高《つだか》の四駅で、津高の一四疋を除き、あとは標準の二〇疋である。吉備の各国でもそれぞれの国の国府系瓦が出土しており、それによって駅家位置が明確になった例もいくつかあるが、まだ播磨国ほどには明確でなく、ルートにも疑問の余地があ

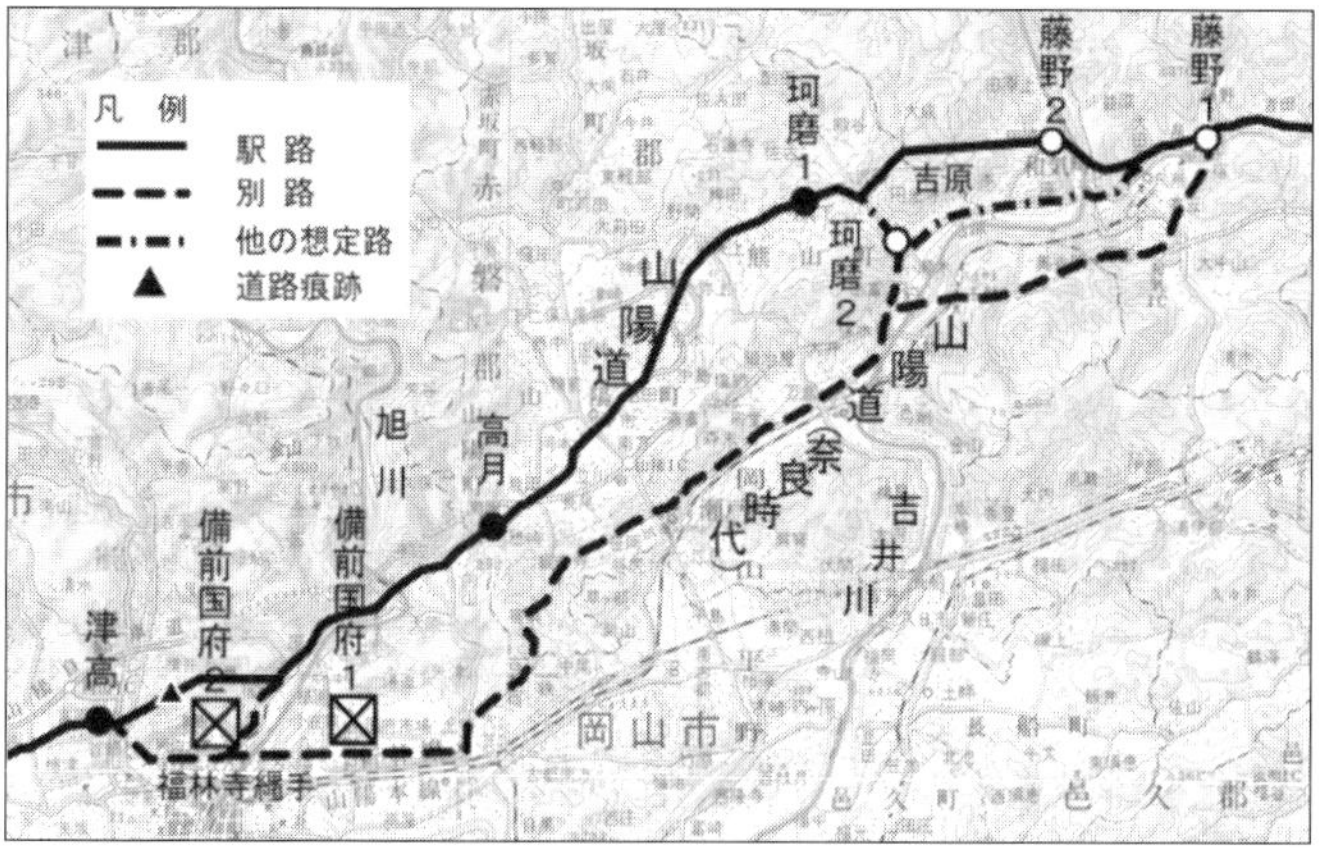

図64　備前国駅路図

る。備前・備中・備後三国の山陽道ルートは、足利健亮の研究（藤岡『古代日本の交通路Ⅲ』前掲）が基本であり、特に問題のある備前国や備後国のルートについては、中村太一や高橋美久二などその後の研究者によって深められた。

播磨・備前両国国境の船坂峠を下って国道2号やJR山陽本線に沿って西南進した山陽道は、**坂長《さかなが》駅**（岡山県備前市三石《みついし》）へ至る。ここは『和名抄』に「備前国和気郡坂長郷」があり、吉田東伍は「播州野磨駅より舟坂山を越え、此に至る、古今不易の大路なり」と記す（『大日本地名辞書』前掲）。つまり、この間のルートも駅家位置についても、何ら問題のないことを示している。坂長の駅名について、大槻如電の『駅路通』は「国境の船坂山は山坂が長いのでこの名がある」としている。ただし、駅趾などは見出されていない。前野磨駅から七キロと短い。

坂長駅を出た山陽道は、西に向きを変え、国道2号とは分かれてJR山陽本線および吉井《よしい》川の支流である金剛《こんごう》川に沿うように西進する。和気《わけ》町藤野には、奈良時代には藤野駅があったが、延暦二年（七八三）に西に移転している。

そのことは後でまた触れるとして、この藤野から次の珂磨駅までのルートが問題である。

通説ではそのまま金剛川右岸（北岸）を西進し、吉井川と金剛川の合流点のすぐ北で吉井川を渡河し、そのまま吉井川右岸（北岸）を進むとする。図64に一点鎖線で示すルートである。これに対して木下良は別のルートを考える。なぜかというと、吉井川の赤磐《あかいわ》市吉原付近が、当時果たして通過可能だったかという疑問である。吉原では吉井川の旧河道が深く北の山地部に食い込んで、いわゆる攻撃斜面（流れがぶつかる岸、凹岸部）を形成していた。このような危険な場所を古代路が通る例はほとんどない。古くはこのような河道をしていたのだが、江戸中期に何度も大洪水があり、河道が直通的になり、現在のような平地が生まれた（『熊山町史』一九九三年）。古代路の検討は当時の地形に即して考えねばならない。

木下の想定ルートは、図64では前後と同じく実線で示している。このルートは藤野の西の和気町大田原から小さな峠を越え、吉井川は現在の和気橋の北で渡河し、外国山北の峠を越えて赤磐市沢原から**珂《か》磨《ま》駅**（赤磐市可真下）に至るルートである。珂磨駅は安定した山裾にあり、現在も直線的な道筋が残っている（図65）。坂長駅から一八・六キロを測る。この前後の平均的な駅間距離からすればかなり長い。この珂磨駅は図64に「珂磨駅1」としてあるが、ほかに珂磨駅には、同じく「珂磨駅2」として赤磐市（旧熊山町）松木に比定する有力な意見もあった。これは吉井川右岸沿いルート上にあり、ここでは採らない。

珂磨駅を過ぎた山陽道は、西南方向に日古木《ひこぎ》峠から次の**高月《たかつき》駅**（赤磐市馬屋）に達する。途中の日古木峠付近は、現在は住宅開発されていて古道の痕跡を追うのは難しい。高月駅近くで駅路は山陽自動車道と交差する。高月駅はもともと馬屋の地名から比定されていたが、山陽自動車道建設に伴う調査で官衙的な建物群や瓦が発掘されたことなどから確定的になった（図66）。備前国分寺跡にも近い。珂磨駅から一〇・六キロである。

駅路はさらに、現道の主要地方道27号岡山吉井線に沿って西南に進み、旭川を牟《む》佐《さ》の渡しで越え、旭川右岸に沿って西南進したのち、現在の自衛隊駐屯地と岡山理大キャンパスの境界付近の丘陵部を越えて西南西に進む。この丘陵越えから次の**津《つ》高《だか》駅**（岡山市富原）までのルートは足利健亮が想定したもので（『古代日本の交通路Ⅲ』前掲）、その後実際に幅六メートルほどの直線古道が現地で確認されている（乗岡実「岡山市津高確認の直線古道について」『古代交通研究』第2号、一九九三年）。

図65　珂磨駅付近の現況（赤磐市可真下）

図66　高月駅比定地付近（赤磐市馬屋）

津高駅比定地の富原南遺跡でも備前国府系瓦が出土した。近くに津高の地名も残る。高月駅から津高駅まで一〇・八キロである。

少し立ち戻って、津高駅の近くには**備《び》前《ぜん》国府**（岡山市三野）があった。ここは二度にわたって移転している。いずれも駅路から言えば南側に当たるが、最初（第一次国府）は旭川の左岸（東側）にあった（図64の「備前国府1」）。本書で駅路を追っている『延喜式』時代には、『和名抄』に御野《みの》郡にあったとされており、それは旭川の西に移転したことを意味している（第二次国府、図64の「備前国府2」）。さらに平安末期になって、再び旭川東に戻る（第三次国府）。図64ではほぼ第一次国府に重なってしまうので、示していない。

『延喜式』ルートの場合、国府（第二次）は駅路南側の丘陵を挟んだ位置にあったと思われ、その場合は国府連絡路によってつながれていたと考えられる。

ここで津高駅に関する一つの問題を見ておきたい。それは『延喜式』では津高駅だけが駅馬数が一四疋で、前後の駅はすべて二〇疋であるという問題である。駅馬が前後に比して若干多いことは、峠越えを控えた駅家にはしばしば見られる。しかし逆に少ない例は珍しい。同様な例として東山道の美濃国で、直通する本路上の四駅の駅馬数が標準より減少している理由を、尾張国府経由の別路が機能していたためとする足利健亮の見解があった（『古代の道　東国編』参照）。ここでも、津高駅だけを外した国府経由の別ルートがあったと仮定するならば、同様な解釈は可能であるが、未解決である。

津高駅からは、三白峠を越え、備前・備中国境である吉備中山の北側の地峡に向かって西南西方向に進んでゆく。大筋でいうと、備前国の山陽道は、最初の坂長駅から津高駅付近までは、海岸に近い近世山陽道や国道2号の筋ではなく、岡山市街の北を通る山陽自動車道のルートに近かった。備前・備中国境付近から、ふたたび近世山陽道が接近してくる。

初期山陽道と藤野駅の移転問題

備前国にはこれまで見てきた『延喜式』ルートとは別に初期の山陽道ルートがあったとされる。これは藤野駅の移転問題とも絡んでいるので、きちんと取り上げておこう。初期山陽道については、中村太一が詳しく分析している（中村『日本古代国家と計画道路』前掲）。そのルートは珂磨駅（赤磐市松木付近と想定、図64の珂磨2）からほぼJR山陽本線に近い筋で第一次備前国府（岡山市国府市場）付近を過ぎ、津高駅に至るとするものである（図64に別路として破線で表示）。このルートの途中には条里余剰帯や道路状遺構が残されていたという。第一次国府手前の真西に向かう道を行くと、国府市場に「備前国庁跡」の標示が出ている（図67）。ちょうど東西に走る山陽新幹線と山陽本線の北側五〇〇メートル程北を並行している。つまりこの道は初期の備前国府の前面の道の後継である。

図67　備前国府（第一次）前の東西道路の現況（岡山市国府市場）

坂長・珂磨間のルートが木下のいう北側の山地直通ルートだったとすると、その場合にこの初期山陽道は、藤野付近で『延喜式』ルートと分かれ、吉井川渡河地点はぐっと西に寄り、JR熊山駅の南付近ではないかと考えられる。先述の吉原地区が通れなかったであろうとする理由による。

ここで奈良時代にあった藤野駅のことに立ち帰る。延暦二年（七八三）六月、和気清麻呂の奏言があって藤野駅は河の西に移された。その理由は、「和気郡川西（吉井川の西）の住民が川の東の藤野まで出向いて郡の仕事をしているが、途中に大河があって雨が降るたびに難儀をし、公務が果たせない。藤野駅を川の西へ移してもらえば、水難も避けられるし、仕事も均等化される（原文「以て水難を避け、兼ねて労逸を均せん」）」というものであった（『続日本紀』）。これには郡の分割などの事情が絡んでいるがそれは略する。

ここで藤野駅問題が起きたのが、そもそも初期山陽道のルートでのことであったのか、あるいは『延喜式』に見るルートであったかを見ておかねばならない。延暦二年（七八三）というのは奈良朝時代の末期である。翌年には長岡京に遷都、さらに一〇年後に平安京へ遷都になっている。もう新ルートに移ってもおかしくない時期である。仮に藤野駅移転問題が奈良時代の初期ルート上で起こったとすると、吉井川の西というのはひどく遠く、先に示した備前国駅路図（図64）でいえば珂磨2駅の南あたりに位置することになり、駅が一〇キロほども移転するとは考えられない。この移転問題は、ルートが変わった後か、あるいは同時の問題と解釈するのが妥当である。

さて通説では、藤野駅は『延喜式』に見える珂磨駅に移ったとされている。しかし木下は、藤野駅が直接に珂磨駅のところに移転したのではなく、藤野駅は吉井川のすぐ西に移転し（藤野2駅）、後に珂磨駅に移ったと解釈する。ただ、この問題は先に見たように、結果的には坂長・珂磨駅間が一八・六キロと前後に比べてかなり長距離となる問題が残っていて、必ずしもすっきり解釈できない憾《うら》みが残されている。

六　備中・備後両国の山陽道

近世街道と軌を一にする備中国の駅路

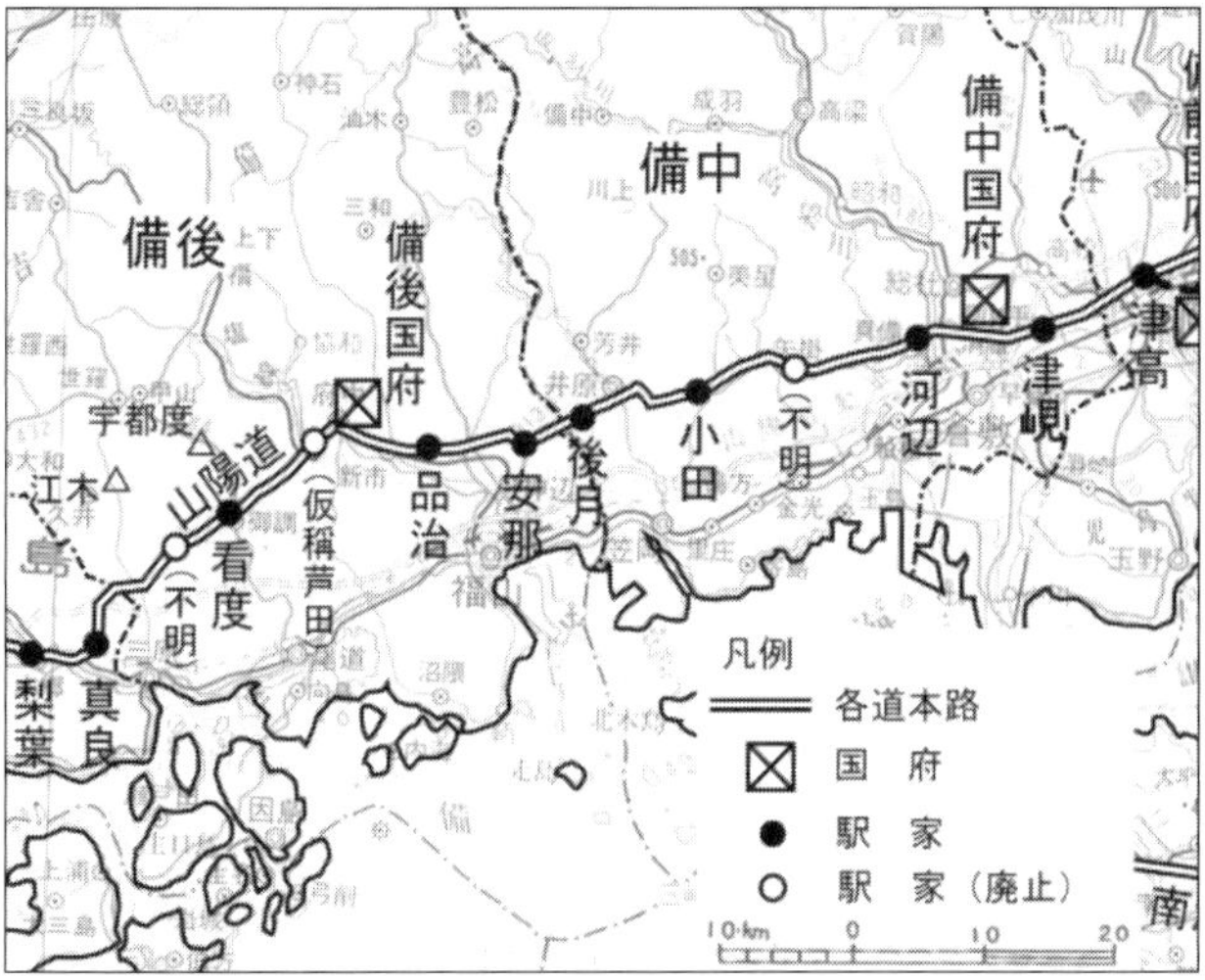

図68　山陽道路線図—4

備前国の津高駅から西進すると、すぐに吉備中山と名越山の間の地峡で備中国に入る。現在では、この国境の両側とも岡山市域である。これからは山陽道路線図—4（図68）を参照されたい。備中国の山陽道駅家は、津峴《つさか》・河辺《かわのべ》・小田《おだ》・後月《しちつき》の四駅で、駅馬数はすべて標準の二〇疋である。備中国へ入る手前あたりから、備中国内では古代山陽道はかなり近世山陽道に近いルートを採る。それは岡山市周辺の地形形成の歴史と関係がある。古くは岡山平野西部の、特に高梁《たかはし》川下流部が東高梁川と西高梁川（現高梁川河道）に分かれ、その間の中州は小規模で、瀬戸内海の入海が広がっていた。平安時代には、現在の児島半島はまだ島であったほどである。そのため近世街道もまた、古代道路と同じ内陸の道を採らざるを得なかった。近世初頭以降、砂鉄採取の残材である大量の土砂の流出や干拓によってこれらの入海が埋められ、次第に平地となって、社会活動の場が広がり、近代の国道2号などの交通路も南を走るよ

図69　備中国分寺付近の景観，駅路は前面を走る

うになったのである。

備中での山陽道の道筋は、現在の道ではほぼ県道270号清音真金線で、足守川を越え、山陽自動車道とクロスするが、その手前が**津峴駅**《つさか》（倉敷市矢部）である。国府系瓦が出土している矢部遺跡が駅家跡とされている。津高駅から七・九キロを測る。

津峴駅から西に進み、全国有数の造山《つくりやま》古墳の南を過ぎて、備中国分尼寺と国分寺の南面を通る。ここは県道より約一〇〇メートルほど北に並行した小道があり、現在は吉備路自転車道になっているが、合併前の総社市と旧山手村の境界線でもある。これが古代山陽道の後継である。国分尼寺前面の発掘調査で、幅七メートルの山陽道跡と推定される道路跡が明らかになっている。国分寺の五重塔が望見されるこのあたりの景観は、いかにも吉備路らしい穏やかな雰囲気である（図69）。現在の五重塔は江戸後期に建立されたものである。**備中**《びっちゅう》**国府**（総社市金井戸）は、備中国分寺の西側約一キロで交差する国道429号バイパスを北へ三キロほど上がった地点にあった。そこまでは連絡路があったであろう。

そのまま進むと、高梁川《たかはし》を国道486号の川辺橋のおよそ五〇〇メートルほど上流で西南西方向に渡る。**河辺駅**《かわのべ》（真備《まび》町川辺）が高梁川を渡った川辺地内であることは間違いなく、足利健亮は高梁市右岸（西岸）に比定するが、遺跡はまだ見つかっていない。前津峴駅から九・三キロである。河辺駅のある川辺は近世山陽道の宿場町でもあった。今も宿場町らしい街並みが続く。

　このあたりから西も備後国の国境を越えるまで、古代山陽道は近世山陽道とほぼルートを同じくし、それは小田川沿いに現在の国道486号あるいは比較的新しい第三セクターの井原鉄道に沿うものである。次駅の**小田《おだ》駅**（矢掛《やかげ》町浅海《あすみ》毎戸《まいど》）は、近世の矢掛宿より四キロほど西の毎戸《まいど》遺跡に比定されている。ここはすぐ道傍の矢掛町小田が遺称地名である。掘立柱建物ほか三棟が検出され、「馬」名の線刻土師器などが出土している。毎戸《まいど》の地名が「うまやど」あるいは「うまやどころ」から転じたと考えられていたところ、それを実証するような遺物が発見されたことになる。河辺駅から一八キロと長い。これは途中の一駅が廃止されたことに起因しているとされる。『延喜式』では備中国の駅家は前述のように四駅である。ところが、これまでたびたび引用した『類聚三代格』大同二年十月の太政官符では備中国の駅が五駅となっている。そこで一駅減少があったと考えられ、それがこの中間にあったとされる。高橋美久二は、この廃止駅を河辺・小田両駅のほぼ中間にある、瓦の出土した東三成遺跡（矢掛町東三成）に当てている。ただし廃止駅の名前は分らない。山陽道路線図―4（図68）では、「不明駅」と標示した。この付近は吉備真備《きびのまきび》ゆかりの地である（図70）。

図70　まきび公園の吉備真備像

　小田駅から備中最後の**後月《しちつき》駅**（井原市高屋町）までも、これまで同じく近世山陽道とルートを同じくする。後月駅は確定されていないが、井原市高屋の市街地北側の谷あいに「後月谷」の旧小字名がある。しかし高橋はその小字付近では山間に過ぎるとして、市街地付近に想定している。小田駅から一一・四キロを測る。

備後国東部の山陽道

備後国からは広島県に入る。備後国には安那《やすな》・品治《ほむち》・看度《かみと》の三駅がある。ここでも初めは五駅あったのだが二駅廃止されて、『延喜式』では上記三駅となっている（図68）。広島県内の古代山陽道の駅路ルートの研究は、これまでの足利（藤岡『古代日本の交通路III』前掲）、高橋（『古代交通の考古地理』前掲）の先行的研究に加え、西別府元日の論考（「山陽道西部地域における古代官道の復元的研究」（財）福武学術文化振興財団『平成一〇年度年報』、平成十一年）をはじめ、多くの共同研究や各地の教育委員会資料がある。しかし、文化庁が主導した「歴史の道調査」に広島県が参加しなかったこともあり、まだ未解決の問題がかなり残されている。

備後国に入ったのちも、その国内の山陽道はほぼ現在の国道486号（県境付近の一部で国道313号と重用）とその前駆である近世山陽道のルートをおおむねたどっている。備後国最初の**安那《やすな》駅**（広島県神辺《かんなべ》町湯野）は大宮遺跡に比定され、駅路はその北側を通っていたと見られる。安那駅比定地は、現国道からは少し北側にずれ、県道181号下御領新市線沿いである。その道沿いの一キロほど手前で備後国分寺前を駅路は通っている（図71）。

備中最後の後月駅から五・三キロ、また次の品治駅までは六・六キロと、この周辺の駅間距離は短い。安奈駅から先は、近世山陽道は西南方向に分かれ、海岸筋に向かう。

次の**品治駅**《ほむち》（福山市駅家《えきや》町中島）は、『和名抄』に品治郡駅家郷があり、高橋によって中島遺跡（最明寺南遺跡）が比定地とされ、小高い南斜面にある（図72）。比定地の遺跡からは奈良時代の国府系瓦や建物遺構が出土しており、また山陽道を見晴らす台地上にあるなど、駅家の想定地としては確実性が極めて高い。この地にあった最明寺が馬宿山《うまやどさん》と号したことも、ここに駅家があった傍証になっている。つまり駅家がのちに寺になったということである。近くにＪＲ福塩線の駅家《えきや》駅があるのも面白い。駅家郷から来ているかと思われるが、高橋はこの駅名の元である福山市駅家町の名は新しいものであるという。古代には「えきや」という訓み方はない。「やくか」あるいは「うまや」である。安那駅家から品治駅までは古代条里によく沿っていることが示されている（図73）。

図71　山陽道の北側にある備後国分寺

品治駅家から先の駅路は、少し西北西に進路を変え、ここでもまた国道486号に沿う。駅路が現府中市の中心部に入ったところに**備後**《びんご》**国府**（府中市府川町）があった。駅路はその前面を過ぎ、その先でほぼ直角に左折するように転回し、以後はおおむね国境付近まで芦田川およびその支川の御調《みつぎ》川に沿って南西に遡行するとされる。

南西に大きく向きを変えて一キロあまりすぎた芦田川の右岸（東南岸）に前原《まえはら》遺跡（府中市父石）がある。平成六年（一九九四）以来の調査で、瓦や大規模な建物跡が発掘され、廃止された芦田（仮称）

図72　品治駅比定地付近（福山市駅家町中島）

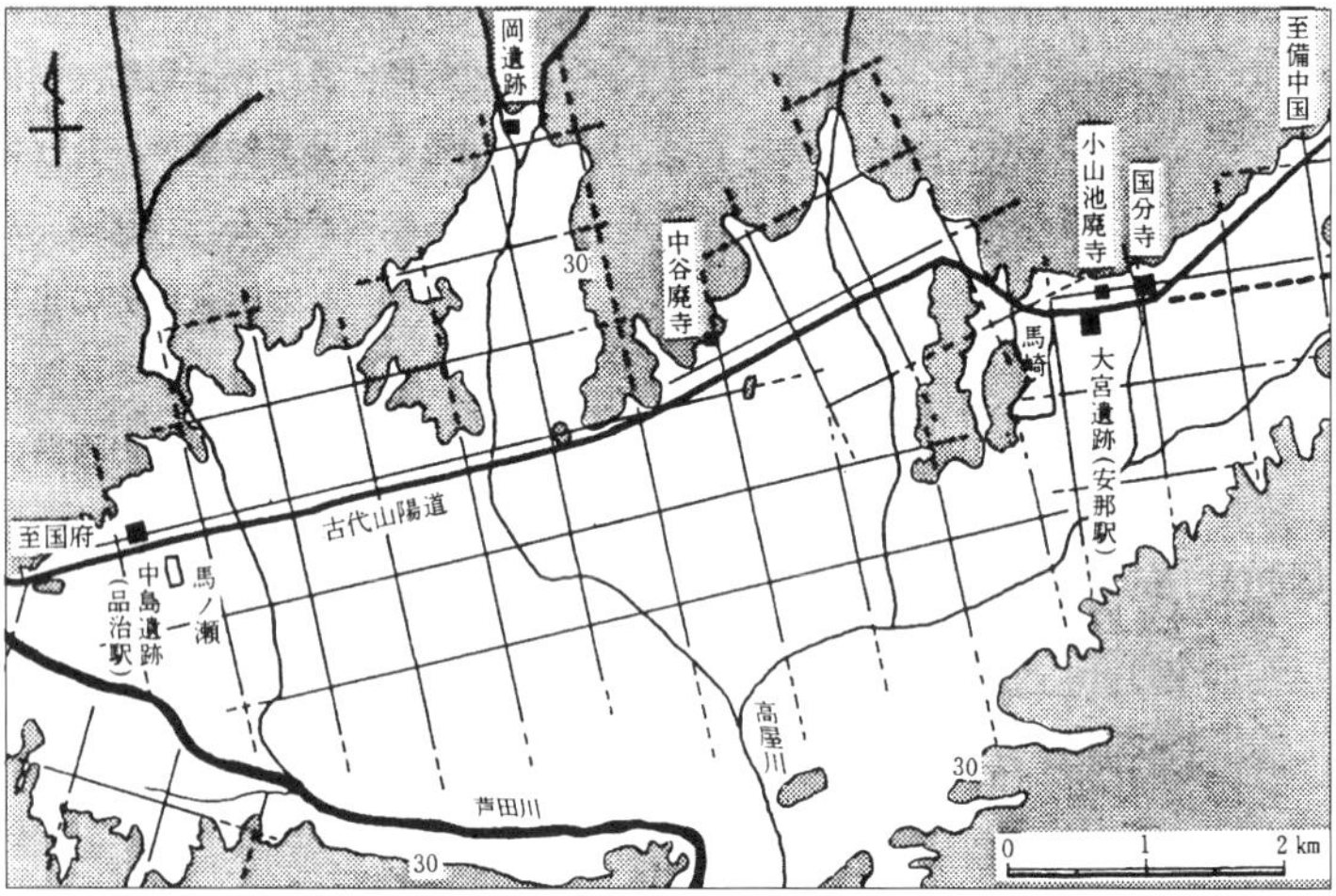

図73　安那駅から品治駅までの駅路と条里（高橋『古代交通の考古地理』前掲より）

駅跡ではないかと有力視されている。芦田駅の名が直接史料に出てくる訳ではないが、『和名抄』の備後国芦田郡に駅家郷があるので、そのように推定されている。ただ、これが廃止されたままであると、安那駅から次の看度駅まで少なくとも二〇キロ以上離れることになり、駅間距離の短い山陽道としては異常である。そのため、新『広島県史』（一九八〇年）のように、『延喜式』で仮称芦田駅が脱漏したという見方もある。本書では、備後国府を下野や常陸と同じように駅代替施設と見なすこととする。その場合、前品治駅からの距離は七・二キロになる。

前原遺跡に関連して、ルートと駅家位置に若干の疑念が出る。先に山陽道は備後国府から先では芦田川およびその支川の御調川に沿って国境方面に向かうように記した。備後国府および次の看度駅の位置その他、全体の状況を考えると、それは川の左岸に沿うと考えられる。その左岸には国道486号も通っている。ところが、この前原遺跡は右岸側にある。そうなると、駅路は一度芦田川を左岸から右岸に渡り、仮称芦田駅を通過した後、ふたたび芦田川を渡らねばならない。現にJR福塩線が通っているけれども、古代駅路が通るにはやや無理がある。前原遺跡が廃止された仮称芦田駅であるとは、まだ完全には断定できないだろう。

二　駅廃止された備後国西部の山陽道

次の**看度**《かみと》**駅**（尾道市御調《みつぎ》町市《いち》）の比定地には古くから問題がある。『延喜式』には、九条家本以外は「者度」とあり、『和名抄』の郷名の「者度（伊都土）」を同所と見て、それがどこかで議論があった。これはもともと『芸藩通志』（江戸期の地誌、一八二五年）が宇都度村であるとして、駅路が品治駅から宇都戸村をへて安芸国沼田郡真良村（安芸国最初の真良《しんら》駅）へ通じたと記したことが発端である。明治になって、吉田東伍はその訓みがイツドであることから、壱度の誤りであるとしたが、その位置は明確には示さなかった（『大日本地名辞書』前掲）。これに次いで大槻如電が、イツトは市戸で御調郡市村であるとした（『駅路通』前掲）。ただし最近では、九条家本『延喜式』や高山寺本『和名抄』にある看度《かみと》が駅名としてふさわしいとする意見が大勢を占めている。

近年になって高橋美久二が、看度駅を具体的に御調町丸門田《まるもんでん》（現尾道市）の本郷平《ほんごうだいら》廃寺跡に比定した。白鳳時代の寺院跡であるが、奈良時代の瓦も出土し、山陽道に面した位置にあることや、駅間距離からの比定である。本郷平廃寺跡は市から三・四キロ、山陽道を先へ進んだ位置になる。しかし木下は、看度駅を本郷平廃寺跡とすることを疑問とし、むしろ旧来の御調町市のほうが適当ではないかとする。それは前後の駅間距離からの考察である。

備後国には当初五駅あり、それが『延喜式』では三駅になった。廃止された駅の一つは先に見た仮称芦田駅である。もう一つの駅は、二駅が続けて廃止されるとは考えられないから、看度駅と安芸国国境までの間に存在したはずである。看度駅の位置を考えるには、仮称芦田・看度・不明廃止駅および安芸国最初の真良駅の関係を考えねばならない。

この間の距離は、筆者の算定では総距離が二六・六キロである。仮に看度駅を高橋の言う本郷平廃寺跡とすると、仮称芦田・看度間が一一・六キロ、看度・真良間が一五キロとなる。この間にあったはずの廃止駅（名称不明）の位置は後に詳しく触れるが、三原市宮内にある御調八幡宮付近と考えられる。しかし、その場合は看度・不明廃止駅の距離はわずか三・九キロにしかならない。一方、看度駅の位置を御調町市とすると、仮称芦田・看度間が八・二キロ、看度・真良間が一八・四キロとなる。看度・不明廃止駅（御調八幡宮）間の距離は七・三キロ、同駅・真良駅間が一一・一キロとなって、当初の駅間距離としておかしくない。市《いち》への比定は、もともとは看度を者度（伊都土）駅と訓んだことから発したことではあるが、前後の駅間距離関係から木下はここと見る。『延喜式』時代の場合、前の駅（代替施設）を備後国府として、看度駅までが一一・二キロ、後の真良駅までが一八・四キロとなる。

　看度駅から先は、さらに国道486号に沿って南西に下ると、国道は山陽自動車道に並行するようになり、やがて安芸国の国境である。その間にあったはずの備後国の廃止駅の一つは、既に見たように国境より四キロほど手前の三原市宮内にある御調八幡宮付近が有力である（図74）。宝亀元年（七七〇）、和気清麻呂《わけのきよまろ》が大隅の配所から帰還の途次、姉の広虫《ひろむし》（法均尼）を訪ねてここに立ち寄るとき、道で駅鈴を落としたとの古伝があり、山陽道がここを通っていたことの傍証ともなっている。駅位置としてもふさわしい。

図74　御調八幡宮（三原市八幡町宮内）

　最後に、備後国府以西の備後国内山陽道のルートの問題について再度触れておきたい。足利健亮は、備後国府の西から南西方向に屈曲している芦田川および御調河谷を山陽道が遡るのは、何箇所もの急崖があって通過は困難であったとして、者度駅を甲山《こうざん》町宇津戸（現世羅町、図68の△地点）に当て、廃止された不明駅を久井《くい》町江木《えぎ》（現三原市、同△）に当てる説を唱えた（『古代日本の交通路Ⅲ』前掲）。このルートでは御調八幡宮は通らない。このルートについて触れている文献としては、先に見たように、『芸藩通志』が者度駅を宇津戸（現宇津戸）とし、それから真良駅に至るとした。地元の『御調郡志』（一九二五年）は、山陽道は当初、備後国府から父石（前原遺跡付近）をへて、河面《こうも》川（芦田川の古称）渓谷を北上し、宇津戸の者度駅から江木の某駅を通過して安芸国真良駅に達していたが、その後御調川筋に転じたと記す。しかし、このルートはかなり迂遠であり、新『広島県史』も、「官道は国府間を出来るだけ最短コースが建前」として、江木が駅と音韻が類似することから山陽道の駅があったとする説を採らなかった。また江木を地内に持つ『久井《くい》町誌』（一九九七年）も、宇津戸・江木ルートは無理があるとして、御調川ルート説を採っているなど、現在の学説では宇津度・江木ルートは否定されている。

山陽道は、国境付近も山陽自動車道と重なるように安芸国へ入る。

七　安芸国の山陽道

ルートも駅家位置も問題の多い安芸国東部の山陽道

安芸国には、山陽道に一三駅もあった。一本の駅路としては、面積の広大な陸奥国を除けば、全国第一である。これまでの各国に比べると、安芸国は広く、かつ駅路が現広島市付近で大きくS字を描いていることも影響しているだろう。ただ安芸国の中では、国府系瓦が出土したことで駅位置が確定したのは安芸駅のみで、この国の駅路ルートや駅位置比定にはなお多くの疑問が残されている。安芸国一三駅

図75　山陽道路線図—5

の配備駅馬数はすべて規定どおり二〇疋である。以下、山陽道路線図—5（図75）を参照されたい。

安芸国の駅路ルートについて、広島市の『古路・古道調査報告』（一九九二年）は、「こうした道程を概観すると、甲越峠（府中町）経由の迂回路部分を除くと、山陽高速自動車道のルートとほぼ一致している。古代と現代という時間を越えて、このルートが広島県西部における横断路として、最短コースであることを物語っている」と、的確に分析している。駅家位置については、高橋美久二によれば、安芸・周防・長門の三国では古瓦の出土した遺跡が非常に少ないとのことで、そこから駅家位置を割り出すことはほとんど出来ていない。

さて、備後国との国境で山陽自動車道と重なるように進んだ駅路の道筋の先は、ほぼ南西に進み、仏通寺（図76）の傍を通り、安芸国最初の**真良《しんら》駅**（三原市高坂町真良）に至るとされて来た。しかし、この直結的な道筋は主要地方道50号本郷久井線に指定されてはいるものの、仏通寺付近から東北方は実質的にまったく整備されておらず、筆者の

図76　仏通寺川に架かる仏通寺の参道橋
（ただし山陽道はこの寺門前は通らなかったと思われる）

調査時点では通行止めになっていた。高低差が非常に大きく、この道筋は駅路としては不適当なようだ。木下は少し西に迂回して三角形の二辺を通るようにして仏通寺の前は通らず、馬井谷をへる県道344号大草三原線の筋により南下したと見ている。西別府は、もっと迂回したルート上に、現在は道はないのだが、幅一二メートルの道路痕跡を発見したという（西別府「山陽道西部地域における古代官道の復元的研究」前掲）。しかし少し迂回しすぎると思われ、こういう難しい場所については、さらに調査が必要だろう。真良駅については先に見たように途中に馬井《うまい》谷《だに》なる地名があり、「うまや」からの転訛とも言われるが、駅を置く場所として特に適当とも考えられず、仏通寺川まで下りた地点を比定地とする。前看度駅から真良駅までは、先に見たように一八・四キロを測る。途中に備後国の名称不明の廃止駅があったとされるので、駅間距離も適当であろう。

真良駅から先はさらに南下するが、仏通寺川に沿うルートではなく、その東の尾根筋を通ったと見られる。三原市本郷町の中心部付近までは特に問題ないが、それから西北方向に向け四駅先の木綿《ゆうつくり》駅までのルートは、途中の梨葉《なしは》・都宇《つう》・鹿附《かむつき》三駅について遺称地名もなく瓦等の出土もなくて、従来から定説を欠き、その間に三ルートが挙げられている。木下は、水田義一が『古代日本の交通路III』で採っている中間ルートを基本として考える。それは今川了俊の『道ゆきぶり』で、「高谷（高屋）といふさとにとどまりぬ」とあるルートである。つまりこの付近における中世山陽道のルートが古代駅路を踏襲したと考えるものだ。本郷町から道は大きく九〇度ほど西北西に転回し、この中世ルートは今は主要地方道59号東広島本郷忠海線になっている。この道は山陽新幹線の二つの長いトンネルの間の短い明かり部分を縫って進むのだが、その手前に**梨葉駅**《なしは》（三原市本郷町上北方）があったと考えられる。『和名抄』に沼田郡の梨葉郷があり、上北方も含まれる。真良駅から七・八キロである。もっと東に寄って、横見廃寺跡を考える説もあるが、駅間距離のバランスが悪い。

図77　広島空港に近い都宇駅比定地付近

図78　東広島市西条町に残る古代道路の道筋

さらに進んでしばらくは山陽自動車道とも並行し、主要地方道73号広島空港線と交差するあたりの**都宇駅**《つう》（東広島市河内町入野元兼）は、木下の比定による（図77）。広島空港の西側に当たる。前梨葉駅から六・四キロである。

次の**鹿附駅**《かむつき》（東広島市高屋町高屋東）は、これまでの主要地方道59号線からは少し北に外れた位置にある。先にあげた今川了俊の宿

図79　大山峠付近の現況

した場所である。前都宇駅から六・六キロとなる。さらに西進するとJR西高屋駅付近で再び59号線と山陽本線に沿い、山陽自動車道と斜めに交差すると安芸国分寺の前を通る。

この先はJR西条駅の北側を通り、ここは明瞭な古代道路痕跡が直線的に点在する所といわれており、**木綿駅**《ゆうつくり》（東広島市西条町西条東）もその線上にある（図78）。この駅位置付近には「夕作」という小さな祠がある。前鹿附駅から八・二キロになる。

大きくSカーブを描く安芸国西部の山陽道

木綿駅の後、駅路は山陽本線と国道486号に沿いながら西進し、この国道が国道2号と合するところから、山道で大山峠を越える（図79）。ここは中世においても今川了俊の『道ゆきぶり』に、「おほ山といふ山ぢ（路）こえ侍るに、紅葉かつかつ色付《つき》わたりて云々」とあるように、同じ道筋を通ったことが知られ、さらに近世山陽道も通っていたところである。現国道2号とJR山陽本線はその西の瀬野川渓谷沿いを、うねうねと下るのだが、古代道も街道も峠を越える直通路であった。いま、このルートに沿って国道2号の安芸バイパスが建設中である。峠越えの所はトンネルであり、古代道路と重なる。古代道路のルートを高速道路や国道バイパスが踏襲する、ここもその一例といえる。

大山駅《おおやま》（広島市安芸区上瀬野町大山）は、古代路や近世街道がいったん山陽本線や国道2号と合流する付近にある。大山の遺称地名があり、駅位置比定には問題がない。前木綿駅から九・二キロを測る。

それ以南は、駅路は国道2号が通る瀬野川筋から離れて東側の山間を抜け、瀬野川と熊野川の合流点から先は瀬野川沿いに国道2号や山陽本線のルートを下る。**荒山駅**《あらやま》（広島市安芸区中野東町）は、特定する根拠に乏しいが、次の安芸駅が国府付属駅として明らかなため、その中間点として瀬野川の東岸に求められている。前大山駅から七・二キロである。

荒山駅の先で瀬野川を渡り、ほぼ主要地方道84号東海田広島線に沿って西進して甲越峠を越えて府中町に入ると、駅路は大きく北に進路を変える。**安芸駅**《あき》（府中町城《じょう》ヶ丘）は下岡田遺跡として駅家施設が発掘で明らかになった安芸国唯一の駅である。安芸駅の所在地の府中町は、その名が示すように**安芸国**《あき》**府**（府中町城ヶ丘）のあった場所である。安芸国府は、当初は加茂郡（安芸国分寺や木綿駅のある地域）にあり、のちに下岡田の安芸駅の位置に移転したと見られている。前荒山駅から八・四キロである。

ここから山陽道は、山陽道路線図―5（図75）に見るように、ルートが大きくS字形を描く。現広島市内を流れる太田川の扇状地が十分に発達しておらず、それを迂回するためである。このような大きな迂回路を避けるためには、駅路として木綿駅付近から安芸駅の次の伴部《ともべ》駅付近までまっすぐ西に向かい、国府へは連絡路を出せばよいのである。似たような例は幾つもある。現に山陽自動車道はそのような直通ルートを通っている。しかし高速道路にはトンネルが三本もあり、起伏が激しい。もともと安芸国府は、最初は木綿駅近くにあったようだ。その場合なら、なおのこと直通ルートが考えられる。しかし、安芸駅は当初から現在位置にあったようで、この所在地が国名を冠する安芸郡に所属していたことからも、駅路が大きくSカーブして安芸駅付近を通ることは、地形的な問題だけでなく、何らかの意味を持

図80　伴部駅比定地付近のアストラムライン伴中央駅

っていたものと考えられる。

安芸駅から先の駅は、『延喜式』では安芸・伴部《ともべ》・大町《おおまち》・種篦《うへら》の順に並んでいるが、その間の現在地名からいうと、安芸・大町・伴部・平良《へら》という順序になって、大町と伴部が逆に位置している。そこでこれまで、『延喜式』どおりの順序とする説（『広島県史』一九八〇年など）と、大町・伴部両駅を地名に即して逆に考える記載順序誤謬説（『芸藩通志』一八二九年など）があり、どちらとも決着がついていない。先述の『古路・古道調査報告』（広島市、一九九二年）は両論併記である。ここでは後者の立場に立つ木下良の考え（木下『日本古代律令期に敷設された直線的計画道の復原的研究』國學院大學、一九九〇年）を基本に説明する。

安芸駅から先は、西北西に直線的に進んで広島市東区に入り、戸坂《へさか》峠を越えて太田川を安芸大橋の東で渡ったと見られる。この路線は条里地割に沿っており、余剰帯も認められている。次の**大町《おおまち》駅**（広島市安佐南区大町）は、付近に山陽自動車道の広島IC、JR可部線と広島アストラムラインの大山駅などがある交通の要衝である。ここが選ばれる理由は、遺称地名があることもさることながら、前安芸駅からの距離が七・六キロであり、あまり長くないことがある。

もう一つの『延喜式』順序説では、大町駅ではなく伴部駅が最初に来ることになる。伴《とも》の遺称地はかなり範囲が広く、駅比定地をどことするにせよ、安芸駅からは一二キロから一五キロにもなって、大河である太田川の渡しを中間に持つ区間としては問題がある。そのことは、水田義一がつとに指摘しているところである（『古代日本の交通路Ⅲ』前掲）。

大町駅から先は、山陽道のルートは大きくカーブを描いて反転し、西南に向かう。このルートには現在は主要地方道71号安佐安古市線があり、その上に新交通のアストラムラインが乗っていて、ほぼこれに沿っていると考えられる。次の**伴部駅**《ともべ》（安佐南区沼田町伴旧字前原）は、伴の遺称地の中にあり、木下は前原はウマヤハラからの転訛であるとしている。駅路と道筋を同じくする主要地方道71号線と広島自動車道が立体交差するあたりである。少し手前にアストラムラインの伴中央駅がある（図80）。前大町駅から七・七キロになる。

駅路はさらに西南に進み、山陽自動車道の五日市ICを過ぎたあたりから、ルートは県道290号線沿いに西南進する。次の**種篦駅**《うへら》（広島市佐伯区三宅）は、中垣内《なかがいち》遺跡のある場所である。高橋美久二は、この遺跡から安芸国府系の瓦が出土したことから、駅である可能性が高く、『延喜式』順序説ならば大町駅、記載順序誤謬説ならば種篦駅であるとしている。伴部駅から九・三キロである。仮にこれを、『延喜式』順序説に従って大町駅とした場合には、種篦駅を廿日市市下平良付近に比定することになるが、それではこの間がわずか三・二キロにしかならず、疑問が大きい。全体に『延喜式』順序説は、駅間距離に難点があり、それを正そうとすると、比定地としてやや無理が出てくる印象である。

万葉の気配を残して瀬戸内海沿いに西へ

種篦駅から山陽道は海に近いＪＲ山陽本線廿日市駅付近に出る。前述の種篦駅のもう一つの候補地で

図81　高庭駅家跡の万葉歌碑

ある下平良はこの付近である。ここからは海岸沿いに走るのではなく、西南方に進んで山陽自動車道の一環である広島岩国道路に沿うように西南進する。次の**濃唹駅**《のお》（大野町高畑）は、本来は濃の一字であったのが、地名は二字とする定めから唹を加えたものと解されている。地名から大野町に位置するとされているが、考古学的な裏づけはない。

この大野町の高畑地区の薬師堂近くの道端に、万葉歌の刻まれた石碑がある（図81）。傍らの表示板には、高庭駅家《たかばのうまや》跡と濃唹《のお》駅跡と並んで書かれている。『万葉集』に出て来る高庭駅家が、安芸国の駅家の改廃によって、後に『延喜式』に出て来る濃唹駅になった、と地元で考えられているからである。吉田東伍は濃唹駅と高庭駅は同所であると断定している。ここを濃唹駅として、前種篦駅から一二・四キロを測る。

天平三年（七三一）六月十七日、西海道肥後国益城《ましき》郡の大伴君熊凝《おおとものきみくまこり》という一八歳の若者が、朝廷に力士を連れてゆく相撲使の従者として都に赴く途中、病を得てこの地で亡くなった。熊凝は君という姓《かばね》を持っているので地方豪族の子弟であろう。彼の死を大宰府にあった筑前国守山上憶良《やまのうえのおくら》が知り、『万葉集』に見るように、長い詞書《ことばがき》でその始終を哀切の情をもって書き記し、熊凝の心中を思って長歌一首と短歌五首を代作した。その一首がこの碑に記されている。

出でて行きし日を数へつつ今日今日と　吾《あ》を待たすらむ父母らはも（巻五・八九〇）

憶良はその後、確かなことは分からないが、その年か翌年に筑前国守の任を解かれて奈良の都に帰ったようだ。その帰途、憶良が熊凝の亡くなった高庭の駅家に足を留めたであろうことは、想像に難くない。

濃唹駅から先も、駅路は広島岩国道路と海岸べりの国道2号の間の旧道（西国街道）の付近を進んだと見られる。この辺では瀬戸内海も見通せる。安芸国最後の**遠管駅**《とおづつ》（大竹市小方）は、この駅名をオクダと読んで遺称地名として比定されている。国境の山へかかる手前であり、他に特段の候補地はない。前濃唹駅から七・六キロである。

遠管駅から直線的に山陽自動車道の短い御園トンネルの上を越えると県境の小瀬川に達する。これを越えれば周防国である。

八　周防国の山陽道

欽明路は最古の駅路

周防国《すおう》は山口県に属する。八駅あり、駅馬数はすべて二〇疋である。ただしここでも、大同二年（八〇七）十月の太政官符では一〇駅であるから、『延喜式』では二駅の減少である。周防国と次の長門国の駅路ルートの研究には、これまでの山陽道関係文献のほか、山口県の『歴史の道調査報告書』（一九八三年）がある。ここからは山陽道路線図―6（図82）による。

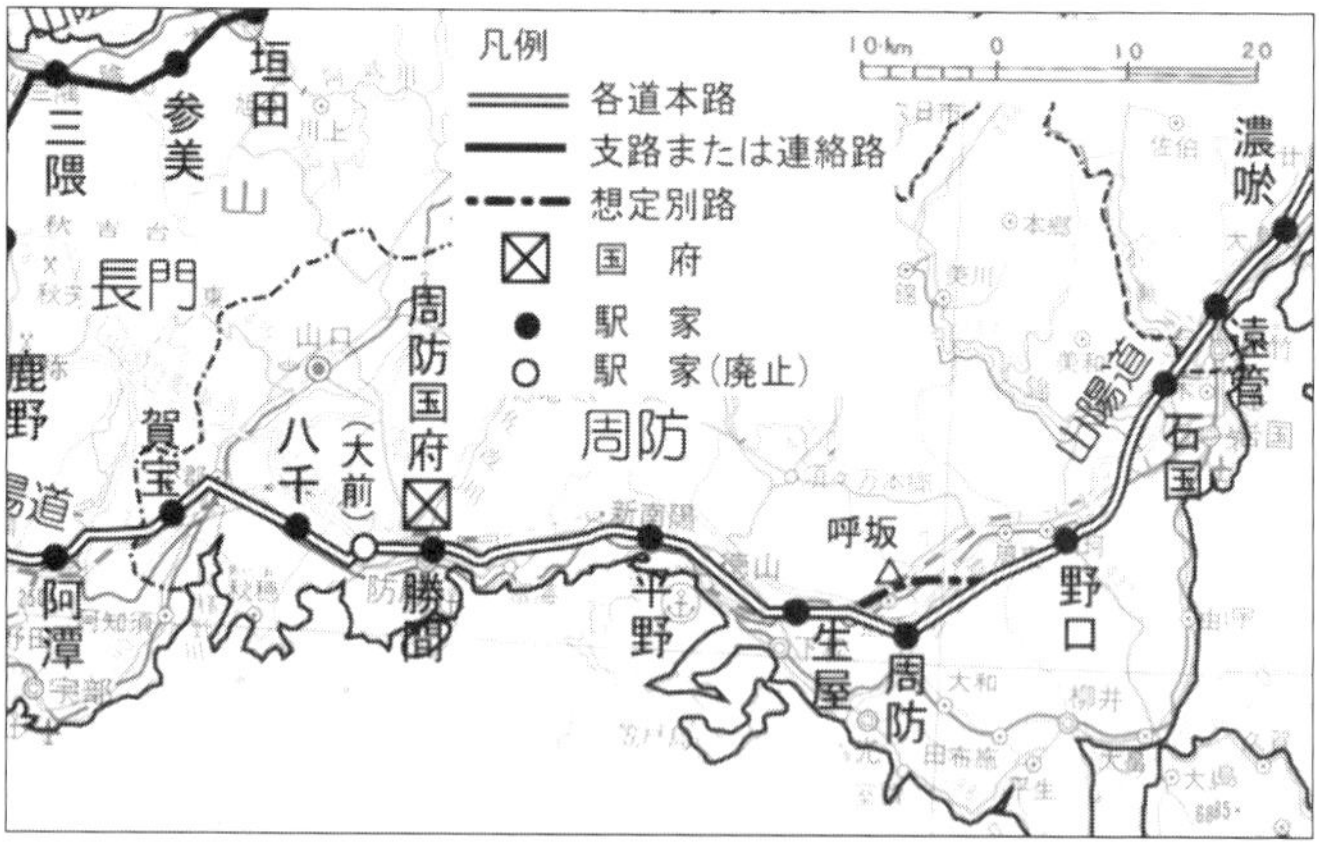

図82　山陽道路線図—6

図83　小瀬峠の旧山陽道跡

高橋によれば、周防国の国府系瓦の出土が少なく、そのため瓦の出土から駅家を追うことは困難とのことであるが、代わりにというか、周防国各駅はほとんどが遺称地名を持っているので、その点から駅位置の比定はかなり可能となっている。

山陽道は国境のさほど大きくない小瀬《おぜ》川を渡り、岩国市小瀬から主要地方道1号岩国大竹線をたどって小瀬峠を山越えすると、そこに「歴史の道」の標識があり、古代から近世までの道が通っていたことを示している（図83）。

『万葉集』にはこの山越えを詠んだ歌がある。

周防《すわ》なる磐国山《いわくにやま》を越えむ日は

手向《たむけ》よくせよ荒《あら》しその道（巻四・五六七）

磐国山とは今の岩国山（二七八メートル）で、小瀬峠のすぐ南の山である。詠み人は山口忌寸若麿《やまぐちのいみきわかまろ》で、大宰《だざいの》帥《そち》（長官）大伴旅人《おおとものたびと》の部下であった。天平二年（七三〇）六月、旅人は脚に瘡が出来て苦しみ、都から見舞いの駅使が大宰府まで来た所、幸い旅人の病癒えて駅使たちの送別の宴が大宰府近くの駅館で催された。そのとき若麿が詠った一首である。若麿としては、都との往復の途次に印象に残った風景であったのであろう。この歌については、西海道の時に改めて記す。

この峠を下りて錦《にしき》川のほとりに出たところが**石国《いわくに》駅**（山口県岩国市関戸）の比定地である。吉田東伍による比定以後、異論はない。遠管駅から七・二キロになる。

図84　現在の欽明路峠付近の景観

ここからは錦川を渡ったあと、おおむね主要地方道15号岩国玖珂線（欽明路道路）とJR岩徳《がんとく》線に沿うといってよいが、欽明路《きんめいじ》峠の部分ではこれらはトンネルで抜けていて、旧道が峠を越えた所に欽明寺がある。ここは六世紀中ごろ、欽明天皇が通られたとの伝承のある古い道筋である。約五キロにわたり直線路が残る（図84）。

欽明路を下りたところに**野口《のぐち》駅**（玖珂《くが》町野口）がある。この付近も約二キロの直線路が残されており、条里線に沿っているといわれる。石国駅から一三・八キロとやや長い。十一世紀の公卿で歌人として名高い橘為《たちばなのため》仲《なか》の歌集に、野口駅が見える。

宇佐の使にまかりしに、周防国ののくちのうまやにとまりたるに、

月いとあかし
かへりては故郷人《ふるさとびと》に先《まづ》問わん　こよひの月はかくや見えしと（『橘為仲朝臣歌集』）

為仲が宇佐に勅使として下向したのは、康平七年（一〇六四）か治暦《ちりやく》三年（一〇六七）のいずれかとされる。

比較ルートのある周防駅付近

野口駅の次の周防駅の位置については、古くから二説がある。一つは熊毛町（現周南市）呼坂《よびさか》を比定地とする吉田東伍の説（『大日本地名辞書』）であり、もう一つは光市小周防《こずおう》を比定地とする大槻如電の説（『駅路通』）である。呼坂とする吉田説は、今川了俊の『道ゆきぶり』に、「（いわ国山を）はるばる越過て、又海老坂といふさとに、寺の侍しにとどまりぬ」とあることから、比定したものである。他方の大槻説は、「小周防村」の地名を元としている。この両者は一本の路線上にあるのではなく、南北に四キロ近く隔たった場所にあるので、野口駅から周防駅を経て次なる生屋《いくのや》駅まで至る道筋には、呼坂経由の北ルートと小周防経由の南ルートの二本の可能なルートが存在することになる。ここでは後述の理由から後者の南ルートを採ることとし、山陽道路線図―6〈図82〉では小周防を周防駅とする。呼坂は同図に△印で示した。

野口駅を発して西へ進む山陽道は、ＪＲ岩徳線の周防高森駅南側の旧道と重なるようにして島田川へ達する地点までは、両ルートとも同じである。南ルート（図82の実線）はそのまま島田川を渡り、南西に向けて少し山間を抜ける。島田川沿いがやや通りにくく、峠越えのショートカットの形となるが直線的なコースで現道もある。山間を抜けると山陽自動車道と斜めに交差し、島田川左岸に沿うようになって、小周防の**周防《すおう》駅**（光市小周防）に至る。前野口駅から一四・二キロを測る。ここで八〇度ほど右に折れ、針路をほぼ西にとる。山陽自動車道に絡むように直線的に進み、峠市を越えてＪＲ岩徳線の生野屋駅付近の**生屋《いくのや》駅**（下松《くだまつ》市生野屋）に達する。周防駅から八・八キロ、したがって野口・生屋駅間の南ルートは総計二三キロとなる。

これに対して吉田説の呼坂を周防駅とする北ルート（図82の一点鎖線）は、島田川を渡らずにその右岸を西に進む。一般に北ルートは近世山陽道の筋と考えられ、国道2号あるいはＪＲ岩徳線にほぼ沿うように進み、ＪＲ岩徳線高水駅付近の呼坂（周防駅比定地・周南市）を経て峠市の東で南ルートに合する。北ルートの野口・生屋駅間の総距離は約二一キロで、南ルートに対して二キロ短い。

山口県『歴史の道調査報告書』（前掲）は、天保十二年（一八三〇）に長州藩が作成した記録『防長《ぼうちょう》風土注進案《ふうどちゅうしんあん》』（山口県文書館、一九六三年）に、那珂郡の野口から花岡に至る古来のコースは小周防を通って峠市に出るルート（相ノ見越え）であったが、洪水などの不便のため、秀吉西下の機会に野口—高森—差川—呼坂—峠市（新道越え）に作り直された、とあることを挙げる（上久原村の項）。ただし、先に見た今川了俊が既に通っているように、新道越えはそれ以前にもあったが、秀吉西下を契機として固定した、と見ている。『防長風土注進案』には、小周防の地名について、「基は古周防と記候て、往昔周防之古府にして人文之濫觴たり。其拠る所、古書に有之」とある。南ルートすなわち周防駅を小周防に比定する説は、水田義一（『古代日本の交通路Ⅲ』前掲）はじめ、『山口県歴史の道調査報告書』および高橋美久二が採る。筆者もこれに従いたい。

ただし、木下はさらに別なルートを考える。それは北案のさらに北の、ほぼ山陽新幹線の北側を抜けるルートである。この場合、山際に断続した東西の道があり、またその付近の切山《きりやま》（下松市）地名は山を切り通したことを思わせる、としている。距離は北ルートとほぼ変わりない。しかし『防長風土注進案』では切山について、当初は桐山と呼んでいたが、いつの間にか切山と書くようになったと記している。南ルートは北ルートに対して二キロ延長は長く、中間の小周防で直角に近く折れ線となるものの、大筋ではトンネルもほとんどない山陽自動車道のルートに近く、無理がないものと見て、本書では小周防を周防駅とする南ルートを採っている。

古来の姿を良く残す周防国府付近の駅路

駅路は生屋駅の先から山陽道の本州の終点である下関市の臨門駅まで、大筋はほとんど国道2号に沿っているといってよい。生屋駅から国道2号のやや北側を進み、周南《しゅうなん》市に入って次の**平野駅**《ひらの》（周南市平野）は海岸に近い。生野駅から一三・八キロである。ここから次の勝間駅のある周防国府付近までは、大筋は国道2号というよりは近世山陽道の筋に近いと言ったほうがよい。椿峠を越えて防府《ほうふ》市に入り、海岸の富海《とのみ》から浮野峠を越えて周防国府東方に至るルートがまさにそれである。防府市域に入り、山陽道は**周防国府**《すおう》（防府市国衙）の国庁南面で国府全体の中央を通過して東から西へ抜ける。周防国府は全国でもっとも早くその概要が明らかになった国府跡である（図85）。国府付属駅である**勝間駅**《かつま》（防府市勝間）は、遺称地名と木下による周防国府復元想定図（図86）からすれば、国府南辺にあったと考えられ、またこのことを示す歌もある。

図 85　周防国府跡

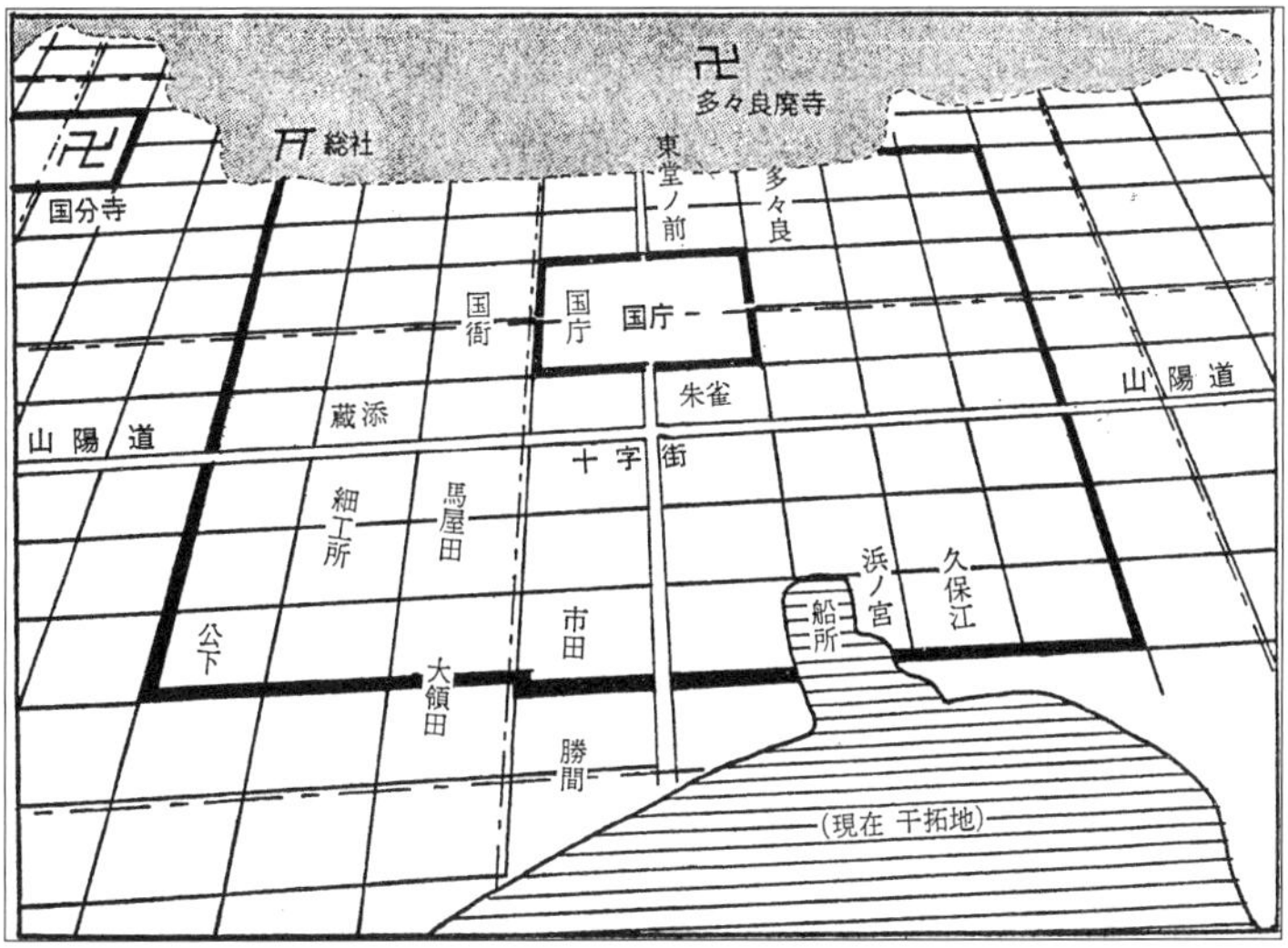

図 86　周防国府復元想定図（木下良作図：「国府研究の現状」『国立歴史民俗博物館研究報告』第 10 集，1986 年）

天延二年（九七四）に周防国守兼鋳銭司《じゅぜんし》長官となった清原元輔の歌がある。元輔は清少納言の父として知られる。

すほうなるかつまのむまやといふ所にて、子日《ねのひ》し侍《はべ》りしに
思ひ出《い》でよ千年《ちとせ》の春のけふ毎に勝馬の浦の岸の姫松（『元輔集』）

「子《ね》の日《ひ》」するとは、正月の子の日に貴族たちが楽しんだ野遊びで、野外で小松を引いたり、若菜を摘んだり長寿を祝って宴遊することである。元輔が国守である周防国府はすぐ近辺であるから、勝間駅は宴会にも利用されたのであろうか。あるいは結婚前の清少納言も同席していたかもしれない。駅家が宴会に利用される例として、大宰府近くの西海道葦城《あしき》駅（『延喜式』では廃止）や夷守《ひなもり》駅で送別の宴が開かれたことが、『万葉集』に見られる。

またこの駅が海に近いことも歌に示されている。その東側の船所（図86参照）は、国府で船運を管轄した機関で、国府南辺に水陸交通の施設が集められている。

勝間駅は前平野駅から一六・九キロを測る。途中で一駅廃止があったと考えられ、駅間距離が若干長い。ただしその名前も不明であり、位置も定かでない。というのも、中間点付近は先に見たような山間を縫うような地形を通過しており、まとまった集落である海沿いの防府市富海《とのみ》では次の勝間駅と五キロ程度しか離れておらず、難しい。そのため山陽道路線図—6（図82）には示さない。

なお防府市内では、現国道2号は山陽自動車道と一緒になって北側を迂回しているので、この付近では山陽道は旧国道の道筋ということになる。このあたりは南北の条里区画が現在でも町の骨格を形成している。その一本が山陽道である。

勝間駅から先も条里に沿ってまっすぐ西へ向った。佐波《さば》川の渡りは古代以来「大崎の渡し」であったという（山口県『歴史の道調査報告書』前掲）。佐波川を渡った所に、周防国で廃止された二駅のうちのもう一駅があったとされる。寛平元年（八八九）六月六日に「周防国大前駅を停《や》む」（『日本紀略』）とある。これがその廃止駅と考えられ、防府市大崎がその遺称地名であるとされている。現在の山陽自動車道防府西IC付近であろう。

停廃された大前駅付近で再び国道2号とルートを同じくし、次の**八千《やち》駅**（山口市鋳銭司《すぜんじ》）の比定地である鋳銭司は、天長二年（八二五）から銅銭の鋳造が行われていた律令制時代の重要な地域であった。さきの勝間駅で歌を詠んだ清原元輔は、ここの長官を兼ねていた。その勝間駅から一三・六キロとなる。

八千駅から小郡町の中心を経てほぼ直角に曲がって周防国最終の**賀宝《かほ》駅**（山口市嘉川《かがわ》）に至る。小郡町旧市街を回るのはその南が古くは海だったからで、国道2号といっても旧道沿いである。賀宝駅比定地は、海岸に近く、かつ丘陵の末端の平地にあって、地形的に安定した場所であったために選ばれたと見られている。これまで何度も引用した今川了俊の『道ゆきぶり』には、「香河とかや申所にとゞまりぬ」とある。香河とは嘉川であり、近くの小山を島と誤認するほど、当時は海が入り込んでいた。八千駅から九・四キロである。

このあとも国道2号沿いに国境の峠を越えて宇部市域に入れば長門国である。

九　長門国の山陽道と山陰道連絡路

西海道につながる長門国の山陽道本路

長門国には『延喜式』では全部で一五駅あり、そのうち本路の駅が五駅で、残りの一〇駅は厚狭《あさ》駅から分かれて石見国に達する支路の山陰道連絡路（石見路）の駅である。本路の駅馬は各二〇疋、支路では各三疋である。図は山陽道路線図―7（図87）を参照されたい。

山陽道は長門国でも依然として国道2号に沿うように西に向かう。国境から現在の宇部市域に入るが、厚東《ことう》川に行き当たる付近に「車地」の地名が残る。木下良によれば、車地あるいは車路は西日本各地でしばしば見られる地名で、古道跡であることを示している（木下「〈車路〉考」『歴史地理研究と都市研究（上）』大明堂、一九七八年）。ここもその一つである。

山陽道は車地地点で、現在の国道8号や近世街道と同じく厚東川を渡り、川の右岸側（北側）を瓜生《うりゅう》野《の》に至れば、国道2号、山陽新幹線、ＪＲ山陽本線が並び走り、現在も交通要衝の地になっている。井東茂夫（山陽道研究者）が、厚東川の右岸側であるこの付近に、大道、大人方《おおにんがた》の小字地名を見出したこともあり、長門国最初の**阿潭《あたみ》駅**（宇部市瓜生野）をここに比定したい。周防国最終の賀宝駅から一二・九キロ《キロ》になる。

吉田東伍の『大日本地名辞書』は、「其里程より推せば山中吉見の辺にあたり、吉見には旧熱泉ありしと云えばアタミは温水の義にして、持世寺を駅趾とす」として、厚東川の左岸側（南側）に比定した

図87　山陽道路線図—7

が、山口県『歴史の道調査報告書』は、阿潭駅を左岸側とするのは、渡河地点に問題があるとして、右岸側の可能性を示唆している。

阿潭駅から西も、国道2号と道筋を同じくし、船木峠を越えて下りた船木は近世の宿場町で、旅人荷付場跡などの面影も残る（図88）。

阿潭駅からもおおむね国道2号に沿って進み、次の**厚狭《あさ》駅**（山陽小野田市厚狭）は山陰道連絡路の分岐点である。現在でも厚狭は山陰への交通結節点であり、JR美祢線や国道316号が分岐する。前の阿潭駅から九・一キロを測る。厚狭駅付近は正方位の条里制の跡が残っており、山陽道はその条里の機軸をなしていたと思われる。

厚狭駅から条里に沿ってしばらく西へ

図88　古代路も通っていた船木の近世旅人荷付場跡（宇部市船木）

進んだ後、西南に山稜を越える。国道2号の通るルートではあるが山中を通るので、曲折する国道ルートよりは直線的に進んだであろうが、詳細は分からない。なお、古代山陽道は厚狭駅から次の埴生駅を経て宅賀駅までおおむね国道2号と経路をほぼ共にするが、近世山陽道は北側の別の山筋を通っていた。

次の**埴生**《はぶ》**駅**（山陽小野田市埴生《はぶ》）は周防灘を見晴らす地にある。安芸国東部のルートで引用した今川了俊の『道ゆきぶり』に、「厚狭より山に分入て、海のへたに打出侍ぬ。こゝを羽ぶとか申なり。南はうら浪たかく立て、云々」とあり、中世にもこのルートであったことが分かる。前厚狭駅から八・六キロである。

この駅比定地から少し西に行き、現国道からは二〇〇メートルほど山側へ入ったところに平安期の歌人として名高い和泉式部《いずみしきぶ》の墓がある。五万分の一地形図にも図示されている。和泉式部の墓は全国に一〇数ヵ所あると言われ、駅路関係で言えば東山道の美濃国の可児駅付近に廟所の碑があった（『古代の道　東国編』参照）。また、本書でも山陰道丹後・但馬路の花浪駅で、この駅ゆかりの和泉式部の歌を紹介した（34頁）。ここは娘の小式部内侍《こしきぶのないじ》誕生の地とも言われている。小式部内侍のことは山陰道の章で記した（34頁）。

山陽道は海岸に近い山麓沿いを進む。次の**宅賀**《たか》**駅**（下関市清末）は木屋川を渡った小月町《おづき》（現下関市）にあったと古くからされているが、遺称地その他特段の関連は見出されていない。仮に小月だとすると、前の厚狭駅から五・八キロで、次の山陽道最後の臨門駅までが一三キロとその二倍以上になり、バランスが悪い。吉田東伍は、宅賀駅を埴生と臨門の間であるから今の清末《きよすえ》であろう、としている。清末は小月から二キロほど西南の地である。ここでは吉田の見解を採りたい。厚狭駅から七・八キロ、臨門駅まで一一キロとなる。

宅賀駅からは海沿いに直線的に下関市長府に至り、そこからは短い山道（県道246号長府前田線）により最終の**臨門《りんもん》駅**（下関市前田）で海に出る（図90）。この部分では国道は海沿いであるが、この山越えの道は近世山陽道でもあった歴史の道である。途中に**長門《ながと》国府**（下関市長府）があり、その一部に周防国に移される前の鋳銭司があった。また近世の長州藩の武家屋敷などもある。吉田東伍はこの駅名を臨海門駅の意味だとしている。

臨門駅からは海を九州に渡り、大宰府路として大宰府に至ることとなる。臨門駅は山陽道が海に出る地点の東側の茶臼山の前田遺跡に比定されている。前宅賀駅から一一キロちょうどである。

この臨門駅のみならず、埴生、宅賀両駅もみな海に面している。本章の播磨国で、山陽道の駅家が外国の客人のために瓦葺粉壁（白壁）としていたが、荒れ果てて外国の客も海路で行き来するようになったから、農閑期に修理するようにとの勅令が出たこと（大同元年〈八〇六〉）を記した（85頁）。その勅令の最後にまた、つぎのように記されている。

図89　和泉式部の墓（山陽町埴生）

図 90　山陽道の終端付近から，通ってきた山陽道の道筋を見る．右奥の丘が臨門駅比定地（下関市前田）

但し長門国の駅は、近く海辺に臨み、人の見る所と為る。宜しく特に労を加え、前制を減ずることなかるべし。其の新造するは、定様を待ちて之を造れ（『日本後紀』）

つまり既に外国の賓客は海路によることになったけれども、その海路から長門国の駅家がよく見えるから、昔通りに整えておけ、というものである。特にこの臨門駅は古くから外賓用の施設であった穴門館《あなとのむろつみ》（『日本書紀』欽明天皇二十三年条）以来、臨海館などと称されてきた賓館と兼用されてきたと考えられ、蕃客（外国の客）が海路に変更された後も、ここは使用されたのであろう。

なお、門井直哉は、臨門駅に比定される前田遺跡附近の海岸は、西海道の社埼駅までの関門海峡の渡船の発着点としては潮流などの関係から不適当だとして、臨門駅を二キロ半ほど西南の現赤間《あかま》神宮附近とし、山陽道を長門国府から火の山東麓を通る三角ルートであると推定している（門井「長門国府周辺施設の歴史地理学的考察」『史林』79巻2号、一九九六年）。

山陰道連絡路（石見路）

石見までの山陰道連絡路は支路としてはかなり長い。分岐の厚狭駅から長門・石見国境を経て、山陰道の終点である石見国府付設の伊甘駅まで一六一・三キロある。道間の連絡路としては、ほかに東海道の東山道連絡路と東山道の北陸道連絡路があるが、いずれもこれより短い。

本節冒頭（134頁）で述べたように、『延喜式』におけるこの支路の駅数は一〇駅で駅馬は三疋であるが、弘仁九年（八一八）の勅（『類聚国史』一〇七巻）によれば、一一駅の総計五五疋の馬を各駅一疋ずつとして、残りの馬は長門国の鋳銭司の原料運搬用に振り向けることを命じている。長門国の鋳銭司は長門国府の近辺にあったが、天長二年（八二五）に廃止され、周防国に移された。ただし、この「一疋」というのは、本来欠字であり、駅鈴の剋数の最小が二剋であることからも疑問が残る。欠字は三疋と考えてよいのではなかろうか。

図91　阿津駅比定地付近（美祢市厚保本郷）

山陰連絡路は、山陽道本路の厚狭駅付近から北へ分岐したと考えられる。厚狭からはJR美祢線や国道316号も北へ分岐するが、これは厚狭川に沿って曲折し、古代路の経路ではない。現在、明確なルートが残っているわけではないが、阿津駅へ向け北北東に松嶽山の東麓の峠（標高二〇〇メートル）を抜けて山間部を進んだと見られる。『美祢市史』（一九八二年）は、上記の中央のルートを含め、三本の想定経路を挙げ、いずれかは不明としながらも、慶長十年（一六〇五）ころの「長門国古図」では中央ルートであったと記している。水田義一はこの経路を採る（藤岡『古代日本の交通路Ⅲ』前掲）。

次駅の**阿津《あつ》駅**（美祢市厚保《あつ》本郷）の比定地は、山陽自動車道の西美祢ICの近くである（図91）。遺称地名から厚保地内とされ、水田は厚

図92　由宇駅比定地付近（長門市渋木）．国道は左の谷筋を行き，長門湯本を通る．右の山間の道は古代路が通ったと思われる直通路

保本郷であろうとし、『美祢市史』も同意見である。山陽道本路の厚狭駅から六・八キロである。

これ以北は主要地方道33号下関美祢線あるいはJR美祢線沿いで**鹿野《かの》駅**（美祢市大嶺町東分）に至る。鹿野駅に相当する地名はなく、水田が美祢郡の中心地として比定した。阿津駅から九・八キロになる。

以後は国道316号とJR美祢線沿いに北上し、**意《い》福《ふき》駅**（美祢市於福上）の比定地付近は、広くはないが厚狭川沿いの平地である。鹿野駅から九・四キロである。少し手前にはなるが、道の駅「おふく」が国道に沿って置かれている。

ここから先のルートには問題がある。これまでほとんどすべての見解は、次の由宇駅を深川《ふかわ》川に沿った深川湯本としている。山陽道路線図―7（図87）でいえば、意福駅から北西方向である。たしかに今も温泉の町、長門湯本であり、湯の地名には惹かれるが、ここを経るということは、長門市の中心である海沿いに至り、ここで向きを変えて東進することになる。しかし、JR美祢線の渋木駅付近で国道316号から分かれて北北東に向かう現道があり、大ヶ峠の付近では車が通れる道はないが、三隅町三隅下に向けての直通路は駅路として十分魅力的である（図92）。木下良はこのルートを駅路と見る。『長門市史』（一九八一年）は湯本経由ルートを採るが、『美祢市史』は、この直通ルートを採っている。これは長門市経由に対して三角形の一辺となるもので、距離は約半分に縮まる。この場合、**由《ゆ》宇《う》駅**（長門市渋木）を直通路の手前に考える。近くに渋木八幡宮がある。前意福駅から七・三キロを測る。長門市中心部付近には大津郡家があったとされるので、そちら廻りのルートは、伝路として考えるべきであろう。

次の**三《み》隅《すみ》駅**（長門市三隅中）は、直通路の終端で現国道191号あるいは近世の赤間関《あかまがせき》街道（北町筋）のルートに出た後、東行して一キロほどの三隅の中心付近と考えられる。由宇駅から八・七キロとなる。

ここから先は萩市市街まで国道191号のルートに沿い、**参美《さんみ》駅**（萩市三見）は遺称地名から比定されている。三隅駅から一〇キロちょうどである。

図93　阿武駅比定地付近の道の駅（萩市福井下）

さらに進んで阿武川の分流である橋本川を渡って**垣田《かきた》駅**（萩市古萩町）に至る。ここは現萩市の中心付近である。『和名抄』高山寺本駅名に、この駅を「埴田《はにた》」としており、大槻如電はこれにより古萩町を駅跡に比定した。参美駅から六・四キロとやや近いが、前後の関係からは特に問題はなかろう。

これから先もまた近世街道とは異なる道筋を行く。近世街道は海沿いを行くが、古代道は山道を行く。次の阿《あ》武《む》駅を、郡家の存在などから海に近い道に採る意見が多いが、ここは古代路の常道に従い、山筋道と考えれば、主要地方道11号萩篠生線から主要地方道10号山口福栄須佐線が分かれる地点に**阿《あ》武《む》駅**（萩市福井下）を比定したい。垣田駅から八・六キロになる。

図94　小川駅比定地付近（萩市下小川）

ここには道の駅「ハピネスふくえ」がある（図93）。山陰道でも同じであったが、古代駅路の比定地付近に道の駅が見られるのは、中継地としての適地なのであって、決して偶然ではあるまい。なお、山陽道本路がおおむね沿ってきた国道2号沿線に道の駅が見られないのは、既に民間の施設が多数あるので、控えているとのことである。

ここからさらに主要地方道10号と11号の重用区間に道を採り、萩市吉部《きちべ》下《しも》の鍛冶屋で主要地方道13号萩津和野線を行くと、次の**宅佐《たかさ》駅**（萩市高佐《たかさ》下）に達する。高佐が遺称地名と考えられている。前阿武駅から一四・九キロとやや長い。

このあと国道315号を北上した後、おおむね主要地方道14号益田阿武線のルートによって、**小《お》川《がわ》駅**（萩市下小川）に達する（図94）。小川駅の所在地については、諸家の意見は一致している。宅佐駅から二一・三キロを測る。先述の山陰道連絡路における廃止の一駅を何処とするかに定まった意見はないが、最も駅間距離の長い宅佐・小川間とするのが妥当であろう。ここまでの説明は、分かりやすいために現道に沿って説明してきたが、これらはかなり曲折しているので、実際にはもっと直線的なルートを採っていたと考えられる。距離測定も、そのような配慮の上で計測した。

小川駅から先もこれまでと同じ主要地方道14号のルートで進むと、長門・石見国境に達し、ここを越えて石見国の益田に連絡する。山陰道連絡路は最終的には石見国の石見国府付設の伊甘駅まで、まだ五八・一キロも行程がある。石見国内の山陰道連絡路については、既に山陰道の章で触れたので（「石見国内の山陽道山陰道連絡路」の項）、そちらを参照されたい。

道間連絡路の意味

最後に、このような七道相互間の連絡路がどのような場合に用いられていたかの例を見てみたい。幸いにして正倉院に保管されている天平六年（七三四）の『出雲国計会帳《けいかいちょう》』（公文書記録簿）によると、同年七月二日発行の大宰府符（大宰府発行の文書）一通を携えて、筑紫大宰府の役人四人が越前国へ赴く途中、同月十三日に出雲国に到着したとの記録がある。これからさらに越前まで赴くのであるが、この行程が通常の山陽道本路を経るならば、当時の都は平城京であるから、都に赴いた後に、改めて北陸道で越前に赴くことになり、かなりの遠回りになる。そこで日本海沿岸沿いのルートを行くことにしたのであろう。

七道駅路は、西海道を除けば一般に都を中心としてツリー状をしているのだが、各道を相互に連結する連絡路がかなりのネットワーク効果を持っていたことは、この一事によっても知られるところである。なお、山陰道をそのまま東へ向かった場合でも、『延喜式』には載っていないが、畿内付近で都まで立ち寄らないで済むような、山陰道の丹後国から北陸道の若狭国への直接連絡路があったであろうことも推測される。この四人の役人の筆頭は、「柁師《だし》」すなわち操舵手である。あるいはこの一行は操船技術の伝授または習得のために赴いたのではあるまいか。

筆者の計算では、大宰府から出雲国府まで、大宰府路・山陽道・山陰道連絡路・山陰道と経由したとして三九四・五キロ、つまりおよそ四〇〇キロである。その間を一一日で旅したとすると、一日およそ三六キロを旅したことになる。当時の規定の『公式令《くしきりよう》』には、「凡《およ》そ行程は馬は日に七十里（三七キロ）、歩《かち》は五十里（二六・五キロ）、車は三十里（一五・八キロ）」との条がある。これによれば騎馬を利用したと考えられる。駅使ではないから駅馬を用いることはできなかったであろうが、大宰府は伝馬利用のための伝符を給する権限を持っていたから、あるいは伝馬を使えたのかもしれない。

Ⅳ 南海道をたどる

一　南海道のあらまし

海を渡る道

古代七道駅路のうち、海の名がつくのは東海道、西海道、それに南海道である。それらはいずれも本路が海を渡っているという共通性を持っている。東海道は、『延喜式』では海を渡ってはいないが、初期には現在の伊勢湾と東京湾の二ヵ所で海路を渡ったと見られる。西海道は山陽道の終点から海を渡って始まっている。南海道は紀伊国から四国本島まで、淡路島を途中において二度も海を渡っており、最も典型的な海道といえる。

南海道は海を渡る困難に加えて、四国内部でも東西を貫く四国山脈により南北が厳しく分断され、陸路の通行もまた難渋を極めた。そのため、南海道の駅路はそのルートを大きく変えた歴史を持っている。『延喜式』の時代には、駅路は四国内では駅路はT字形をしているのだが、当初は周回するような形を取っていた。その経緯を図95に掲げる（足利「山陽・山陰・南海三道と土地計画」『新版　日本の古代4　中国・四国』角川書店、一九九二年。文献1）。まず初めは紀伊《きい》国から淡路《あわじ》国を経て阿波《あわ》国へ渡った後、讃岐《さぬき》国から伊予《いよ》国へと瀬戸内海側を西へ進み、さらに四国西辺を周回して土佐《とさ》国府に至る、逆「つ」字型のものであった。

駅路が創設されてからそれほど時も経ていない養老二年（七一八）、土佐国から陳情があった。

土左国言《もう》さく。公私の使、直に土左を指せども、その道、伊予国を経、行程迂遠にして、山谷険難なり。但し阿波国は境土相接して往還甚だ易し。請うらくはこの国に就きて通路《かよいじ》と為さんことを(『続日本紀《しょくにほんぎ》』同年五月七日)

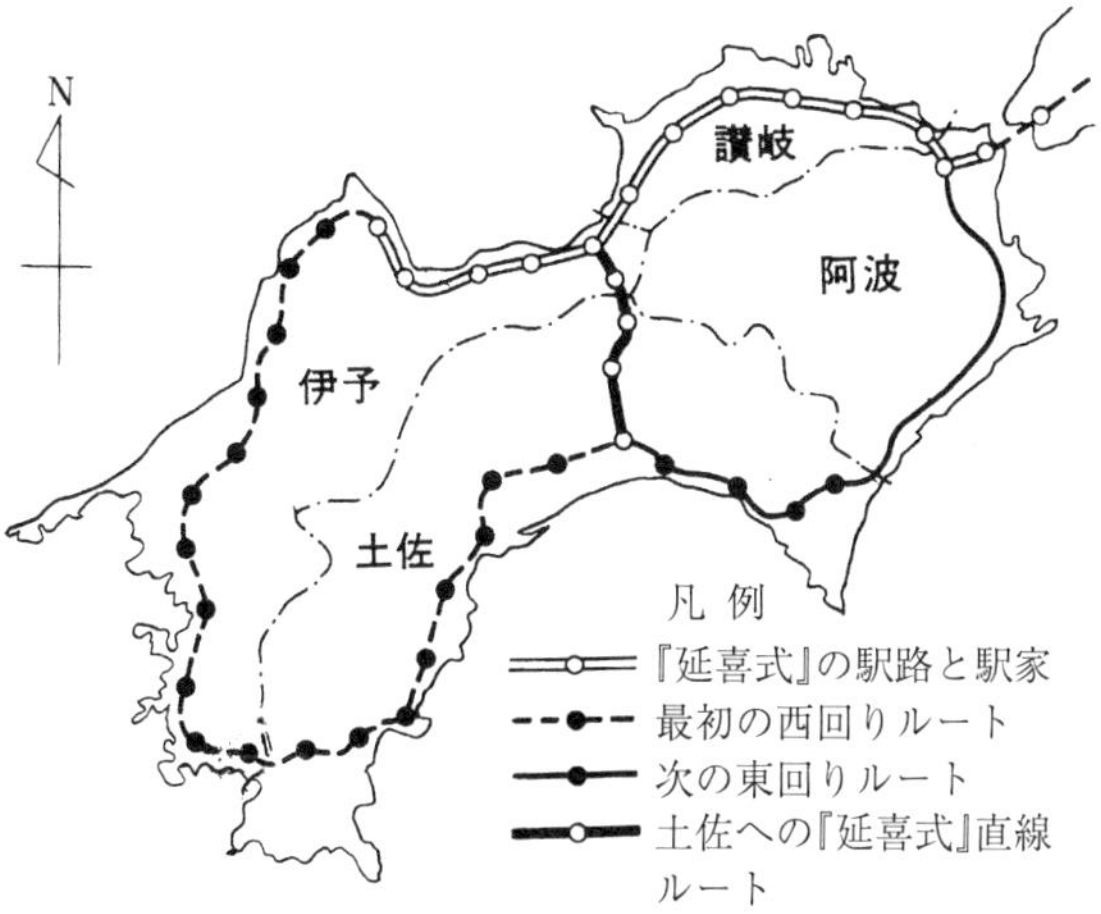

図95　四国南海道の変遷(足利健亮文献1〈別掲〉を基に作成)

つまり土佐へ行くのに伊予をぐるっと回っていたのでは遠回りの上、山や谷が険阻である。それにくらべて阿波国経由ならば、すぐ隣で行き来も楽だから、そちら回りにしてほしい、というものである。この奏請状は許可され、図95に見る東回りルートが造られた。ところがその道も、とても「往還はなはだ易し」というものではなかった。八〇年近く経った延暦《えんりゃく》十五年(七九六)のこと、「南海道の駅路迂遠、使いをして通じ難らしむ。因りて旧路を廃し、新道を通ず」(『日本紀略』同年二月二十五日)とあるように、新道が造られた。

その新道はどこかというと、翌延暦十六年(七九七)に具体的な記録がある。「阿波国駅家□、伊予十一、土左十二を廃し、新たに土左国吾椅舟川二駅を置く(『日本後紀』同年一月二十七日)」。

廃止された駅の数は、阿波国については欠字で不明だ

表6　南海道　路線，駅および駅間距離

駅名	駅間距離(km)
南海道本路	
山埼	0.0
樟葉	4.8
槻本	14.0
津積	15.0
日部	23.2
嘖唹	27.8
萩原	7.8
賀太	19.4
由良	0.0
大野	11.2
福良	14.4
石隈	0.0
郡頭	12.3
引田	9.3
松本	18.9
三谿	14.9
河内	14.7
甕井	14.5
柞田	17.3
大岡	14.3
近井	15.3
新居	14.3
周敷	21.0
越智	14.4
合計	318.8
土佐路	
(大岡)	0.0
山背	12.0
丹川	8.2
吾椅	13.7
頭駅	21.1
合計	55.0
南海道合計	373.8

注1：＊は駅に準ずるもの
注2：(　)内の駅名は，他の路線でカウントされるもの

が、伊予国で一一駅、土佐国で一二駅が廃止されている。その廃止駅のあるルートがどこであったかの詳細は不明で、西海岸回りではあまりに遠回りだというので、もう少し近回りのルートを考える説もあるが、しかしその駅数に見合う距離を考えると、足利健亮の提示したもっとも遠回りのルート（図95）が適当のように思われる。

本章では、これまでと同様、以上の経過を経たのちの『延喜式』による平安京からの道筋をたどることとしよう。『延喜式』ルートの南海道は、本路が三一八・八キロ、土佐路が五五キロで、合計三七三・八キロで、七道の全駅路中で最も短い（表6）。駅間平均距離は一五・四キロで、山陽道を除く他の駅路とほぼ変わりがない。

南海道の基本文献はこれまでと同様に、『古代日本の交通路Ⅰ・Ⅲ』と『古代を考える　古代道路』（いずれも前掲）である。畿内各国の南海道については、足利健亮が『古代日本の交通路Ⅰ』中で詳細な分析している。なお、この論考は足利『日本古代地理研究』（大明堂、一九八五年）と『歴史の道調査報

告書第一集　熊野・紀州街道―論考編』（大阪府教育委員会、一九八七年）に、紀伊国の南海道も含めて整理・集録されている。また四国内の南海道には、『古代日本の交通路Ⅲ』（服部昌之ほか稿）のほか日野尚志と金田《きんだ》章裕の諸論考があり、それらは金田が『古代を考える　古代道路』の南海道章で簡潔にまとめている。

二　畿内三国と紀伊国の南海道

山城国の南海道は山埼駅で分かれて山崎橋を渡る

南海道もまた、西海道を除く各道と同じく、平安京の羅城門を発する。南海道の全体的な特徴の一つに、畿内五国のうち、山城・河内・和泉の三国を通過することがある。駅制は畿外、すなわち畿内五国以外の七道諸国を対象とするもので、畿内は別扱いであった。つまり、京から畿内五ヵ国への連絡は、駅制を利用することはなかったにせよ、何らかの方法と経路があったはずである。第II章二節で掲げた畿内駅路図（図2、18頁）に、畿内五ヵ国への経路が示されている。大和国府へは、平安京と平城旧都を結ぶ古道とその延長路が利用されたと考えられている。また山城・河内・和泉の三国の国府はいずれも南海道（山城は山陽・南海共通路）の近在にあり、それら国府への連絡には南海道が使われたと考えられる。摂津国府への連絡には、山陽道と南海道との間の連絡路が利用されたものと考えられる。

このように、南海道は畿内各国と深いつながりがある。なお、畿内諸国の駅制の問題は『古代の道東国編』（前掲）で説明したので参照されたい。

図 96　南海道路線図—1

さて、南海道は出発点の羅城門から最初の山崎駅までは山陽道と同じ経路である。基本図は南海道路線図—1（図96）だが、和泉国府まではこれまでの山陰・山陽道と同じく、前述の畿内駅路図（図2）のほうが縮尺が大きいので、そちらを見て頂くほうがよい。

南海道は山崎駅で山陽道と分かれ、南に向かって淀川を渡る。この橋を山《やま》崎《さき》橋（山埼橋）という。南海道のための山崎橋が架けられたのは延暦三年（七八四）で、長岡京造営の始まったその年に、阿波・讃岐・伊予の南海道所属の三国に山埼橋建造のための材料を提供するよう命令が出ている（『続日本紀』延暦三年七月四日）。

もっとも山崎橋の建造そのものはこれが初めてではない。六〇年以上前の神亀《じんき》二年（七二五）に僧行基《ぎょうき》によって架けられており、行基がここに来た時、川の中に大きな柱があり、それは以前に尊船大徳《そんせんだいとく》という僧侶が架けた橋の柱であったという話が残っているから、歴史は古い。当時は平城京が都であり、大和から山城国および山陰道諸国への連絡の役割を持っていたと考えられる。

山埼駅の近傍の淀川に津があったことは山陽道で触れた。山崎津や山崎橋と関係のある南海道の話がある。紀貫之《きのつらゆき》の『土左日記』である。貫之は土佐の国守であった。詳しくは後に譲るとして、平安期の承平《じょうへい》四年（九三四）に任を終え、京へ戻るために十二月二十七日に土佐国府外港の大津を船で出発した貫之は、翌年二月十一日に山崎津に着いた。「山崎の橋見ゆ。嬉しきこと限りなし」であった。その後、諸手続きのためであろうか五日間も山崎津に逗留し、迎えに呼んだ車で十六日には都の我が家へ戻っている。

図97　山崎橋架橋地点を左岸（南岸）橋本から見る．正面は天王山

山埼駅は、山陽道で触れたように現JR山崎駅の近くにあり、その前面で南海道は山陽道と分かれて出発し、淀川をほぼ真南に山崎橋で渡る（図97）。対岸は現京阪本線橋本駅近くである。橋本（現京都府八幡《やわた》市）の地名は山崎橋にちなむものだが、橋は平安末期には廃絶し、渡舟で結ばれるようになった。しかし、近世に至るまで交通の要衝として賑わった。

河内国の南海道は生駒山地西麓を南下する

山崎橋を渡った対岸の橋本は同じ山城国であるが、男山の西麓をそのまま南下すると、すぐ山城国と同じ畿内の河内国（現大阪府内）に入る。河内国には、楠葉《くすは》・槻本《つきもと》・津積《つつみ》の各駅があり、それぞれ駅馬は七疋であった。南海道は小路であり、小路

図98　樟葉宮旧跡の交野天神社

の標準駅馬配備数は五疋である。先述のように、南海道の畿内各国通過のルートは、足利健亮の見解に依拠している。

最初の**楠葉《くすは》駅**（大阪府枚方《ひらかた》市楠葉）の位置ははっきりしていないが、枚方市楠葉野田の継体天皇樟葉宮《くすはのみや》跡伝承地で、今は交野《かたの》天神社になっているあたりが一つの比定地である。新興住宅地の中に取り残されるようにひっそりとしている（図98）。山崎駅から四・八キロを測る。一般的にはかなり近距離といえる。足利健亮は、奈良時代に平城京を発した山陽道には淀川を渡る手前（左岸側）に楠葉駅があり、都が平安京に移った後もそのまま南海道の駅として残ったと考えた（『古代日本の交通路Ⅰ』前掲）。

駅路南海道はこのあたりを南進するが、住宅開発が進んでいるのでルートを追うのは難しい。しかし、国道1号と交差するあたりの枚方市出屋敷付近からは、南海道を踏襲したものとして近世の東高野《こうや》街道の古い道筋が残されている。これはほぼ現在の主要地方道18号枚方交野寝屋川線から主要地方道20号枚方富田林泉佐野線につながる道筋であると考えてよい。出屋敷付近には古い道筋や町並みが見られる。

次の**槻本《つきもと》駅**（四条畷市中野）は、古くから槻本の地名があちこち散在していることから多くの異論があった。しかし現在では『延喜式』の駅名順を基本として楠葉と津積両駅の中間に置くとする考え方が一般的であり、東西に通る現在の清滝《きよたき》街道（国道163号）との交点の北のあたりとされる。清滝街道は古くは行基道と呼ばれ、八世紀に僧行基が平城京への道を開いたとされる。先の山崎橋も行基が造った。前樟葉駅から一四キロである。

槻本駅から先も、河内と大和を分けて南北に連なる生駒山地の西麓を、古代路を踏襲した東高野街道が走っている。現在はほぼ国道170号になっている。国道170号には東側の旧道とそれより西の新道とがあるが、古代路のルートは旧道（東高野街道）のほうである。この付近の近世の東高野街道筋は、南北軸よりやや西に傾くが、きわめて直線的であり、古代路を踏襲していることが明らかである。古代の正南北・東西軸の条里地割が残されている地域で、その東辺に南海道がやや斜めに傾いて走る。足利健亮によれば、ここでは古道（駅路）が条里に先行して敷設され、そののち西から延びて来た条里地割がほぼ駅路の辺りで止ったと見られる。

図99　津積駅比定地の八尾市恩地中町付近，東の恩地神社方向を望む

次の**津積《つつみ》駅**（八尾市恩地中町）の位置も議論があるところで、木下良は恩地神社の参詣道との交点あたりを比定地とする。これはこの付近が多少小高くなっており、駅家を置くには好適な地形との判断からである（図99）。前槻本駅から一五キロちょうどになる。

駅路を踏襲する国道170号（旧道）は、さらに南下して柏原市の大和川手前の三差路で国道25号に突き当たる。国道はここで終りだが、駅路は大和川を南西方向に渡り、西に向きを変える。

図100　長尾街道の現況（松原市上田）

現在の藤井寺市である。

古道を踏襲する河内国南部の南海道

藤井寺市には河内《かわち》国府（藤井寺市国府）があった。河内国府は時代によって若干その位置を移動したと考えられるが、当時の国府は国府遺跡付近と考えられる。この国府付近には近世の長尾《ながお》街道が東西に走っていた。これは古道を踏襲したものとされ、『日本書紀』の壬申の乱（六七二年）の記事の中に見える古代の大津道に比定されている。南海道はこの古道を利用したとされる。南海道、つまりもとの大津道は国府遺跡およびその西隣の允恭《いんぎょう》天皇陵の北を通り、西へ進んでほぼ雄略《ゆうりゃく》天皇陵の付近を過ぎてさらに西進する。現在も東西に走る道として残っている長尾街道が阪和近鉄南大阪線のほぼ二〇〇メートルほど北を並行して走ることになる。自動車道の下をよぎるあたりからは、このあたりは松原市域である（図100）。

この長尾街道を西にたどって行くと、近鉄線が北へ上がって行くので、布忍《ぬのせ》駅南でこれと平面交差した後、大泉緑地の西辺を南北に走る道をまっすぐ北へ伸ばした線と交差する南花田町交差点からさらにおよそ一〇〇メートルほど西に進んだところで、南海道は左折してその線を南に下がることになる。これ以降は、和泉国府付近までは図101を主として説明する。これは足利健亮の提示した図面で、この付近の南海道が条里の里界線とよく一致していることを示している（足利『日本古代地理研究』前掲）。この左折地点（図101のa点）には、今は南北の道がなく、少し東へずれている。しかし、この地点から北およそ二〇〇メートルほど上がった先から北におよそ二キロほどにわたって、松原市と堺市の境界線が続いているので、その位置が明らかになっている。ここは古くは河内と攝津の国境であった。

この線は、北へ上がると難波宮に至るもので、現在では研究者の間で難波《なにわ》大道《だいどう》と呼ばれる、南北を貫く古道の筋である（図101での難波宮正中線）。難波大道は、この北の堺市常磐町で幅一八メートルの遺構が昭和五十五年（一九八〇）に発掘されている。これまで、駅路を踏襲した道は中世から近世の街道のみならず現代の高速道路まで数多くあるが、駅路がそれ以前の計画道路を踏襲した例はそれほど多くはない。先の大津道（図101での長尾街道）とこの難波大道が数少ない例といえるだろう。難

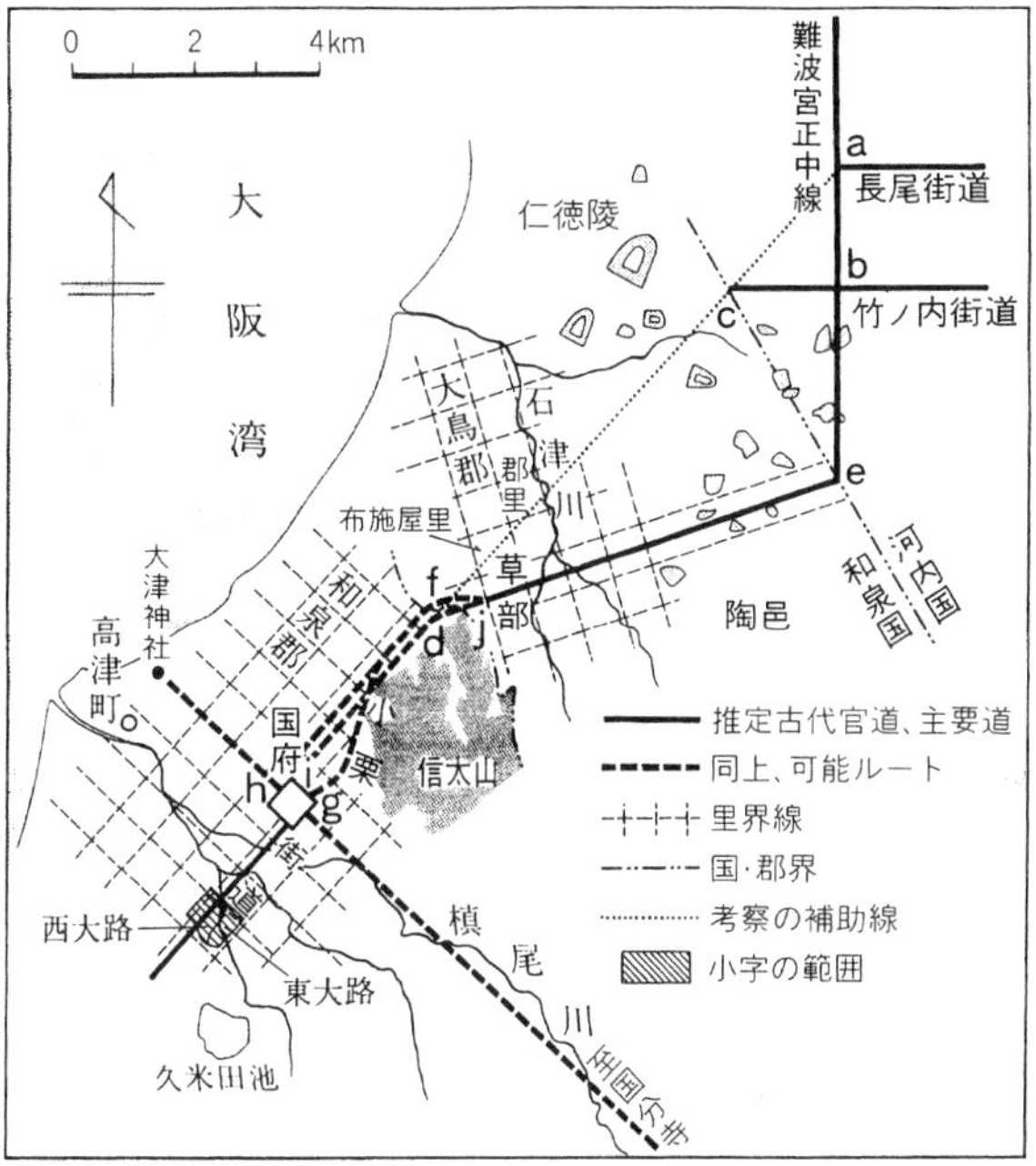

図101　条里に沿う河内国西端から和泉国府付近までの南海道

波大道は、『日本書紀』の推古二十一年（六一三）に「難波から京《みやこ》に至るまでに大道《おおみち》を置く」とあるのに相当するものと考えられるが、難波大道に並行して走る南北の長曾根《ながそね》大溝《おおみぞ》が五世紀後半に成立していた可能性があると、その発掘成果から考えられているので、難波大道の起源はもっと古いかもしれない。

この元難波大道の道筋（現道はやや東にずれる）を南に進むと、河内・和泉両国の国境線にぶつかり（図101のe点）、ここで駅路は和泉国に入って西南西に向かうことになる。図101のc点からe点に向う直線の国境線は、古来の計画的直線道路が河内と和泉の国境になり、その国境の道が現在では堺市の中心から斜めに東南進してくる西高野街道（国道310号）と呼ばれるようになったものである。

条里によく乗る和泉国の南海道

和泉国はもともと河内国の一部であったが、霊亀二年（七一六）に三郡を割いて和泉監《げん》のもとに置き、天平十二年（七四〇）に和泉監が廃止されて河内国に併合されるが、ふたたび天平宝字元年（七五七）に分立した。和泉国には、日部《くさべ》・噫唹《おお》の両駅があり、駅馬はいずれも河内国と同様七疋であった。

さて、南海道であるが、西南西に向かう直線駅路は、大鳥郡の条里と一致している。この直線路をe点から五キロほど行った地点に**日部駅**《くさべ》（堺市草部《くさべ》）がある。図101の「草部」と地名がある付近である。比定地には日部《くさべ》神社がある（図102）。前津積駅から一三・二キロを測る。

和泉国へ入ってからの大鳥郡条里に沿う直線駅路は、最初の三キロほどが大阪府の中央環状線（一般道路）に乗る阪和自動車道と重なっている。堺料金所付近である。これは条里の地域区画の影響が後まで残り、それによって都市計画道路である中央環状線が規制されたことの影響と見ることができる。

日部駅からさらに進み、信太山《しのだ》から広がる台地の北麓で今度は和泉郡の条里区画線に沿う形で南西に向きを変える。この条里はＪＲ阪和線にほぼ平行する形となる。足利はこの条里の方向を北四二度東とする。ただ、実際の南海道は信太山麓の影響を受け、若干蛇行したであろうことを、小栗街道という旧街道が今も残っていることから推定される。小栗街道とは鎌倉時代の旧道で、熊野街道とも呼ばれるように、紀州熊野に向かう道筋である。

南海道は、この旧小栗街道に沿って**和泉《いずみ》国府**（和泉市府中町）の東南辺を進んだと見られる。和泉国府の旧跡地である泉井上《いずみいのうえ》神社には、今も和泉清水と呼ばれる湧水の跡がある。この道は、現在は主要地方道30号大阪和泉泉南線である。これより先は「畿内駅路図」からは外れるので、南海道路線図―１（図96）が基本になるが、河内・和泉両国から紀伊国までの南海道は、かなり変遷があるので、その様相を記す南海道経路変遷図（図103）を参照されたい。これは足利の図（大阪府『歴史の道調査報告書第一集　熊野・紀州街道―論考編』前掲）を基に作成したものである。

図102　日部駅比定地付近の日部神社

　和泉郡の条里に沿った駅路は、貝塚市に入ってやや西にくの字型に迂回する小栗街道（熊野街道）に近い筋をたどったものと思われる（図103のＲⅡ・Ⅳ・Ⅴ）。現代の道で言えば主要地方道64号和歌山貝塚線に沿うことになる。この道筋は二つに分かれ、一本

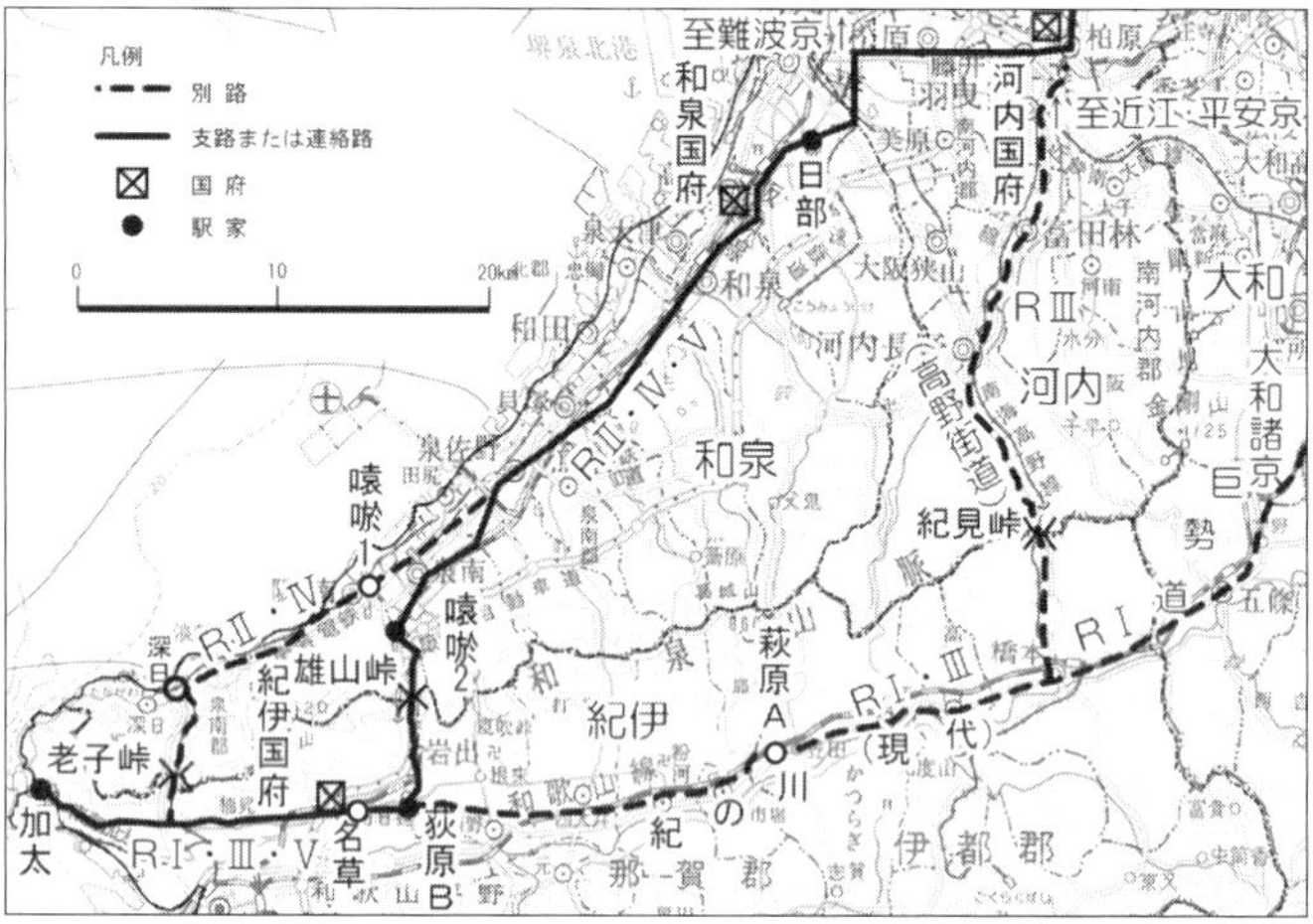

図103　畿内・紀伊国南海道経路変遷図

は雄ノ山峠を越えて紀伊国に入る近世紀州街道の道筋であり、南海道もこの道筋によって紀伊国に至る。このルートは阪和自動車道と同じコースでもある。

和泉国のもう一つの駅である嗊《お》唹《お》駅（阪南市和泉鳥取）の位置は明確ではない。読み方も難しいこの駅の位置については、古くは大阪湾に近い泉南市男里《おのさと》に当てる説があった（図103嗊唹1）。しかしこの位置は現在の国道26号のルートである孝子《きょうし》峠越えの道に沿うもので、雄ノ山峠ルートではやや回り道になる。孝子峠を越える古道ルート（図103南海道RⅡ・Ⅳ）とは、後述のように古代の都が難波京（図2参照）であった時代のものである。飛鳥諸京・藤原京あるいは平城京という大和に京のあった時代には、南海道はそれぞれの京から南に下がって紀ノ川沿岸に出て、西進して紀伊国府に達していた（図103RⅠ）。

木下良は、嗊唹駅が南海道RⅡ・Ⅳに沿う位置のままとすれば、雄ノ山峠ルートの場合には回り道過ぎるとして雄ノ山峠道の入口付近ではないかと考える（図103嗊唹

2)。ただしその場合でも前日部駅から二七・八キロと通常の二倍近くあり、また次の紀伊国最初の萩原駅までの距離はわずか七・八キロに過ぎない点に問題が残る。

雄ノ山峠を越えて紀伊国に入った南海道の最初の**萩原《はぎはら》駅**（和歌山県岩出町山）は、紀ノ川河谷に向けてまっすぐに下り、麓で東西に通る現在の主要地方道7号粉河加太線とぶつかったあたりと見られる。萩原駅の所在地について、その位置を明確にした磯貝正義の先駆的研究がある（磯貝「古代交通路の一研究―紀伊萩原駅の所在をめぐって―」『山梨大学学芸学部研究報告』六、一九五五年）。現在は『延喜式』時代のルートを追っているのだが、この駅名は、『延喜式』には「荻原」とされている。しかしこれは誤記で、『日本後紀』に見られる「萩原」が正しいとするのが、現在の学界での通説である。以下これに従う。さらにこの経路変遷には萩原の駅名が二度出てくるが、これは別の地点のものである。以上のことを前提として以後のルートの説明を進めよう。

図104　嗄蛤駅比定地付近から雄ノ山峠方面を望む

この『延喜式』ルートでの萩原駅付近では、現在の和歌山市と岩出町の境界線が南北に走っており、これはまた当時の紀伊国那賀郡と名草郡の境界でもあった。那賀郡は東、名草郡は西に位置する。駅路はその線に乗っていたようだ。もちろんここでも先に道が出来、あとからそこを境界線にしたということである。萩原駅が岩出町山とされるのは、承和《じょうわ》十二年（八四五）の「紀伊国那賀郡司解」という文書に、「萩原村野田」と「駅路」とが見え、萩原村が現在の山付近と考えら

図105　紀伊国府跡とされる府守神社

れるからである。

南海道は萩原駅から主要地方道7号粉河加太線に沿って西へ進む。ほどなく**紀伊《きい》国府**（和歌山市府中）の推定地がある（図105）。さらにこの道を西に追えば、和泉山脈が紀淡海峡に臨む先端の**賀《か》太《だ》駅**（和歌山市加太《かだ》）に至る。賀太駅は港津を兼ねており、今も港がある。前萩原駅から一九・四キロになる。紀伊国の二駅の駅馬数はともに八疋である。

なお、大宝四年（七〇二）正月二日条に「始めて紀伊国に賀陀駅を置く」（『続日本紀』）と、最初の設置時期が記録にある。これは駅制開始後の初めての駅設置の公式記録事例である。ただし『日本書紀』の壬申の乱（六七二年）の記録にも、隠駅家《なばりのうまや》・伊賀《いがの》駅家の名が出てくるから、実際の駅制の開始はこれより早いものと考えられる。また賀太駅は後述のように弘仁二年（八一一）にいったん廃止されるが、『延喜式』には見えるから、いつの時代かに復活されたと見られる。この賀太駅から、南海道は淡路へ船路となり、由良の瀬戸を渡る。海路での舟の配備は、『延喜式』には示されていない。

変遷の多かった畿内から紀伊国への南海道

『延喜式』に見える南海道紀伊国の駅家は、この萩原と賀太の二駅のみであるが、この機会に南海道の紀伊国へ入るルートと、それに関連する駅家の改廃とを総括して見ておこう。主として足利健亮の論考（大阪府教育委員会『熊野・紀州街道―論考編』前掲）による。

まず重要な二つの歴史上の記事がある。第一は、『日本後紀』弘仁二年（八一一）八月十四日条に「紀伊国萩原・名草・賀太三駅を廃す。不要なるを以て也」とあること、第二は、その翌年の弘仁三年（八一二）四月二十日条に、「紀伊国名草駅を廃し、更に萩原駅を置く」と見えることである。これらはいずれもルートの改廃に関わっているものである。

さて、ルートの変遷であるが、最初は飛鳥諸京・藤原京・平城京という大和にあった都からの道である。全体として大化改新《たいかのかいしん》（六四五年）から長岡京遷都（七八七年）までの期間である。この場合には大和盆地から巨勢《こせ》道によって現五條市あたりに出て、紀ノ川河谷の北岸を西に向かっていた。南海道ルートⅠ（図103のＲⅠ）である。このルート上にあった駅が、紀伊国では萩原・名草・賀太の三駅である。その位置の概略は図103に示してある。まず最初の萩原駅（萩原Ａ）は現かつらぎ町萩原にあり、また名草駅は名草郡にあるもので、名草郡は先にみたように雄ノ山峠から下りてくる道を境に西側であるから、おおむね紀伊国府付近ではないかと見られる。そして賀太駅に向かった。

この期間中でも一時的には都の位置に変動があった。改新直後の孝徳朝は、都を飛鳥から難波宮に移しており（六四五～六五五年）、またその後の天武朝でも一時的に難波が陪都《ばいと》（副都）となっていた。それらの時期には難波から紀伊につながる官道があったと考えられ、それが大阪湾沿いの南海道Ⅱ（ＲⅡ）である。この場合、紀伊との国境は孝子《きょうし》峠越えである。天智朝の近江京の場合（六六七～六七二年）は、大和諸京と同じく南海道Ⅰを利用したと考えられる。

平城京の後、都は長岡京に移る。淀川に架かる南海道の山崎橋が架けられたのがその機会であることは先に記した。このときの南海道ルートは、東高野街道で南下してから、河内国府付近で西に折れず、そのまま東高野街道（高野街道）を南下し続け、紀見峠を越えた後、紀ノ川沿いに西進してきた南海道Ⅰに合する道であったとされる。これが南海道Ⅲ（RⅢ）である。なぜこの道筋であったと考えられるかというと、萩原はじめ三駅が廃止されるのは弘仁二年（八一一）八月で、都が平安京に移ってからのことである。それ以前の長岡京時代にはその三駅が存在していたことになるので、長岡京から南に下がり、かつ三駅を経るルートとなると、かつらぎ町萩原にあった萩原駅よりも東で南海道Ⅰに達するルートとして紀見峠を越える南海道Ⅲが浮上するのである。

では、平安時代に入って三駅が廃止されたとき、南海道はどこを通っていたのか。紀伊の三駅を通らずに紀伊国を通過するとすれば、それは大阪湾の海岸沿いの南海道Ⅱ（RⅡ）しかない。南海道Ⅱの復活である。足利はこれをあらためて南海道Ⅳとする。なおこの場合、港津である賀太駅までも廃止になっており、これについては加太の港津機能までは廃止されなかったという考え方と、そのときは孝子峠を越えず、その手前の深日から由良へ渡ったとする考え方の二通りがある。

ところが先述のように、三駅廃止の翌弘仁三年（八一二）四月二十日条に、「紀伊国名草駅を廃し、更に萩原駅を置く」と見える。それは、最初の萩原駅（萩原A）と名草駅（紀伊国府付近）は廃止されたが、新萩原駅を今度は那賀郡の現岩出町山に置いたもの（萩原B）と解釈されている。

これで南海道は、孝子峠越えの南海道Ⅳ（南海道Ⅱの復活）から雄ノ山峠を越える『延喜式』のルートⅤに移ったと考えられる。この雄ノ山峠越えの官道としての初見は、延暦二十三年（八〇四）十月十一日、紀伊国玉出嶋に行幸した桓武天皇が、十三日に「雄山道より日根行宮に還る」とあることで、新萩原駅設置の八年前になる。なお、以上のルート変遷は足利の考えを示したもので、弘仁二年八月の三駅廃止と翌三年四月の新萩原駅設置を一連の措置と考えれば、一時的にRⅡに戻ったと考える必要はないかも知れない。

以上が紀伊国の南海道ルートの変遷のいきさつである。

三　淡路国と阿波国の南海道

淡路国を横断する

淡路とは阿波路の意味で、もともと四国の阿波国への通り道として認識されていた。『延喜式』では、淡路国の駅家は「由良、大野、福良各五疋」と記されている。以後は南街道路線図—2（図106）による。海峡（紀伊水道）を渡り最初の**由良駅**《ゆら》（兵庫県洲本市由良）は、天然の良港に位置している（図107）。この駅位置比定には問題がない。賀太駅から直距離にすればおよそ一二キロほどの行程であるが、途中に島があるから、若干の迂回をする必要がある。海路は駅路延長算定には算入しない。

陸路に入った駅路はここから海岸沿いに北上し、洲本市小路谷《おろたに》から西に内陸に入る。あまり大きくない平野に出ると、次駅の**大野駅**《おおの》（洲本市大野）は大野郷の中心の和霊天神社あたりとするのが木下の見解だ。前由良駅から一一・二キロを測る。

駅路は南あわじ市の広田中筋あたりで国道28号（近世四国街道）に出ると、これにほぼ沿って、まっすぐ西南に福良駅に至る。国道に出てから三キロ半ほど行った地点の北側の民家の前に、人の高さほどの大きさの長方形の石が立っている。これを立石《たていし》という（図108）。立石とは古代の道路に沿って立てられた道路標識と見られるもので、全国的に時々見られる重要な古代の道路指標である。東京都葛飾区の立石地区に古代東海道の経路に沿って立石の残趾があることを紹介したことがある（『古代の道　東国編』参照）。ここの場合は、まさに完全な形で残っている。現在立っている地点は同市八木《やぎ》養宜《ようぎ》上に属する

図 106　南海道路線図―2

図 107　由良駅の置かれた由良港

が、国道28号をさらに二キロほど進むと、八木立石の地名が残っている。

さらに国道筋を進むと、途中の南あわじ市市《いち》付近の、駅路からは右側に一・五キロほど離れた場所に**淡《あわ》路《じ》国府**（南あわじ市市十一ヶ所）があった。この国府へは本路から連絡路が付けられていたと考えられる。

この道筋をさらに南西に進み、最後の**福良《ふくら》駅**（南あわじ市福良）は馬宿の旧地名があることから、そこの福良八幡宮付近にあったとされる。現在は海辺からやや奥まっているが、当時は海浜に位置した海港駅であった。前大野駅から一四・四キロである。『続日本紀』の神護景雲二年（七六八）三月乙巳朔条に、「淡路国の神本駅家は行程が近すぎるので停止して欲しいと申請があり許可した」との記事がある。国府に近い位置にあったようだが、仮に南海道がそちらを回る多少の迂回路であったとしても、国府によらない直通ルートを考えれば、確かに廃止してもちょうど標準の駅間隔程度であった。さきの立石は直通ルートの上になるのだが、いつごろに立てられたものだろうか。

図108　南海道の道筋に残る立石（南あわじ市三原町）

福良駅からは、渦潮逆巻く鳴門《なると》海峡を渡ることになる。今は北側に並行するように高速道路の大鳴門橋が架かっている（図109）。

図109　南海道のルートに並行して今は高速道路の大鳴門橋が架かっている（本州四国連絡橋公団提供）

阿波国の南海道

四国に渡った阿波国には、『延喜式』では石隈《いわのくま》、郡頭《こうず》の二駅だけである。土佐国への東海岸回りの駅路は廃止され、讃岐国へすぐ抜けるルートだけが残されたからである。駅馬数はいずれも標準の五疋である。四国へ渡った南海道については、初めに日野尚志が体系的に条里とのかかわりを明らかにした（日野「南海道の駅路」『村落の歴史地理』歴史地理学紀要20、一九七八年）。

最初の**石隈《いわのくま》駅**（徳島県鳴門市撫養町木津）は旧吉野川の河口にあり、淡路との海の連絡駅であった。とはいえ、現地形は干拓によってかなり内陸に入った川沿いになる（図110）。淡路の福良駅からは直距離にしてほぼ一六キロほどになる。ただし、海上の距離は、どこの場合も駅路延長には算入していない。

阿波、讃岐、伊予、土佐の四国では、条里地割と駅路が一致する例が多く、かつ条里地割に余剰帯があって駅路の痕跡と見られることが少なくない。ここ石隈駅から西でも、もとは旧条里地割に沿っているとのことである。

駅路南海道は石隈駅から西へ、現在で言えば主要地方道12号鳴門池田線（旧撫養《むや》街道）の筋を進む。無論、古代路は直線的であり、近世街道とそれを踏襲する現代路はやや蛇行している。南海道は、この旧撫養街道の道筋に沿い、板野町役場付近でJR高徳線を越えると、そこで北に向け変針する。南海道本路はJR線と同じく大坂峠を越えるのである。

この変曲点から逆に南に下がると阿波《あわ》国府（徳島市国府町府中）へ至る。南海道本路の変曲点からは南に七・五キロも離れた場所である。本章の冒頭で、養老二年（七一八）に南海道の土佐国へ至る経路が西回りの伊予国経由から東回りの阿波国経由に変わったことに触れた。そのときにはこの阿波国府経由で南に下がり、土佐国府に下ったのである。

南海道の郡頭《こうず》駅（板野町大寺郡頭《こうず》）は、西進してきた駅路が北へ向かう本路と南の阿波国府へ向かう連絡路とのT字交差点から五〇〇メートルほど下がった位置にあったと見られる。旧字地名がそこにあることに加え、ここが旧吉野川の河岸に近く、河港を兼ねていたと考えられるからである。前石隈駅から一二・三キロである。ただし駅路算定は本路に沿うものとし、駅位置をT字交差点にあったとして算定する。

図110　鳴門市撫養町木津の石隈駅比定地付近

図111　大坂峠遠望山嶺右の窪みが大坂峠．駅路は左の尾根筋を通ったと見られる

北へ上がった南海道本路は、

急峻な大坂峠を越える。ここには現在、高速道路の高松自動車道が走り、峠は大坂トンネルで抜けている。駅路は谷沿いに上がる近世の讃岐街道およびこれを踏襲する現道（主要地方道1号徳島引田線）沿いではなくて、高速道路がトンネルで抜ける尾根筋を進んだと見る（図111）。これが古代駅路の常道である。

峠を越えれば讃岐国である。

四　讃岐国の南海道

典型的な直線道の讃岐国東部の南海道

讃岐国には、引田《ひけた》・松本《まつもと》・三谿《みたに》・河内《かわち》・甕井《みかい》・柞田《くぬた》の六駅があり、いずれも駅馬四疋で、標準より少ない。これは既に山陽道の章で見たように、山陽・南海・西海の各道では新任官吏の赴任には高位の人を除き海路を取れとされていたことや、山陽・南海両道では伝馬が置かれなかったなど、瀬戸内海の海路依存度が高かったためである、とする考え方もあり、大槻如電は『駅路通』でつとに指摘しているところだが、南海道の前後の各国では標準どおり五疋なので、その理由は付けがたく、何か別の理由があったものと思われるが不明である。以下の説明は、南海道路線図―3（図112）による。

瀬戸内海側に下りた駅路は、海沿いに西進する。最初の**引田《ひけた》駅**（香川県東かがわ市馬宿《うまやど》）は、その地名から比定地とされているが、詳細な場所は不明であるので、国道11号（讃岐街道）の馬宿交差点とする。阿波国の郡頭駅から九・三キロと短い。ここからしばらくは、おおむね国道11号、あるいはＪＲ高徳

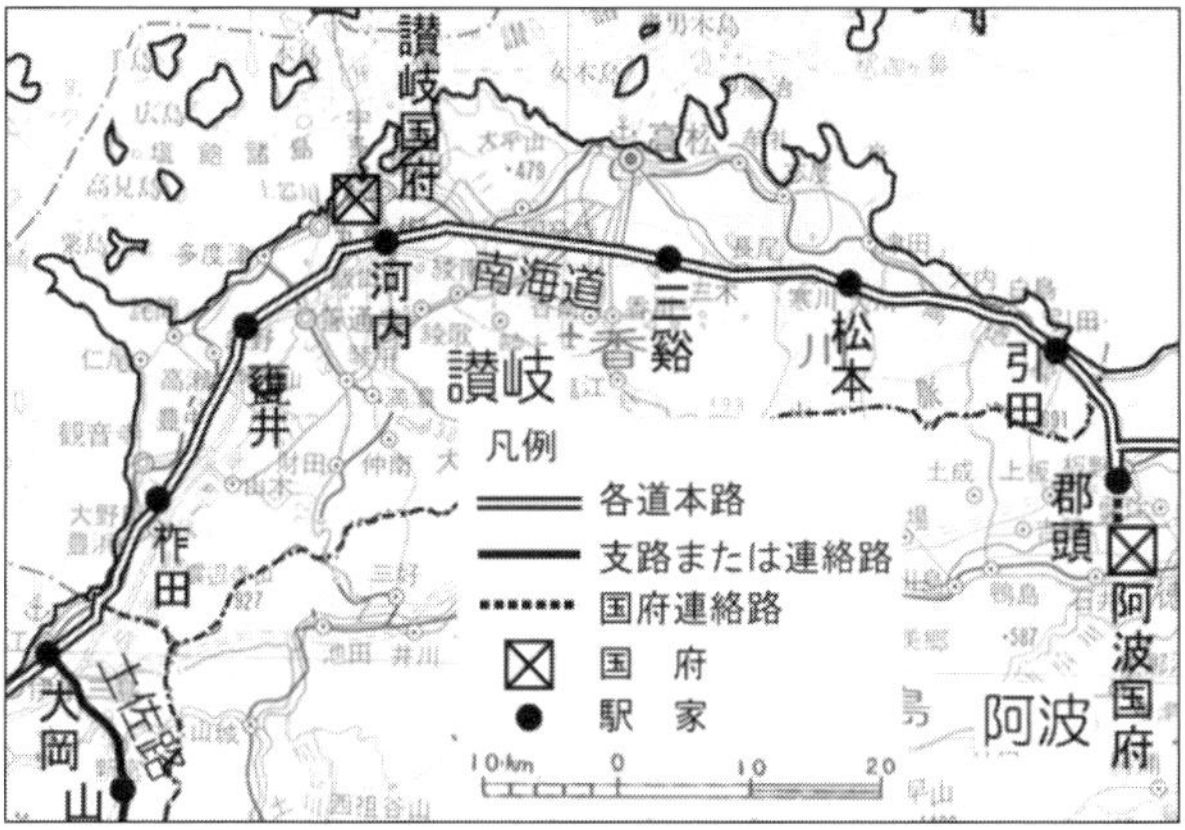

図 112　南海道路線図—3

線に沿って進み、さぬき市町田で国道やJRとは離れて主要地方道10号高松長尾大内線に沿うようになる。

次の**松本駅**《まつもと》（さぬき市大川町富田中）は、その所在地が古くは定説がなかった。しかし、大槻如電は、松本駅を寒川郡松尾村とし、松尾はもと東富田と称して駅趾があったとされ、松尾が転称して松本になったと記している。『大川町史』は、前後の引田・三谿両駅の中間にあること、旧富田中村に松本地名が記録されていることなどから、富田中を松本駅の比定地とする。現在は下《さが》り松廃寺と呼ばれている一角で、奈良時代の古瓦が出土している。前引田駅から一八・九キロを測る。

木下良は、ここが駅家跡と推定できる証拠に、ここに泉が湧き出ていることを挙げる（図113）。

『万葉集』に駅家にちなんだ歌がある。

鈴が音のはゆま駅《うまや》の堤井《つつみい》の　水をたまへな妹がただ手よ（巻一四・三四三九）

駅鈴を携えて馬を走らせる駅使が、早く駅家の冷たい井戸水を可愛い娘の手から貰いたいものだという、若者らし

図113　松本駅比定地の大川町下り松廃寺付近．湧水があり，横に東西に延びる直線道がある

い歌である。これは東歌だが、駅のあるところに豊富な水が必要だったことは言うまでもない。駅位置の特性の重要な要素である。

この付近は、高松平野の西端まで続く約二四キロの長い条里余剰帯の東端である（図114）。この長い条里余剰帯（幅八〜一〇メートル）は一直線ではなく、三木町の白山（標高二〇三メートル）の地点でわずかに北に振れていて、その先は高松市西郊の伽《が》藍《らん》山（二一六メートル）と六《む》ツ《つ》目《め》山（三一七メートル）の間の峠を目指している。条里余剰帯すなわち駅路が、山を目標にしていることは、駅路が山を基準に設定され、それを基線に条里区画が設けられ、その際に道路の幅だけ余剰帯と呼ばれる土地が残されたものであることを、ここでも実証している。

次の**三《み》谿《たに》駅**（高松市三谷町）は、やはりこの直線上にある。この近くでは、広かった駅路の一部が耕地化されて、現在の狭い道になっている状況がよく残されている（図115）。前松本駅から一四・九キロになる。この付近は、大筋では主要地方道12号三木国分寺線に沿っていると言えるが、実際には旧道のほうがより駅路に近く、「推定南海道跡」の標柱も見える（図116）。

高松平野が尽きた所は、先に見たように駅路が目標とした伽藍山と六ツ目山が並んでいる場所で、もちろん駅路はその間を通るのだが、奇しくもまたここを高速道路の高松自動車道が抜けている。

駅路はここを直線的に抜けると、ＪＲ予讃線の讃岐府中駅付近の**讃岐《さぬき》国府**（坂出市府中町）に達する。

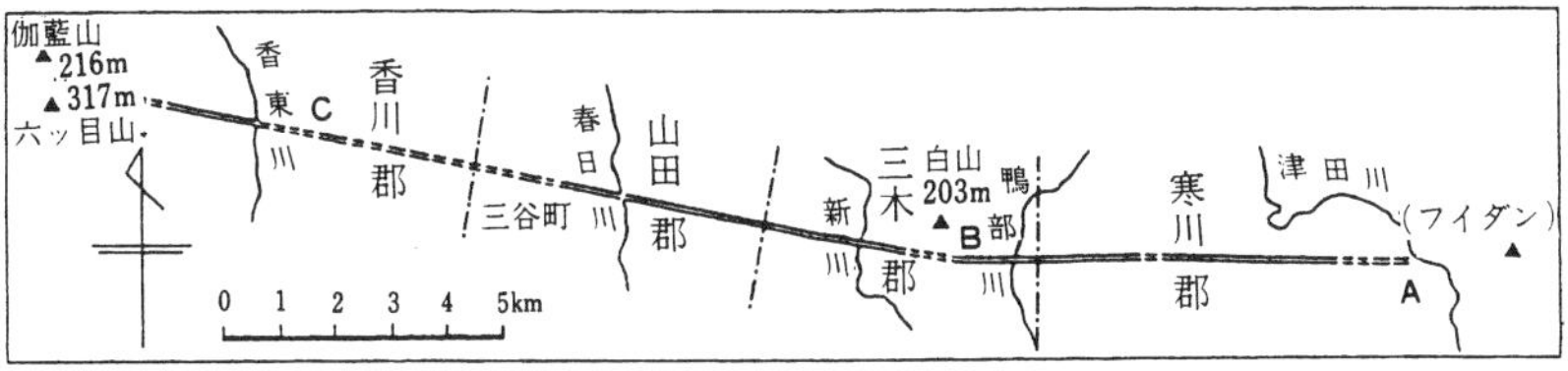

図114　高松平野の南海道(金田章裕「条里と村落生活」『香川県史1　原始・古代』1988年より)

ここは菅原道真が国守として滞在していたことで知られる。木下は、南海道は国府の中央を東西に貫く「青龍《せいりゅう》」と呼ばれる中軸道路が駅路で、これに直交する国庁から北に伸びる道路が南北中軸線と考え、**河内《かわち》駅**(坂出市府中町)は国庁横にあったと推定する(図117、木下『国府』教育社歴史新書、一九八八年より)。前三谿駅から一四・七キロである。

讃岐国守としての菅原道真

仁和《にんな》二年(八八六)正月十六日、菅原道真は讃岐国守に任じられた。時に四二歳の働き盛りである。讃岐の国は貴族が中央の官職につく前に、一度は国守に任命される格式の高い国の一つで、地方官としては決して悪いところではなかった。しかし、彼は左遷と受け取ったらしく、発令から二週間のちに開かれた宮中の宴会で、太政大臣藤原基経《もとつね》から励ましの言葉をかけられたのに、嗚咽したまま声も出なかったという。晩春の頃になってようやく腰を上げ、讃岐に赴任した。

こうして讃岐国府に着任したのだが、そのころ讃岐国の経済は破産状態であった。着任すると四月七日に初めて国内の巡視に出かけ、民情を視察する。冬十月には、「寒早十首」という民衆の生活の苦しさを活写した名句を詠む。その中に駅亭に勤める下級の労働者を歌ったものがある。

図 115　三谿駅比定地付近の駅路跡を説明する木下良（左側）

図 116「推定南海道跡」の標識の立つ直線的旧道（高松市島東町付近）

何れの人にか　寒気《かんき》早き
寒は早し　駅亭の人
数日飡《そん》を忘るるの口《くち》　年
を終《お》うるまでに　客《たびびと》を送
る身
衣《ころも》は単《ひとえ》にして　風は病《やまい》を
発《おこ》し　業《なりわい》を廃すれば　暗《むな》
しく貧しさを添う
馬さえ痩せて行程《こうてい》渋らば
鞭笞《むちしもと》自《おのずか》らに受くること
頻《しき》りならむ

・冬が来て寒さがいち早くこたえるのは誰だろう。それは駅亭の馬子たちだ。
・彼らは数日間も汁かけ飯をかき込むことさえ忘れるほどこき使われ、年中旅客の送迎に明け暮れる。
・冬でも着物は薄い単衣《ひとえ》なので、風邪から病いになり、といって仕事をやめればすぐ貧乏が追いかけて来る。
・駅馬も痩せて速度が遅くなれば、きびしい鞭が飛んでくる。

翌年の春、道真は領内の巡視に出かける。「行春詩」はその様子を描く。その一節、
駅亭《えきてい》楼上　三通の鼓《つづみ》　公館窓中　一点の燈《ともしび》

・役所からの帰り道、駅亭の屋上に三つの太鼓が見え、役所の建物に燈火が一つ輝く。

駅家の具体的な様子を知る史料はほとんどない。詩の中のたったこれだけの描写でも、古代道路史にとっては貴重な材料である。これによって駅家には望楼があり、そこに太鼓が置かれていたことが分かる。駅使の到着を知らせるためのものであろう。また公館というのは国府の館で、国府と駅亭が近くにあったことも読み取れる。讃岐国府跡の隣に今もある鼓岡《つづみがおか》神社の名は、駅家跡を意味するものではなかろうか（図118）。

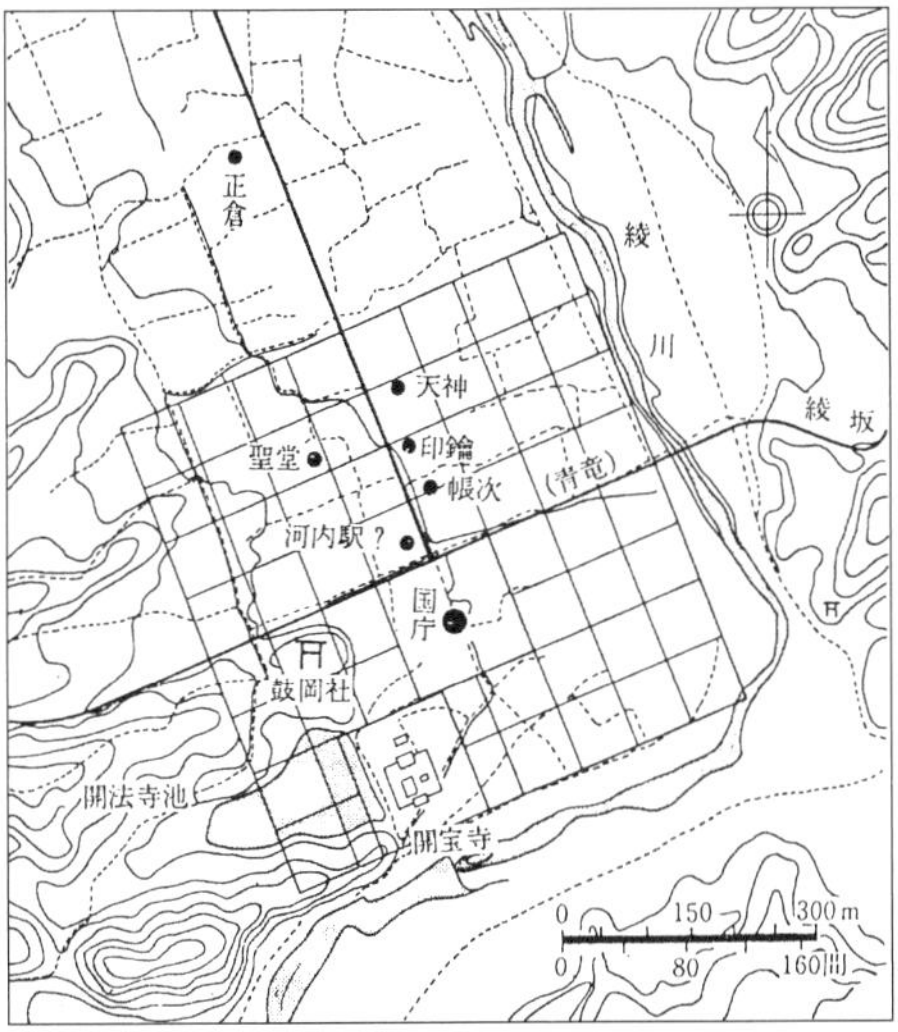

図117　讃岐国府と付近の駅路想定図

他にも道真の数々の詩には、当時の讃岐国の民情や風物がよく詠み込まれているが、国司の生活や京との往来に関連する事柄を二件ほど挙げておこう。一つは「晩春、松山館に遊ぶ」という詩である。松山館とは官舎の別館で、海のほとりにあったことが記されている。そこは港でもあったので、「我が帰帆を記すれば、ただ六日のみ」と、別の詩にある。ここから京へ帰るのにはたった六日しかかからない、といっているのだ。同じ海路の話として、「備州刺史《しし》の、便《すなわ》ち旅館を過ぎ、別れを告ぐるに酬《むく》ゆ」という詩がある。備州刺史とは備前・備中・備後いずれかの国の国司で、それ

図118　讃岐国府跡

が瀬戸内海を越えて訪ねてきて、別離の宴を催したときの歌である。詩によれば若年の官僚であったようで、山陽道の国司も京との往復は海路によるのが通例であるから、その途中に先輩の道真に敬意を表しにやってきたのであろう。地理的に言えば、備後国の国司であろうか。当時のエリート官僚らの日常の一端を見る思いだ。道真もまた、着任四年後の寛平二年（八九〇）春、任期満了して都へ帰り、栄達の道を進む。

ここも条里と密接な讃岐国西部の南海道

このあたりからは南海道は西北西に進み、城山《きやま》の南辺で額坂《がくざか》峠を越えると丸亀平野に出る。丸亀平野では、駅路が多度津郡の条里地割りを規制していたことは明らかで、N30°W方位に設定されている。日野は、その里界線の一本に余剰帯を見出しており、西は香色山《こうしきざん》（一五七メートル）の山麓に達するとするが、南海道としては、その奥で善通寺市街の西にある我拝師山《がはいしさん》（四八一メートル）を目標としたのではないかと思われる。現在も道筋が残る（図119）。次の**甕井駅**《みかい》（善通寺市善通寺町）は、我拝師山手前の香色山の南麓のあたりに比定される。前河内駅から一四・五キロである。丸亀平野での南海道の直線部は、およそ九キロにわたっている。

甕井駅から先は、現道で言えば主要地方道49号観音寺善通寺線に沿って大日峠を越え、観音寺市を中心とする三豊平野に入ってからは一直線に南南西に進む。この南海道が旧刈田郡の条里に沿う（正しくは条里を規制する）ことは、日野が早くに指摘した（日野「讃岐国刈田郡における官道（南海道）と条里・郷との関連について」『東北地理』28巻2号、一九七六年）。部分的には現在の国道11号と重なる。

　この直線路は、伊予国境付近の大谷山（五〇七メートル）を目指し、南西方向に直線で進む。金田章裕は、「讃岐国の直線状の官道は測設に際しては、山頂、山麓・丘陵等の崖端、山嶺の肩など、地形的に目立ったものがかかわっていた可能性が高い」と述べている（『香川県史』前掲）。これは讃岐では連続して見られるので特に目立つが、他の地域でもしばしば見られることは、本巻および前巻（『古代の道　東国編』）でも再三指摘してきたことである。

図119　善通寺市の甕井駅比定地付近から見た駅路目標の我拝師山

図120　観音寺市杵田町の駅路跡と見られる田圃道．正面は大谷山

　讃岐国最後の**作田《くぬた》駅**（観音寺《かんおんじ》市杵田《くにた》町青岡）は、その直線上にある。遺称地名から比定されている。甕井駅から一七・三キロを測る。この付近は高松自動車道がからむように進むところであるが、部分的に古道の跡と見られる田圃道も見られる（図120）。駅路は大谷山の北で海岸近くを通り、高速道路の

鳥越トンネル付近で峠の国境を越えて伊予国に入る。

五　伊予国と土佐国の南海道

伊予国には、『延喜式』では大岡《おおおか》・近井《ちかい》・新居《にいい》・周敷《しゅう》・越智《おち》・山背《やましろ》の六駅があり、このうち最後の山背駅だけが土佐路の駅である。小路の基準どおり配備駅馬は五疋である。以後は南海道路線図—4（図121）による。

西進する伊予国の南海道

南海道は高速道路に沿って国境を越えた後、大筋では主要地方道9号大野原川之江線に沿って四国中央市の旧川之江中心部に入ると、金生町下分《きんせいしもぶん》の三差路に出る。ここは近世の讃岐街道から土佐へ至る道の分岐点として知られている。南海道についてもまた同じであり、伊予国最初の**大岡駅**《おおおか》（愛媛県四国中央市金生町下分）はこのあたりと見られる（図122）。杣田駅から一四・三キロになる。日野は、ここもN41°W方位の条里に余剰帯が見られ、奈良時代の創建にかかわる宝蔵寺廃寺跡がそれに接することから、この付近が大岡駅と見ている（日野「南海道の駅路」前掲）。

現在の四国中央市、つまり旧川之江市から旧伊予三島市につながる市街地一帯は、南海道が基軸となった条里に規制されて形成されている。伊予国府への南海道は、この条里の道筋に沿って南西に進む。四国中央市の街並みを過ぎてからは、現在の道でいえば国道11号のやや南の山麓を進んだと見られ、次の**近井駅**《ちかい》（四国中央市土居町中村旧字大道）は、現国道筋より南にほぼ二〇〇メートルほど入った山麓にある井守神社境内が『古代日本の交通路Ⅲ』以来、比定地の一つとされている。木下はここもまた湧水があり、神社もその井戸を守るという意味であることから、ここを駅趾とみる（図123）。大岡駅から一五・三キロである。

さらに西に進み、四国中央市から新居浜市に入る境界西側の小さい山越えでは、現国道筋でなく、そ

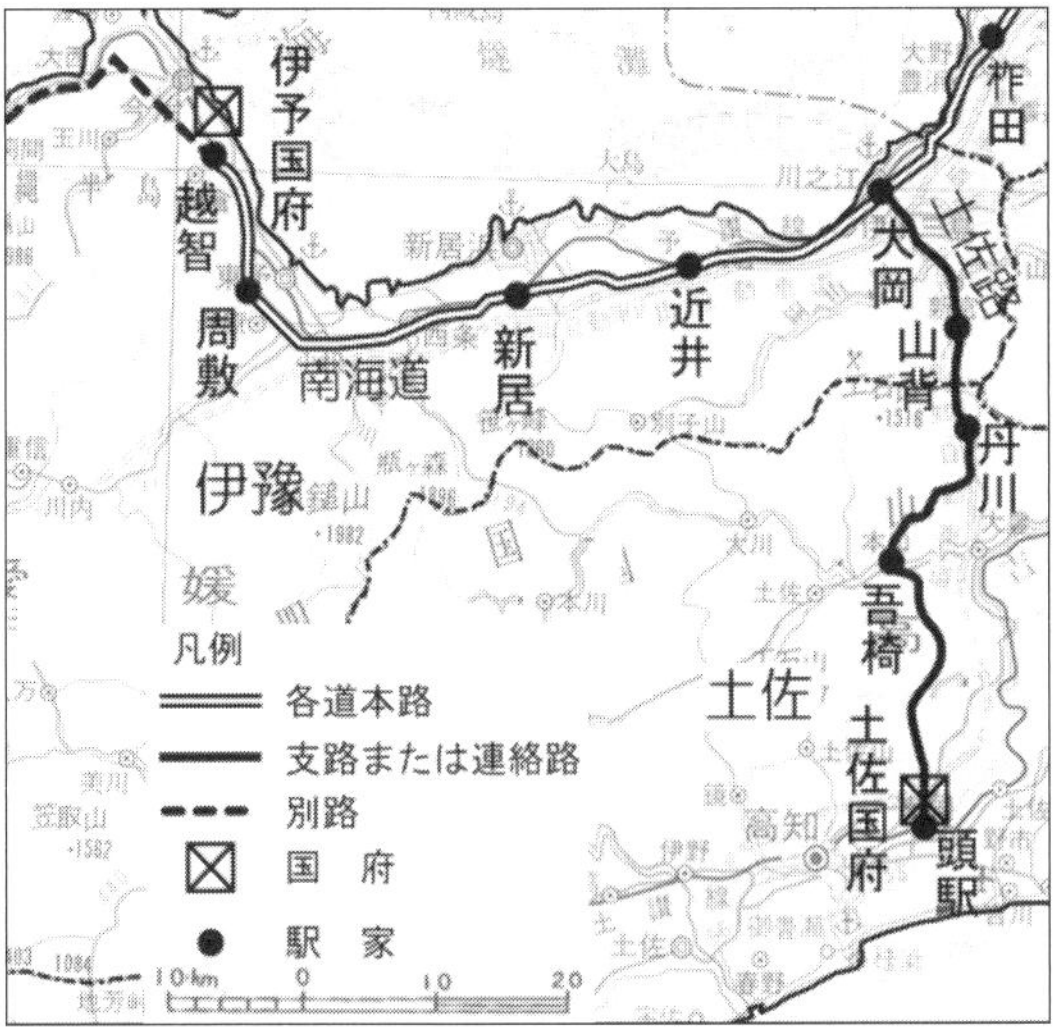

図 121　南海道路線図—4

図 122　四国中央市金生町下分の三差路．右は伊予方向，左が土佐方向

図 123　近井駅址と見られる井守神社の湧水

の南のゴルフ場を抜ける松山自動車道に沿ったルートを採ったと見られる。平地に入った新居浜市船木旧字池田から西に同市萩生旧字木ノ下まで約六キロほどは直線の旧道が残っている。次の**新居《にいい》駅**（新居浜市中萩町）は、その直線上にあることが明らかだが、遺称地などからの明確な比定地がなく、ここでは直線路の西側に想定する。近井駅から一四・三キロになる。

新居駅以後も大筋は伊予街道およびその跡を継ぐ国道11号に沿い、西条市小松町で国道11号とは分かれ、JR予讃線の西を西北進する。これからは松山自動車道から分岐する今治小松自動車道と絡むように進む。このあたりは道前平野で、ここもまた北41°西の方位を持つ条里地割りに沿って余剰帯が見られるという（日野「南海道の駅路」前掲）。

次の**周敷《しゅう》駅**（西条市周布《しゅう》）は遺称地名があり、直線の条里区画線上に比定される。今治小松自動車道の東予丹原ICに近い。新居駅から二一キロとやや長い。

今治市に入るあたりでは、駅路は地峡をJR線、国道196号、今治小松自動車道などと重なるように進む。今治平野に入ってからは、JR予讃線から県道156号桜井山路線とつながる直線部が旧越智郡の広い条里区画の跡である。これに沿って進み、頓田川を越えた所で駅路に沿って北東側に**伊予《いよ》国府**（今治市上徳）が想定されているが、考古学的には確認されていない。伊予国最後の**越智《おち》駅**（今治市上徳旧字御厩）はその反対側にあったと見られる。御厩の旧小字地名から比定されている。周敷駅から一四・四キロである。南海道の四国地内では、一、二の長短区間はあるにしても、総じて駅間距離が一四〜一五キロで一定している。

越智駅を最後といったが、それは『延喜式』によるもので、冒頭に述べたように、初めは土佐国へ至る駅路がさらに続いていた。この道をそのまま進んで、蒼《そう》社《じゃ》川を渡る直前に、現在では道がわずかにクランクしている場所がある。木下によると、これは広い条里余剰帯の右側を利用した道と、左側を利用した道との食い違いを示す場所であるという（図124）。

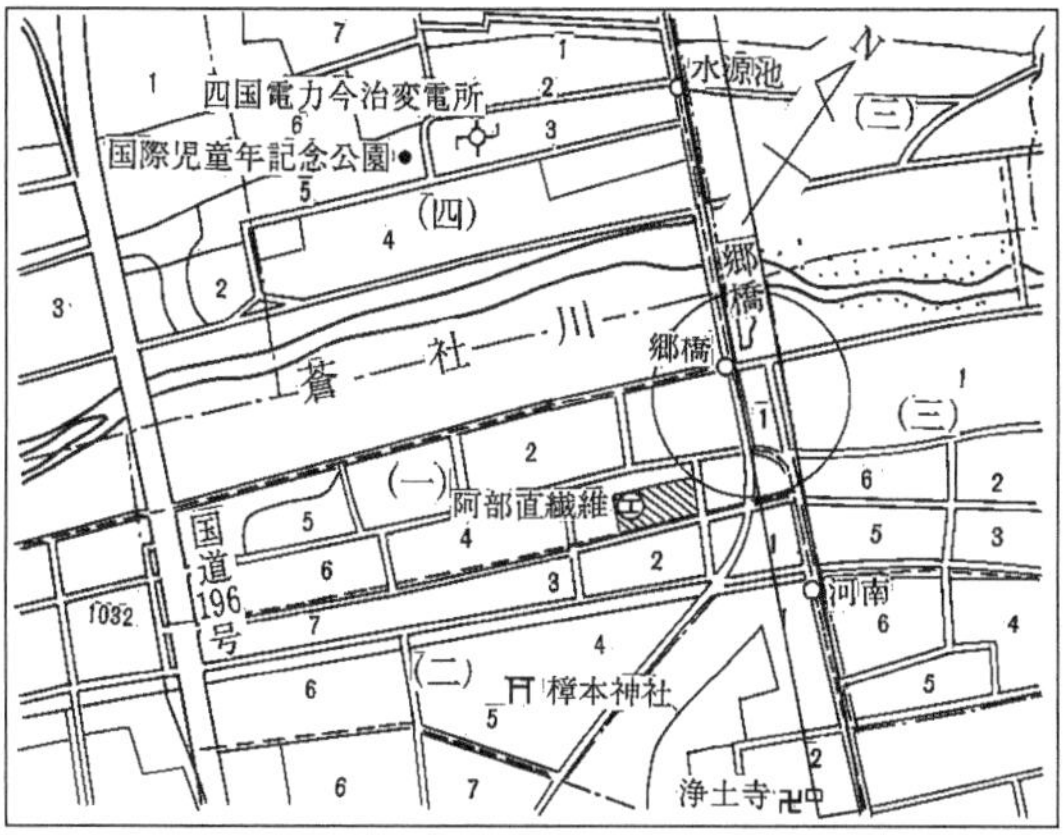

図124　今治市の旧条里余剰帯の痕跡と見られる街路部分

南に向かう土佐路

土佐国への土佐路は、伊予国の大岡駅から南に向かう。この道は冒頭に述べたように、延暦十五年（七九六）に開設された新道である。土佐路には四駅ある。最初の山背駅はまだ伊予国内だが、この項で扱うこととする。土佐国には『延喜式』では、頭《とうやく》駅、吾椅《あがはし》、丹治川《たちかわ》の三駅がある。京からの順序は実際には逆となる。最初に書かれている頭駅は、もともと頭の一字名であったが、駅名は本来すべて二文字で構成されるのを原則としているので、駅の字を付け足して二字名としている。また丹治川の三字名も異例である。ここは本章冒頭で述べたように、延暦十六年（七九七）に阿波・伊予・土佐の三国で多くの駅が廃止され、新たに土佐国で吾椅・舟川の二駅を置くことになったとの記録がある。つまり伊予国からの直通ルートが開かれた最初は三字名ではなく、舟川と二字名で記されていた。この舟川は丹川の誤記ではないかとの説があり、ここではそれを採ることとする。なお、駅馬数は山背駅を含め基準どおり五疋である。

最初に、土佐路ルートの全体的な特徴を述べておこう。大岡駅から南下するルートは、大筋では高知自動車道に近いといえる。また個々のルートは異なるが、近世の土佐北街道も古代路や現代自動車道と同様に山越えルートである。一般に近世街道は川沿いルートが多く、ここでいえば明治以降の国道ルートである大歩危《おおぼけ》小歩危《こぼけ》を抜ける吉野川沿いがそれに当たるわけだが、この地形が極めて厳しかったために、近世街道もまた山越えルートであったのである。もともと瀬戸内海筋から土佐に至る道はどこを抜けるのも難儀で、何度も述べたように、古代駅路も最初は伊予の西側をぐるりと回るルートであったし、さらにそれが大変だというので、今度は阿波の東側回りに変り、とうとう最後に直通ルートになったことを見ても、この山越えが古代から現代までいかに困難が多い道筋であったかが分ろうというものである。高知自動車道もほとんどがトンネルと橋梁の連続である。

さて大岡駅からは、堀切峠（標高約五〇〇㍍）に向かって南海道はまっすぐ進む。近世街道は新宮ダムの東のルートを選んでいるが、南海道は西の古野付近で新宮ダム湖を渡り、再び山越えで直線的に新宮村に至ったと見られる。**山背駅**《やましろ》（愛媛県四国中央市新宮町馬立）は高知自動車道の新宮ICに近く、わずかな台地が駅家の置かれた場所と思われる。旧字柿ノ下である。分岐点の大岡駅からちょうど一二キロである。

ここから讃岐・土佐国境の笹ヶ峰（一〇一五メートル）を越えるのは全国駅路中屈指の難関だが、ここはおおむね近世の土佐北街道のルートに近いと見られる。地元の古代官道調査保存協会が設置した「土佐北街道」の標識が立つ（図125）。土佐国最初の**丹川《たちかわ》駅**（高知県大豊町立川下名《しもみょう》）は、国境から四キロほど下がった、近世街道の立川番所跡と同所と見られる（図126）。前山背駅から八・二キロになる。

次の**吾橋《あがはし》駅**（本山町本山）は、これまでほぼ真西に下がってきたルートからすれば、やや西にずれる。

図125　讃岐・土佐国境の笹ヶ峰

図126　丹川駅址と見られる立川番所跡

しかし吉野川が東西に流れるこの付近では本山町が中心であり、ここに吾橋駅を比定することは吉田東伍の『大日本地名辞書』（前掲）以来、特に問題はない。むしろ丹川駅から吾橋駅までの経路が問題である。『古代日本の交通路Ⅲ』（前掲）では、丹川駅から高知自動車道と同じく南に下がり、吉野川筋の大豊に達した後は吉野川に沿って西進して本山町に至る三角の二辺ルートを提示しているが、木下は吉野川筋は古代路にはなじまないとして、丹川駅から西南に再び山を越える地形図上の点線路の八丁越えルート（三角の斜辺ルート）を想定している。吾椅駅の位置は、古墳時代からの住居址がある嶺北高校校庭遺跡付近と見られる。丹川駅から一三・七キロである。

ここから次の頭駅までも、やはり直線的に南下したものと見られ、穴内《あなない》山ダム湖（土佐山田町）までは近世の土佐北街道（現主要地方道264号坂瀬吉野線）のルートに近く、ダム湖を越えた南は、現道はないが山越えをして高知自動車道南国IC付近に出て、その南の**頭駅**《とうやく》（南国市比江旧字厩の尻）に達したと見られる。ここは**土佐**《とさ》**国府**（南国市比江）の南端である。土佐への道はもともと西と東の海岸回りがあったので、国府の南面に東西の古い駅路があり、頭駅は延暦十六年の新設駅名にはないので、そこにもともと置かれていたと考えるのが合理的である。吾椅駅から二一・一キロを測る。

図127　土佐国府跡の紀貫之記念碑

『土佐日記』に見る南海道の船旅

土佐国府には、ここの国守であった紀貫之《きのつらゆき》の記念碑もある（図127）。南海道最初の駅である山埼駅の項でちょっと触れたように、貫之は平安期の承平四年（九三四）に四年余りの任を終えて京へ戻る旅程を海路に取った。そのとき、『土佐日記』を記した。「男もすなる日記を、女もして見むとてするなり」

と、一見架空日記のような体裁で始まるけれども、貫之自身の書いた貴重な実録である。

この年十二月二十一日、貫之は、国司の館を出発し、翌年二月十六日に無事平安京の自宅に戻るまで、実に足掛け五六日を要する船旅に及んだ。南海道の中でもとりわけ土佐国への行き来は、陸路も辛かったが、海路も決して楽ではなかった。その様子を貫之は毎日欠かさず書いている。

出発は二十一日の戌の刻というから、午後八時ころである。国司の館は国府の中にあり、そこから四キロほど南にある入江の船着場、大津（現高知市大津）に向かった。しかし実際に船が出たのは六日目の二十七日の朝で、ようやく潮も満ち、風も吹いてきた。それでも船はさらに内海の浦戸や大湊（現在地不明）で風浪の様子待ちをして、外海に出たのは一月九日であった。すでに一八日を費やしている。

そのあと、室戸岬を回り、四国の沿岸の港に何度か寄港し、四国最後の寄港地、土佐泊《とさのとまり》（鳴門市鳴門町土佐泊浦）を出て、阿波の水門《みと》（鳴門海峡）を渡り、その日のうちに和泉の海岸に着いたのが一月三十日、乗船から四〇日目であった。その間、海賊襲来の噂にも絶えず脅かされた。難波に着いたのが二月六日、「皆ひとびと媼翁《おうなおきな》、額《ひたい》に手を当てて喜ぶこと二つなし」であった。

あとは淀川をさかのぼるだけだが、川の水が少なくて船が進まない。六日もかけてようやく山崎で下船する。「山崎の橋見ゆ。嬉しきこと限りなし」。そのあと都に車を取りにやり、相談事があって五日間も山崎津に逗留し、十五日に迎えに呼んだ車で都の我が家についたのは、二月十六日の夜も更けたころであったが、月が明るく門を入ると大分荒れ果てた屋敷の様子がよく見えた。

V　西海道をたどる

一　西海道のあらまし

西海道は独立システム

古代道路をたどる旅もいよいよ最後の西海道まで来た。地域としての西海道は、『延喜式』成立の十世紀には島嶼の壱岐・対馬両嶋を含め九国二嶋で成り立っていた。駅路としての西海道は、七道駅路の中で他の各道に見られない多くの特徴を持っている。第一には、他の六道がすべて平城京、平安京を始めとして、すべて現在の近畿地方の都から出発して、一つの放射状システムを形成しているのに対して、西海道は「遠《とお》の朝廷《みかど》」と呼ばれた大宰府《だざいふ》から、まるで都を模倣するかのように放射状に発する六本の駅路を基本に、九州一円に駅路のミニシステムを構成していることである。

第二には、しかもそのシステムは都から発する六本の駅路の場合と違って放射状に終わるのでなく、環状の閉鎖システムを形成している。そのことは、離島へ行くルートを除けば、駅路上のほとんどすべての地点に対して複数の到達ルートを持つダブルシステムであることを意味する。

第三には、そのため西海道の総延長は筆者の計算では一四五〇・八㌔あり、駅路の全国総延長六二四二㌔の約二三％余にも達している。また駅数からしても、西海道には九七駅あり、これも全国四〇二駅の二四％を占める。つまり、西海道は全国駅路のほぼ四分の一を占めるほどの規模を持っていたのである。

表 7　西海道　路線，駅および駅間距離

駅　名	駅間距離 (km)
大宰府路	
社　埼	0.0
到　津	13.0
独　見	9.5
夜　久	5.1
嶋　門	6.6
津　日	18.4
席　打	8.3
夷　守	9.2
美　野	5.0
久　爾	4.8
大宰府＊	8.5
合　計	88.4
豊　前　路	
大宰府南分岐	0.0
伏　見	16.2
綱　別	11.3
田　河	8.0
多　米	10.1
刈　田	13.0
(到　津)	14.4
合　計	73.0
壱岐・対馬路	
大宰府西分岐	0.0
石　瀬	9.6
(美　野)	2.7
額　田	11.8
比　菩	8.6
深　江	9.2
佐　尉	5.9
大　村	7.6
賀　周	15.1
逢　賀	10.3
登　望	6.0
優　通	0.0
伊　周	14.5
対馬国府	0.0
合　計	101.3
肥　前　路	
(大宰府)	0.0
基　肄	11.0
切　山	16.0
佐　嘉	12.8
高　来	14.4
杵　嶋	10.4
塩　田	10.2
新　分	23.2
船　越	21.0
山　田	16.4
野　鳥	15.7
高　屋	0.0
長　埼	17.4
(球　磨)	13.2
合　計	181.7
西海道西路	
(基　肄)	0.0
御　井	11.5
葛　野	11.0
狩　道	9.5
大　水	9.8
江　田	10.2
高　原	15.6
蚕　養	9.4
球　磨	11.5
豊　向	13.6
片　野	19.0
朽　網	14.0
佐　職	13.0
水　俣	14.0
市　来	21.6
英　弥	15.7
網　津	16.4
田　後	10.6
櫟　野	12.0
蒲　生	18.4
大隈国府*	18.1
合　計	274.9
西海道東路	
古賀分岐	0.0
長　丘	1.8
隈　埼	9.8
広　瀬	10.0
把　伎	8.4
石　井	13.6
荒　田	26.0
由　布	23.4
長　湯	11.3
高　坂	17.7
丹　生	19.0
三　重	18.4
小　野	16.6
長　井	25.2
川　辺	13.0
刈　田	14.9
美　弥	17.8
去　飛	14.8
児　湯	16.0

駅　名	駅間距離(km)	駅　名	駅間距離(km)	駅　名	駅間距離(km)
西海道東路		下　毛	15.4	真　斫	16.6
当　麻	12.0	宇　佐	16.0	夷　守	16.6
広　田	13.0	安　覆	12.2	野　後	13.0
救　麻	10.3	(長　湯)	19.3	亜　椰	16.2
救　弐	12.9	合　計	75.5	西都分岐	18.8
水　俣	16.6	肥後・豊後連絡路		合　計	116.2
嶋　津	18.8	清水分岐	0.0	薩摩連絡路	
(大隅国府)	22.0	坂　本	10.1	(櫟　野)	0.0
合　計	383.3	二　重	14.9	高　来	15.2
肥前連絡路		蚊　藁	15.3	(大　水)	22.8
(高　来)	0.0	直　入	27.9	合　計	38.0
磐　氷	15.1	(三　重)	21.1	西海道合計	1450.8
後川内分岐	14.1	合　計	89.3		
合　計	29.2	肥後・日向連絡路			
豊前・豊後連絡路		芦北分岐	0.0		
(多　米)	0.0	仁　王	13.1		
築　城	12.6	大　水	21.9		

注1：＊は駅に準ずるもの
注2：(　)内の駅名は，他の路線でカウントされるもの

第四には、西海道では大宰府がある種の統括権限を持っていて、それが駅交通においても見られることである。その一つが都への行程である。『延喜式』には、「諸国国府ヨリ京ニ至ル行程ノ制」という定めがあって、各国府からの上路（京へ上る道）と下路（京から下る道）の所要日数が示されている。例えば、武蔵国は上路二九日、下路一五日である。一般に上路の日数が多いのは、調庸などの荷物の運搬を考慮しているためとされる。その中で西海道諸国だけは別であって、大宰府については京へ上路が二七日、下路が一四日となっているのに、他の西海道諸国は、すべて京へではなく大宰府までの日数が規定されているのである。例示すれば豊後国の場合は、上路四日、下路二日である。これは西海道諸国の調庸は

大宰府に納めることになっていたからである。この定めは必ずしも駅路に限定されるものではないが、西海道の交通はすべて大宰府を中心に考えなければならないことが分かる。

第五には、駅家の維持管理についての西海道特有のやり方があり、他の六道の諸国では駅家の修理はそれぞれの国の責任で行われているのに対して、西海道では大宰府が統括していたと見られることである。それを裏付ける史料がある。

貞観《じょうがん》十八年（八七六）三月の太政官符によれば、大宰権帥《だざいのごんのそち》（当時は実質上の長官）在原行平《ありはらのゆきひら》（在原業平の異母兄）からの申請に、「これまで筑前国嶋門駅家は肥後国で修理させ、駅具は筑前国で準備させていたので、筑前国では駅家の破損に関して関心を持たない。嶋門駅家は大宰府から去ること二日、肥後国からは七日ほど先の場所にあり、肥後の民徒が苦労している。そのため今後は筑前国で修理させることにしたいということなので、それを許可した（『類聚三代格《るいじゅうさんだいきゃく》』）」。

駅家の修理を別の国に命じていたという事例は、記録上はこの嶋門駅の場合しか知られていないが、いずれにせよ西海道の駅制は大宰府が統括していたことを、この事例は物語っている。

第六に、西海道各路の配備駅馬数は、坂本太郎が大宰府道とした、京と大宰府を結ぶ大路の西海道部分（大宰府路）が一五疋であるほかは、原則としてすべて小路なみの五疋である。

このような独特の性格をもつ所以は、この駅路が組織的に形成された七世紀後半から八世紀にかけて、白村江《はくすきのえ》の戦い（六六三年）に敗れた大和朝廷が、九州を大陸からの侵攻に備える拠点として、防衛システムを強化する必要に迫られていたからである。さきにあげたダブルシステムは、そのような防衛上の観点から優れた方法で、防災上の考慮も含めた現在の高速道路の路線システムにも共通するものがある。

この点については、あらためて後述する。

西海道の各路線構成と名称

西海道における各路線に対する名称は、これまで統一されたものがまだない。歴史的には大槻如電が西海道について、本道西路として大宰府より筑後《ちくご》・肥後《ひご》・薩摩《さつま》を経て大隅《おおすみ》に至るもの、本道東路として大路（京から大宰府へ至る路）の到津《いたむつ》駅から豊前《ぶぜん》・豊後《ぶんご》・日向《ひゅうが》を経て大隅に至るものとして、その他を大宰府から豊前国府に至る豊前路といった名称を用いたのが嚆矢《こうし》である（『駅路通』前掲）。坂本太郎は大槻如電を踏襲して、同じ道に西海道西路、東路の名を与え、その他の駅路についても統一した名称を付した（坂本『上代駅制の研究』至文堂、一九二八年）。これに異を唱えたのが足利健亮で、西海道については大宰府を発する六本とその他一本（肥後南部から日向へ向う道）を本道であるとして、それぞれの名称を与えた（足利「Ⅳ古代　5西海道」藤岡謙二郎編『日本歴史地理総説・古代編』吉川弘文館、一九七五年）。先に述べた、駅制の大宰府における統括管理の問題を意識したものであろう。

木下もまた、足利の批判を踏まえて、大宰府から放射する六本を西海道主路とし、その他を連絡路として新たな名称を与えた（木下「西海道の古代官道について」九州歴史資料館編『大宰府古文化論叢　上巻』吉川弘文館、一九八三年）。

筆者は本書において、図128に示す名称を用いている。これは、それまでの研究者の諸論考を踏まえたものである（武部「高速道路から見る古代駅路の路線位置の研究」『古代道路研究』第11号、二〇〇二年）。西海道の各路は、大宰府を中心として放射状に発する六本を本路とする。まず山陽道につながる大宰府路

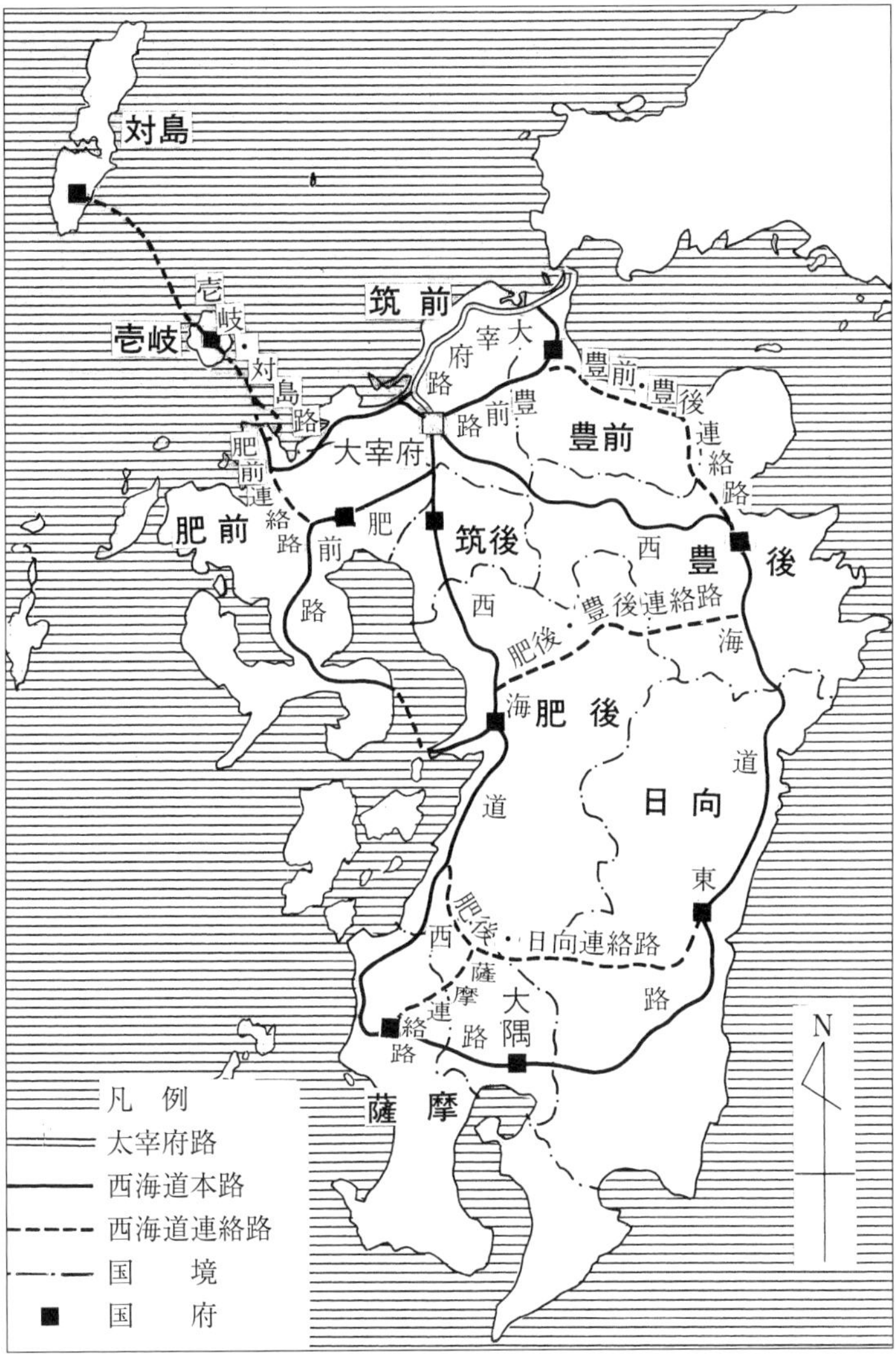

図 128　西海道各路名称図

があり、これに加えて東側には、大宰府から豊前国府を経て大宰府路につながる豊前路、および大宰府から豊後国府に至り東海岸に沿って日向国府をへて大隅国府に達する西海道東路がある（注＝大槻、坂本が東路を到津駅を起点としているのに対して、筆者は大宰府を起点にしている）。また西側を見れば、北に壱岐国府をへて対馬国府に達する壱岐・対馬路があり、さらに肥前国府をへて肥後国府に至る肥前路、および大宰府から西海岸沿いに肥後・薩摩両国府を通り、大隅国府に達する西海道西路がある。

この六本の本路のほか、例えば豊後・肥後連絡路など、国府間あるいは駅路間を結ぶ五本の連絡路があり、計一一本で西海道は構成される。

なお、筆者のこの名称に対して、木本雅康がさらに整理した名称を提唱した（木本「西海道における古代官道研究史―歴史地理学の立場から」『古代交通研究』第12号、二〇〇三年）。それには、筆者が大宰府を発する六本の本路のうちの二本について、坂本太郎の使った西海道東路、西路の名称を用いたことは、この二本のみが本道のような印象を与える、と批判している。しかしその際の討論において、西海道では筆者が西海道を冠した東西二道のみに伝馬が配備されている事実を指摘し、『延喜式』段階では他と区別できるかもしれないとしている（「討論」『古代交通研究』第12号、前掲）。

木本自身も新しい命名法を提唱しており、より合理的な点も少なくないと思われるが、ここでは筆者が従来使用してきた名称をそのまま用いることとする。以後の駅路説明もできるだけ一つの路線に沿ってゆくこととしたい。

図128でも明らかなように、壱岐・対馬路の海路をへる両国府を除けば、西海道各路でつながるすべての国府から大宰府あるいは他の国府には、必ず二本以上の到達できるルートが存在しており、それはと

りわけ肥後・豊後連絡路および肥後・日向連絡路において顕著である。これらの駅路配置の合理性は、現代の九州地域での高速道路（高規格幹線自動車道）の配置を見ても明らかである。

現在の高速道路計画（総延長一四、〇〇〇キロ）での九州地域総延長は約一五〇〇キロで、西海道の総延長約一四五〇キロとほぼ同じである。またそのシステム構成も両者が極めてよく似ていることは、その対比図（図129）を見ればよく分かる。西海道が大宰府を中心に六本の放射状の幹線路が配置されているのに対して、高速道路では大宰府の南にあたる鳥栖ジャンクション（JCT）を中心として縦の九州（縦貫）自動車道（北九州市―鹿児島・宮崎市）と横の九州横断自動車道（長崎市―大分市）とが交差接続し、鳥栖を中心とした東西南北の四本が基本軸を形成している。また東海岸沿いに東九州自動車道（北九州市―鹿児島市）があり、これらを補完して、九州横断自動車道延岡線（御船市―延岡市）や西九州自動車道（福岡市―武雄市）、南九州自動車道（八代市

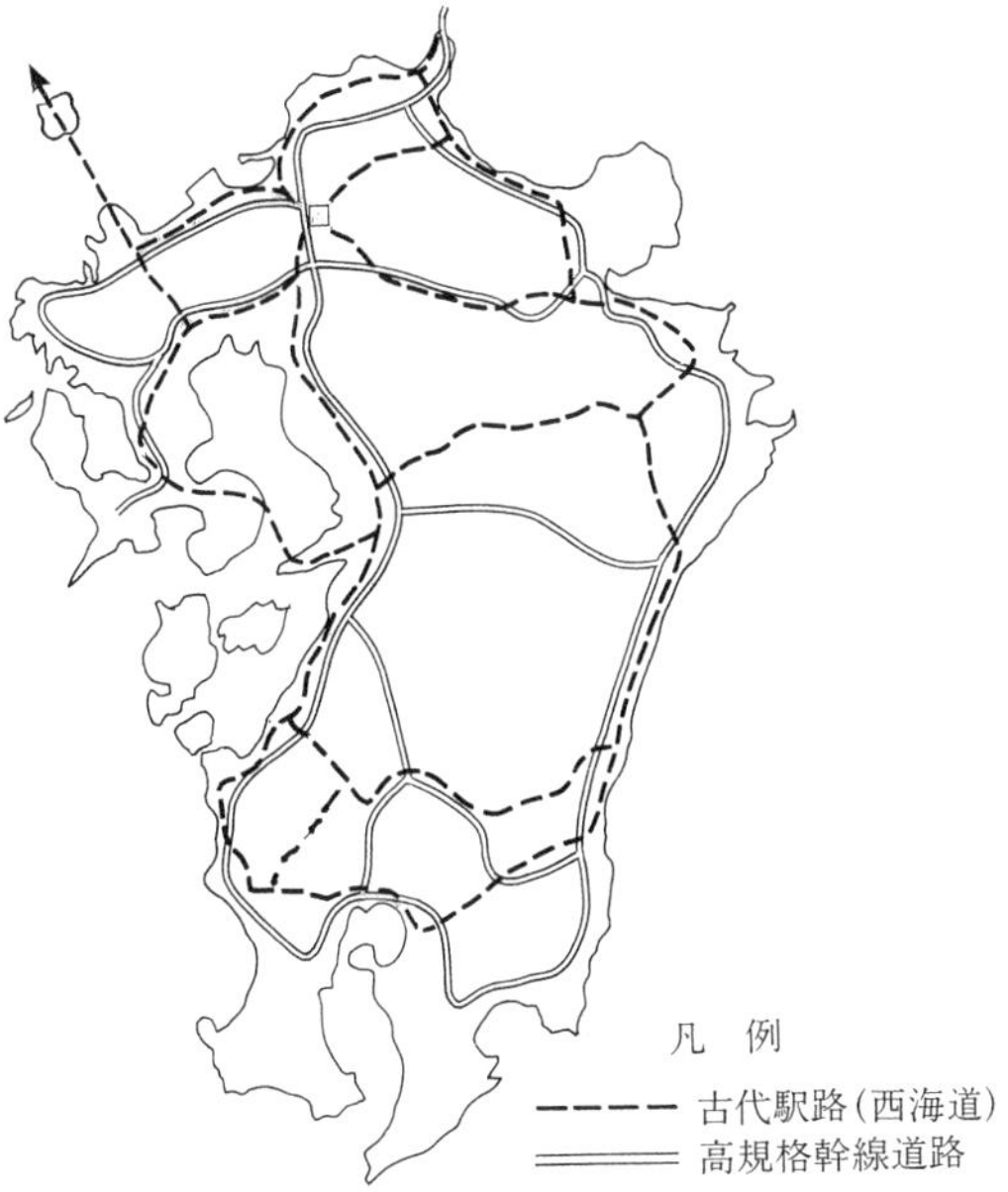

図129　九州地区の高速道路計画と西海道

―鹿児島市）によってネットワークが形成されている。現代の高速道路網は、まだ建設中の部分もあるが、全体としてこれらの配置が古代西海道の駅路と驚くほどよく重なることは、古代道が拠点間の連絡において、地形に配慮しつつ現代的観点から見てもいかに合理的なネットワークを形成していたかを明瞭に物語るものである。

二　大路としての大宰府路

豊前国の大宰府路

では西海道駅路探索に出かけよう。参考資料はいつものように『古代日本の交通路Ⅳ』（前掲）と『古代を考える　古代道路』（前掲、西海道の項は日野尚志執筆）を基本とし、ほかに概論として木本の「西海道における古代官道研究史」（前掲）がある。そのほか各路それぞれの文献についてはそれぞれの段階で参照する。

先ず最初は大宰府路である。大宰府路とは山陽道の延長として都から続いている道である。九州の駅路はこの大宰府路で本州にぶら下がり、そのあと西海道各路で九州全域を包むような果物の形と見てもよい。そのような性質を持っているので、西海道の駅路は原則として大宰府を起点にたどることにするが、大宰府路のみは山陽道につながるものとして、関門海峡を渡った所を起点としてたどることとする。大宰府路に関しては、日野尚志の論考（「西海道における大路〈山陽道〉について」『九州文化史研究所紀要』三二、一九八七年）がある。

九州では、この大宰府路だけが山陽道に連なる大路である。大路の配備駅馬数は原則として二〇疋のはずであるが、この大宰府路では原則が一五疋で、かつ数駅で若干の増減がある。それというのも、大同二年（八〇七）十月二十五日の太政官符によると、「大宰府から京に向かう大路には、筑前国に九駅、豊前国に二駅、併せて一一駅あり、元来は各駅に元来二〇疋の馬を置くべきところ、近頃は貢納物が半減して逓送が減り、人馬が多すぎて乗用に余剰があるので、駅ごとに五疋ずつを減じて一五疋をもって定めとする（意訳）」（『類聚三代格《るいじゅうさんだいきゃく》』）とされた。しかし、山陽道の章で述べたように（68頁）、同日の太政官符には、山陽道各国の駅馬数は、それまでの三五ないし二五疋から一斉に二〇疋に減少している。同じ都と大宰府を結ぶ一本の道で、何ゆえに西海道の二国のみが一五疋であるかについて、足利健亮は、駅馬各五匹を持つ並行した豊前路があるためと分析しており（足利「西海道・交通」藤岡謙二郎編『日本歴史地理総説』古代編、前掲）、現在の定説となっている。

図130　西海道路線図―1

なお『延喜式』によれば、豊前国の二駅は変わらないが、筑前国では大宰府路に属すると考えられるものは八駅となって一駅減少しており、駅馬数も区々である。こ

図131　関門海峡を本州側から見る．関門橋の橋塔の右奥付近が社埼駅比定地付近

図132　到津駅が想定される小倉城付近

れについては、場所場所で説明しよう。

九州に上陸して第一の駅は豊前国の**社埼《もにさい》駅**（福岡県北九州市門司区旧門司）である。これからは西海道駅路図―1（図130）を参照されたい。関門海峡に突き出した布刈《めかり》半島の西側の船着場に近い古城山西南麓に比定される（図131）。

ここからは、おおむね国道3号沿いに西南に進む。次の**到津《いたむつ》駅**（北九州市小倉北区城内）は小倉城趾付近である（図132）。この駅の位置については、二キロほど西に到津《いとうづ》の地名が今も残り、そちらを比定地とする意見もあるが、木下は豊前路との接続を考慮して、小倉城趾付近を到津駅比定地とする。社埼駅から一三キロを測る。豊前路の分岐点はこの付近であるが、到津駅手前に紫川があるから、それより東のJR小倉駅から南に下がる道との交点の旦過《たんが》市場付近であろうか。旦過とは、禅宗で修行僧の宿泊所をいう。全国に幾つかの場所が知られており、ここもその一つだったのであろう。この付近が交通上で便利な場所であったことを裏付けている。

大宰府路は、小倉城跡付近の到津駅から西南西に、おおむね県道296号大蔵到津線に沿うように進むと、二キロほどして先に見た到津駅の比定地の一つとされる到津の地があり、現道は板櫃《いたびつ》川に沿うようになる。このあたりは、藤原広嗣《ひろつぐ》の乱に関係し、西海道にも深い関連があるのだが、その話は後に改めて取り上げることとする。

筑前国の大宰府路

図133　北九州市八幡西区西川頭町付近の古代駅路跡の階段路

県道296号にそのまま沿って西へ進むと、豊前国と筑前国の国境でもある八幡東区と八幡西区の境界を挟んで、皿倉山の北の山麓沿いに古代駅路の跡と見られる旧道が残っている。あまりに急傾斜なので、一部には自動車は通れず階段になっているところすらある（図133）。「史跡古官道」の石の標柱も立っている。東西に走る国道3号と北九州都市高速道路の中間付近の道で、花尾中学校の南面に当たる。

その直線路がその先でわずかに南に振れる角あたりが次の**独《ひと》見《み》駅**（北九州市八幡西区紅梅）に比定される。到津駅から九・五キロである。このあと、しばらく直線路が続いた後は、住宅開発で旧道をたどることはできないが、筑豊電鉄今池駅付近を横切ってから西北に針路を変える付近が、次の**夜《や》久《く》駅**（北九州市八

図134　嶋門駅跡と推定される芦屋町の月軒の丘

幡西区永犬丸《えいのまる》）と見られる。日野は、この地にあって古瓦の出土した北浦廃寺に注目し、夜久駅をこの付近ではないかとした（日野「西海道における大路〈山陽道〉について」前掲）。渡辺正気はこれとほぼ同じ時期に、北浦廃寺が奈良・平安時代の古瓦と礎石があって古代寺院とされながら塔心礎《とうしんそ》が発見されていないことや、この地域にこのような寺院を建てる有力豪族の見当たらないことから、大宰府路の夜久駅ではないかと明確に提起した（『日本の古代遺跡34福岡県』保育社、一九八七年）。独見駅から五・一キロと短い。

ここからは、おおむね次の嶋門《しまと》駅の方向を目指すと考えられ、JR折尾駅の西側で鹿児島本線や国道3号と交差してから遠賀《おんが》川を渡り、航空自衛隊芦屋基地の南にあたる**嶋門《しまと》駅**（芦屋町芦屋月軒《つきのき》）に達する。夜久駅から六・六キロである。

嶋門駅は、『日本三代実録』の貞観《じょうがん》十五年五月十五日条に、「嶋門駅には渡船二艘云々」の記事があることなどから、大槻如電が遠賀川西岸の芦屋に比定するなど、早くからこの地とされてきた（『駅路通』前掲）。ここも一九七〇年代に浜口《はまぐち》（月軒《つきのき》）廃寺跡として発掘調査が行われ、七世紀から十一世紀にかけての古瓦が出土している。夜久駅の場合と同じく、日野は駅路周辺の浜口廃寺に注目したが嶋門駅との関連には言及しなかったのに対して、渡辺正気は夜久駅と同じ理由でそれを嶋門駅跡に比定した。山陽道筋では、古瓦が出たところが初めは寺跡と見なされていたのが、その後、駅家跡であることが分かってきたことは、すでに山陽道の項で何度も記した。現地には「月軒の丘」と記された標柱が地元で建てられている（図134）。

ところで、浜口廃寺跡で出土した古瓦の中に、熊本県泗水《しすい》町（現菊池市）の田嶋廃寺の瓦と同じものがあった（『日本の古代遺跡34福岡県』前掲）。嶋門駅の修理は肥後国が担当しており、それでは不具合であるので地元の国に変更になったことは、すでに本章冒頭で述べたところであるが、それが考古学的に裏づけされたことになる。

図135　津日駅比定地付近の畦町の街道風景

さて、大宰府路はここから南東に向きを変え、岡垣町から宗像市にかけてはほぼ国道3号の道筋に近い。しかし福津市へ入るあたりからは現国道3号とは分かれ、県道503号のルートに移る。次の**津日《つひ》駅**（福津市畦町）は、鴻臚館式軒丸瓦の出土した畦町遺跡に比定される。近世の唐津街道の畦町の宿場のあったところでもある（図135）。津日駅を畦町に比定したのは日野尚志が最初であり（日野「西海道における大路（山陽道）について」前掲）、木下も同じ道筋を採って詳しく分析している（木下「律令制下における宗像郡と交通」『宗像市史』一九九九年）。唐津街道の芦屋宿は遠賀川の河口近くにあり、ここまでの国道3号と県道503号は唐津街道の後継であるが、そもそもそれらは古代駅路の跡を継いだものともいえる。前嶋門駅から一八・四㌔である。これだけ長いのは、中間の一駅が廃止されたからである。

本節冒頭に示したように、『延喜式』による大宰府路の駅馬数は標準一五疋であり、起点の社埼駅から夜久駅までの四駅は、特にいちいち触れなかったが標準どおりであった。しかし、前の嶋門駅は二三疋、次の津日駅は二二匹である。これは合計すれば四五疋で、ちょうど三駅分に当たる。これについては先述のように、大同元年（八〇六）の太政官符に筑前国全体で九駅あったものが、『延喜式』では八駅になっているので、時代が下って一駅減ったことになり、それがこの嶋門・津日両駅の中間にあった駅であり、廃止された駅の駅馬が両方の駅に割り振られてこういう形になったと見られている。嶋門・津日両駅間の駅間距離が一八・四キロであり、大宰府路全体を見ても最初の社埼・到津駅間を除けば駅間距離はすべて一〇キロ未満であることから考えても、途中に廃止駅があったことは確かである。その位置は前後両駅間のほぼ中間点付近で、国道3号がJR鹿児島本線と重なるように宗像市に入った地点の武《たけ》丸《まる》大上《おおあ》げ遺跡で、瓦が出土している。これも日野によって比定された（図130参照）。

西海道に見る大人地名

津日駅を出て、しばらくして旧街道を踏襲する県道503号に沿って道を南に取ると、まもなく九州自動車道の古賀サービスエリア（SA）に突き当たる。ここからは、大宰府路はほぼこの自動車道に沿うように進んだと見られる。次の席打《むしろうち》駅（古賀市青柳）も九州自動車道の傍である。古賀市には古賀ICの北に筵内《むしろうち》の地名も残るが、木下は駅間距離のバランスから見て、古賀ICの南の瓦出土地に比定した。前津日駅から八・三キロを測る。

津日駅から席打駅まで、とりわけ高速道路とほぼ重なるようになった区間には、旧字地名で大道、立石、大人という古代路に関連した地名が連続しており、それにより古代路位置の復元が可能なことを、木下良が示している（木下「〈大人〉地名と古代交通路」『日本歴史』二〇〇四年一月号）。図136は同論文からの引用である。このなかの「大人《おおひと》」は、大人足《おおひとあし》、大人形《おおひとがた》とともに、西海道一円に広く分布し、その多くは古代路に関係しているという。九州以外でも見られるようで、山陽道安芸国の木綿駅想定地付近にも「大人」地名があるといい、同じく山陽道阿潭駅付近にも「大人方」地名を見た（134頁）。九州地区での他の事例は、またその機会に触れることとする。

図136　古賀市内の大宰府路想定ルート付近の古代路関連地名

なお、嶋門駅から席打駅までの道筋を玄海灘沿いとし、現在の国道495号のルートに近いものと考え、中間の津日駅を旧玄海町〈現宗像市域〉の海寄りとする考え方が古くからある。それは江戸期の地誌である『筑前国続風土記』（元禄十年〈一七〇三〉に、「上八村（旧玄海町）の西に辻という地があり、これは昔の〈津日駅〉の名が残って訛り伝わったものだ」とあることや、『万葉集』に大伴旅人《おおとものたびと》の妹の坂上郎女《さかのうえのいらつめ》が天平二年（七三〇）十一月に大宰府から都へ帰る途次、名児山《なご》を通ったことを示す歌があり（巻六・五六

図137　夷守駅比定地付近（粕屋町内橋）

三）、これがやはり旧玄海町と旧津屋崎町（現福津市）の境界付近の海寄りに位置していたなど、海寄りの道があったことを裏付ける史料があることによっている。しかし伝路など何らかの道があったにせよ、駅路がこれだけ大きく迂回する理由はなく、採ることはできない。

席打駅を過ぎて、駅路は自動車道に添って南下し、福岡平野に出て山陽新幹線と交差するとしばらく新幹線と並行するように進み、次の**夷守**《ひなもり》**駅**（粕屋町内橋）は、多々良川を越えて福岡市の外縁の住宅地の中にある。ここからは平坦地である。夷守駅比定地は内橋遺跡といわれ、現在変電所になっていて、その建設に伴う調査で瓦が出土している（図137）。前の席打駅から九・二キロとなる。

この夷守駅と後で出てくる豊前路の蘆城《あしき》駅は、ともに大宰府への高級官人の赴任、離任、あるいは駅使など客人の歓送迎の場所として使われた。このあたりまでが大宰府の日常行動圏内であったのであろうか。先に山陽道の安芸国と周防国の国境の山稜である岩国山のことを、大宰府の官人、山口忌寸《いみき》若麿が詠んだ万葉歌を紹介した〈126頁〉。その歌を詠んだのがこの夷守駅である。

万葉歌人でもある大伴旅人《おおとものたびと》は、大宰帥《だざいのそち》〈長官〉であった。天平二年（七三〇）六月、旅人は脚に瘡《かさ》が出来て苦しみ、床についた。そこで自分の弟に遺言したいので駅使を派遣して欲しい、と上奏した。朝廷では駅使として弟と甥の二人を駅使として派遣したが、幸い旅人の病は癒えた。駅使らが帰京するとき、夷守駅で送別の宴が催された。ここまで駅使を送ってきた大宰府の官人のなかに旅人の息子である大伴家持《やかもち》もいたのに、なぜか『万葉集』には若麿の歌一首だけが載せられている。

複線路を持つ福岡平野の駅路

この夷守駅から先は福岡平野の中である。この付近からは西海道路線図―1（図130）に加えて、大宰府周辺駅路図（図138）も見ていただきたい。これは畿内駅路図と同じように、五〇万分の一図を基礎に作成した。

図138　大宰府周辺駅路図

駅路は夷守駅から南東に直線路となる。その軸が国道3号と交わる地点から先は、現在のJR博多駅から空港へ向かう空港通り線の北側に並行する。だから次の**美野《よしの》駅**（福岡市博多駅中央街）はほぼ博多駅に重なるだろう。しかしこれだけ開発が進んでは、その位置を確定するのは難しい。夷守駅から五キロちょうどと短い。

夷守駅から美野駅に至る直線ルートは、この平野部の条里区割りの基線で

図139　水城門跡の記念碑脇の大宰府路のルートを踏襲する旧道

図140　大宰府都府楼跡

もある。この平野部では、駅路は直線で構成され、かつ複線路になっている。

大宰府路としてはここでほぼ直角に曲がって南東に大宰府を目指すことになるが、駅路ネットワークとしては、夷守から美野駅まで続いてきた直線路がそのまま先まで進み、大宰府から発して北西に向かう壱岐・対馬路と合わせて、細長い三角形を形成するように連絡していた。

美野駅から大宰府までは直線だが、条里の線からはわずかながらずれている。駅路の歴史の中で多少の位置の変遷があったのであろう。現在の道でいえば、大筋では県道112号福岡日田線のルートに近い。次の**久爾《くに》駅**（福岡市博多区板付）はその県道からちょっと西に外れた所にある。現在は警察学校の敷地内だが微高地で、近くには古代路の道筋を残したと思われる細い路地も部分的に残っている。美野駅から久爾駅まで四・八キロになる。

美野駅から大宰府までの直線は、その間のかなりの数の遺跡で路面あるいは側溝が検出されていて、確認されている。道路幅としては、久爾駅想定地から大宰府寄りの井相田《いそうだ》C遺跡で側溝心々間約一一㍍の遺構が検出されている（『日本古代道路事典』八木書店、二〇〇四年）。

大宰府路の駅馬数の例外のもう一つがこの久爾駅である。この駅の駅馬は一〇疋で標準より五疋少ない。これは並行して複線運用されたと見られる壱岐・対馬路の石瀬《いわせ》駅の五疋の駅馬と合わせて一五疋になるとの勘定である。

さらに南に進んで、この駅路の想定直線が九州自動車道の太宰府ICの南付近で斜めに交差するあたりでは、細い旧道と重なり、そこから旧道沿いに五〇〇㍍ほど行った所の脇に水城門《みずきもん》跡の記念碑が立っている（図139）。ここは水城が切れて門があったところで、水城東門と呼ばれている。この先で大宰府の条坊域（大宰府領域）に入る。条坊域内で、駅路がどの道を通って**大宰府**《だざいふ》（太宰府市観世音寺）の政庁（都府楼）まで達したかは分からないので、ここでは条坊外廓線に沿って南下し、政庁前の東西道路（現在の主要地方道76号筑紫野太宰府線）にぶつかる点で左折し、この道で政庁前（図140）に達したとして距離の図上測定をした。久爾駅から八・五㌔を測り、起点の社埼駅からは八八・四㌔である。

西海道の中心である大宰府がこの地に置かれたのは、白村江の戦の後の天智三年（六六四）で、やがて東西二四坊（約二・四㌔）、南北二二条（約二・二㌔）の区画の都市が生まれた。なお、**筑前国府**《ちくぜん》（太宰府市通古賀）は大宰府内にあったとされるので、ここでは図示しない。

三　豊前路を行く

筑前国の豊前路

今度は大宰府から発する五本の駅路（大宰府路はここへ到着する道と考える）をたどることとなる。まず最初に豊前路を行く。図面はこれまでと同様、大宰府周辺駅路図（図138）と西海道路線図―1（図130）である。

豊前路には、『延喜式』によれば大宰府のある筑前国に伏見《ふしみ》・綱別《つなわけ》の二駅、豊前国へ入って田河《たがわ》・多米《ため》・刈田《かりた》の三駅がある。豊前路は豊前国府へ到達した後、大宰府路の到津《いたむつ》駅まで延びるので、大宰府路とダブルウェイとなる。この路線各駅の駅馬数はすべて小路標準の五疋である。なお、これ以後も西海道各路の駅馬数は、特別な二例を除きすべて五疋であるから、例外の場合以外は、いちいち記さないこととする。なお、豊前路には「葦城《あしき》」という駅があったことが確実である（図138中に図示）。既に見たように、この駅は大宰府路の夷守《ひなもり》駅とともに大宰府に来着あるいは出発する客人の送迎の場所として、『万葉集』に出てくる著名な駅である。ただ『延喜式』にはその駅名が見えないので、その時期には廃止されたものと思われる。

西海道の各駅路が大宰府内のどの条坊路を通って四方に散ったかは分からないが、この豊前路についていえば、葦城駅の位置が遺称地名から比較的明らかなので、それからルートを推定できる。

まず政庁前の南北道路を南下する。この道は都でいえば朱雀大路《すざくおおじ》に相当するものである。今後は朱雀大路とよぶこととする。現在では、わずか数百メートルではあるが、都府楼前から立派な街路として整備されている。この朱雀大路を南下する駅路は、豊前路のほか、肥前路、西海道東路・西路の合計四本の共通路である。本書では肥前路を代表して叙述し、後の四本がそれぞれ分岐するものとして扱っている。豊前路は、条坊内の西鉄二日市駅付近で分岐して左折すると考える。分岐点を大宰府南分岐とする。大宰府政庁前から一・二キロである。豊前路は高雄山の南麓を東へ向かい、宝満川に達した付近が、葦城駅（筑紫野市阿志岐）の比定地である。大宰府政庁からほぼ四キロである。ここでの送別宴で歌われた歌が、『万葉集』には二度記録されている。最初は神亀《じんき》五年（七二八）に大宰少弐《だざいのしょうに》（次席次官）石川足人《たりひと》の離任の宴がここで開かれた時である。その一首を紹介しておこう。

天地《あめつち》の神も助けよ草枕　旅行く君が家に至るまで（巻四・五四九）

この歌の詠み人は明らかでないが、前途の安寧を祈った歌である。ここで餞《うまのはなむけ》とする離任の宴が開かれたことは、恐らく足人がそのまま豊前路を京へ向けて旅したことを意味するであろう。

しかし、そうではなく単に送別の宴のみの場合もあったようである。大宰帥であった大伴旅人は、病も癒え、大納言に任じられて京へ戻ることになった。天平二年（七三〇）十二月のことである。そのため、この葦城駅で同じ餞の宴が開かれ、部下の四人がそれぞれ歌を詠んでいる（巻四・五六八〜五七一）。ところが、旅人は京に向かって旅立つ当日、馬を水城《みずき》に駐《とど》めて大宰府の方を振り返った。そのとき、送ってきた府吏とともにいた児島という名の遊行女婦《うかれめ》が、別れを悲しむ歌を二首詠んでいる（巻六・九六五、六）。このことで旅人が水城を過ぎたことが分かり、それは大宰府路によって上京することを示している。葦城駅での餞の宴は、その前に催された送別会であった。

図141　豊前路が越える関ノ山峠

さて豊前路は、元葦城駅から宝満川右岸に沿い、現在の道でいえば主要地方道65号筑紫野筑穂線に沿って東北方に進み、米《こめ》ノ山峠を越え、『延喜式』での最初の**伏見駅**《ふしみ》（筑穂町大分《だいぶ》）に達する。伏見駅の比定地は、筑穂町内であることはこれまでの諸研究者でおおむね一致しているが、具体的な場所はかなり差がある。木下はJR篠栗《ささぐり》線筑前大分駅南方の、やや平地になった地点を選んでいる。大宰府南分岐から一六・二キロになる。

ここでも古代路と国道バイパス計画が重なる

伏見駅から先は、現代の道であまり経路が一致するような幹線道路がないのでやや説明がしにくくなる。そのことはルートとして従来の研究者間で一致したものがなかったことでもある。次駅の**綱別駅**《つなわき》（庄内町綱分）は、古くから吉田東伍（『大日本地名辞書』）や大槻如電（『駅路通』）らが、遺称地名によって比定している。しかし、その後の研究者たちは綱別駅前後の駅路ルートを北の国道201号や逆に南のJR後藤寺線に近い迂回ルートを想定し、綱別駅を他所に想定した。

これに対して、木下は重要なポイントとして筑前・豊後国境の通過位置を、直通ルートである関ノ山峠（標高二二〇メートル）と想定した。そうすると全体の流れが明瞭に見えてくる。伏見駅からのルートはやや東に向きを変え、穂波《ほなみ》町太郎丸で穂波川を越え、稲築《いなつき》町山野付近で遠賀川を渡る。その先ではJR後

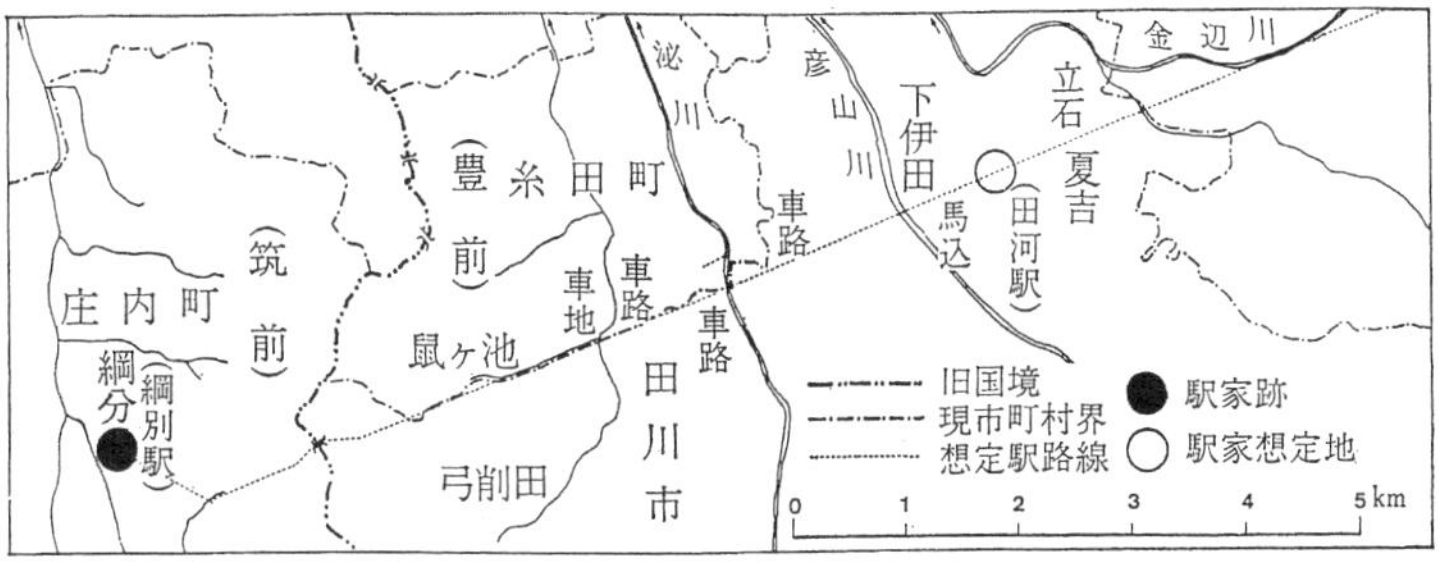

図142　豊前国田河郡を通る駅路（木下「西海道の古代官道について」より）

図143　田河駅比定地付近（田川市伊田）

藤寺線の上三緒駅北側を横断することになる。綱別駅は細い庄内川を越えた地点であり、吉田東伍らが比定した、遺称地名のある庄内町綱分である。前伏見駅から一一・三キロを測る。

木下は、関ノ山を越えた先の田川市と糸田町との境界線がほぼ直線になっており、そこに車路の地名が残ることから、逆に西にその直線を延ばせば筑前・豊前国境山地の海抜二〇〇メートルの鞍部（関ノ山峠、図141）を越えて、遺称地名のある綱別駅に達することを指摘した（木下「〈車路〉考」前掲、および木下「西海道の古代官道について」『大宰府古文化論叢　上巻』吉川弘文館、一九八三年）。

現在は人の歩く道も通じていない関ノ山峠に、国道201号の飯塚庄内田川バイパスが計画され、既に一部は建設中である。国道201号の現ルートは、この峠から二キロほど北をうねうねと鳥尾峠を越えているのだが、これが関ノ

図144　多米駅比定地付近の現況（勝山町新町）

山のすぐ北をトンネルで抜ける直通ルートになって、西側で八木山バイパスに続くことになる。これによって、伏見駅から綱別駅をへて田河駅まで、古代路ルートと重なったり、あるいは北側ほぼ一キロほどを並行して、新しい国道バイパスがまっすぐに走ることになり、古代駅路と高速道路や国道バイパスが重なるという、また新しい実例の一つがここにも見られるのである。

峠を下りたところから、それまで北を迂回していた国道201号が、駅路と並行するようになる。駅路はここから東へ向けて、ほぼ八キロほども直線であったと思われる。峠を下りてからおよそ二・八キロほどは田川市と糸田町との境界線がほぼ直線に北七〇度東方向に通り、そこに幾つもの車路あるいは車地の小字名が残っている（図142）。古代の道路が地域の境界線となるという、これまで各地で見てみた事例の一つであるばかりでなく、その線上に車路、車地の字名が残るという、古代路の極めて強い歴史地理学的証拠である。

次の田河《たがわ》駅（田川市伊田）は、この直線路が国道201号に重なる手前の台地にあったとみられる（図143）。この付近にも、図142に見るように、馬込、立石といった駅路関連地名が残る。前綱別駅から八キロちょうどである。

この先はほぼ国道201号に沿って東に向かう。香春《かわら》町で左折して北に向かう道は、小倉から発する近世の秋月《あきづき》街道、現在の国道322号の道筋であり、古代には藤原広嗣の乱のとき、一軍がこの道によって到津に向けて進んだ。小倉方面へ向かうには、この道が捷径路《しょうけいろ》である。しかし、豊前路は豊前国府へ行くのが目的であるから、そのまま東へ向かうのだが、南北に走る障子ヶ岳《しょうじがたけ》（標高四二七メートル）の山並みを越える仲哀峠《ちゅうあい》は、このルートの一つの難所である。ここは、現在は国道201号の新仲哀トンネルで抜けている。このトンネル付近の山嶺はかなり急な傾斜を持ち、トンネルを抜くには好適な地形だが、古代路を直登させるのは難しい。

木下は、新仲哀トンネルより北の障子ヶ岳に近い石鍋《いしなべ》越え（三一〇メートル）を想定する（木下「古代官道と条里制」『香春町史』上巻、二〇〇五年）。これは障子ヶ岳を越えた地点から、ほぼまっすぐ東へ向けて、直線的な道路痕跡を残しており、この道筋を逆に東から西に見ると、障子ヶ岳を目指していることが明らかだからである。駅路が独立峰やその他の明瞭な山稜を目標にすることは、東山道をはじめ、全国でしばしば見られたことである。このことは、この直線路が豊前・豊後連絡路の一部であるので、その際に再び取り上げることとする。

峠を下りた所が**多米駅**《ため》（勝山町新町）に想定される。多米駅の位置はこれまでも諸説があって、定かではない。木下は、この地点の北にあった豊前国府へ行く道と、豊後国府へ向け東進する豊前・豊後連絡路の分岐点に当たるとして、ここに比定する（図144）。田河駅から一〇・一キロになる。

豊前国府をへて大宰府路まで

豊前路は多米駅から北へ針路を変え、先ほど越えた障子ヶ岳の東麓を進む。五キロほど行くと**豊前国府**《ぶぜん》（行橋市須磨園《すまぞの》）である。この豊前国府は、『延喜式』時代に一時的に置かれた国府位置と見られる。豊前国府の位置としては一般に豊津町国作《こくさく》が知られており、立派に一部が復元されてもいる。しかし国府位置を示す文献史料として『延喜式』と同じころに作成された『和名抄』に、豊前国府は京都《みやこ》郡にあると書かれており、当時の豊津町は仲津郡に属していたので、『延喜式』時代には京都郡（現在の京都《みやこ》郡苅田町、勝山町および行橋市西部）に移転していたと考えられる。京都郡にあった国府は、戸祭由美夫によって行橋市西部の須磨園に想定された。以上の問題は木本雅康の論文（木本「律令国家の展開と豊前地域」『行橋市史』上巻、二〇〇四年）に詳しい。

豊前国府跡を過ぎ、ここからほぼ東北方へ上り、京都《みやこ》峠を越えて**刈田《かりた》駅**（苅田《かんだ》町馬場）に達する。馬場の地名から比定されている。京都峠越えのルートは主要地方道64号苅田採銅所線に沿っているといえるが、京都峠の部分は現在は車の通れる道はない。多米駅から一三㌔ちょうどを測る。

刈田駅から大宰府路の到津駅までは国道10号の旧道（中津街道）沿いと考えたらよいようだ。刈田駅から一四・四㌔、豊前路全体としては七三㌔ちょうどである。大宰府政庁前からだと七四・二㌔となる。最初にも記したように、大宰府路と豊前路はダブルウェイになっている。大宰府政庁前から到津駅までであると、大宰府路経由では七五・四㌔で、両者はほぼ同距離である。

藤原広嗣の乱に見る北九州地域の古代路

天平十二年（七四〇）九月初め、大宰少弐《だざいのしょうに》（大宰府の次席次官）の藤原広嗣《ひろつぐ》が挙兵した（『続日本紀《しょくにほんぎ》』）。藤原不比等《ふひと》の孫である広嗣は、この大宰府に左遷されたことなど不満が重なって事を挙げたものである。当時は大宰府長官はおらず、広嗣は実質的な長官であった。ここに取り上げたのは、その軍隊の行動が

図145　藤原広嗣の三軍が進撃したルート

駅路や駅制に深く関わっているからである。広嗣は上表文を八月二十九日付けで提出、しかしその返事を待つこともせず、直ちに兵を挙げた。上表文が都の平城京に着いたのが五日目の九月三日、大宰府と平城京の間約六三三キロを丸四日とすれば一日平均行程一五八キロで着いたことになる。飛駅という緊急通信の使者に定められた一日一〇駅（約一六〇キロ）という規定ぴったりのスピードである。

広嗣は軍を三手に分けて進軍した。その経路の概略を図145に示す。目的地は豊前国の本州に面する地域である。第一軍は広嗣自ら指揮を取り、五〇〇〇の軍勢を従えて鞍手《くらて》道という道筋を選んだ。この道は、これまで一般には大宰府から豊前路を進み、伏見駅付近から鞍手郡の直方をへて北上したと考えられていた。しかし木下は、広嗣側の武将である多胡古麻呂《たごのこまろ》が率いる第三軍が田河道を進んでおり、これは豊前路から近世秋月街道のルートで北上する道であるから、軍を三手に分けたのであれば、鞍手道は豊前路ではない別のルートを選んだと見る（木下「律令制下における宗像郡と交通」前掲）。木下の想定する鞍手道は、大宰府からまず北上し、山陽新幹線からおよそ一㌔ほど南に並行する県道21号福岡直方線のルートで犬鳴峠を越えて、鞍手郡に進んだと考える。大宰府路という本道を選ばなかったのは、おそらく中央との結びつきの強い宗像氏の支配下にある宗像郡を避けたと推測する。

第二軍は広嗣の弟綱手《つなで》の率いる同じく五〇〇〇の軍勢で、豊後国を経由して行けと命令された。大宰府から豊後国府に通じる西海道東路を進み、豊後国石井駅（大分県日田市）あたりから耶馬溪《やばけい》を通って進んだと見られる。遠回りではあるが、豊前国では朝廷方に味方するものが大分いたから、その備えもあったかもしれない。第三軍は先に見たように田河道を進んだ。その数は分かっていない。広嗣の第一軍は遠賀郡の郡家（芦屋町）に達し、戦備を強化した。この広嗣の主軍以外は結局、決戦場の板櫃川には到着できなかった。

中央政府は、東夷を平定したことで知られる大野東人《あずまひと》を大将軍とし、東海・東山・山陰・山陽・南海の五道の軍勢一万七〇〇〇人を徴発して征討軍とした。東人率いる大軍は関門海峡を渡り、広嗣の陣営を次々と破り、十月五～六日ごろ板櫃川《いたびつ》右岸（北九州市小倉北区）に進出した。対する広嗣軍一万余（途中で増強されたものか）は左岸に陣取り、政府軍六千余と対峙した。この川を挟んで勅使と広嗣が問答し、広嗣が論破されたのをきっかけに広嗣方は総崩れとなり、広嗣は海に逃れたが、肥前国松浦郡の値嘉島《ちかのしま》（五島列島）で捕らえられ、処刑された。この間の朝廷と大将軍大野東人との連絡は、『続日本紀』の記述からすると、おおむね五日間で到達している。

四　壱岐・対馬路を行く

大宰府から西北へ進む壱岐・対馬路

壱岐・対馬路も、大和政府としては重要な道である。大陸への行き来は、おおむねこの道をへて船に乗り、かつ多くの場合、壱岐、対馬をへていた。図は西海道路線図―2（図146）と大宰府周辺駅路図（図138）による。

既に見たように、福岡平野にはやや外開きの二本の駅路が西北に向かって設けられていた。東側が大宰府路で、西側が壱岐・対馬路になる。こちらにも、かなり多くの道路遺構が発掘されて、その線は明瞭になっている。その直線の南端ははっきりはしないが、発掘資料によると大宰府条坊の西南隅をかすめるように進んで行くように見える。しかし今は、壱岐・対馬路が大宰府政庁前を出発点として政庁前の東西道路を西に進み、これが西側の直線路と交差する点でそちらに移ると仮定する。なお、大宰府政庁前の東西道路が大宰府の西側外郭線と交差する地点で、大宰府路がそれに沿って南下してきたと考えたので、この壱岐・対馬路の起点は、この地点を大宰府西分岐として、この点から壱岐・対馬路は出発するとする（図138参照）。大宰府政庁前から西へ〇・六キロである。

大宰府外郭線から五〇〇メートルほどで、西側の斜め直線に接する。JR鹿児島本線や九州自動車道と交差

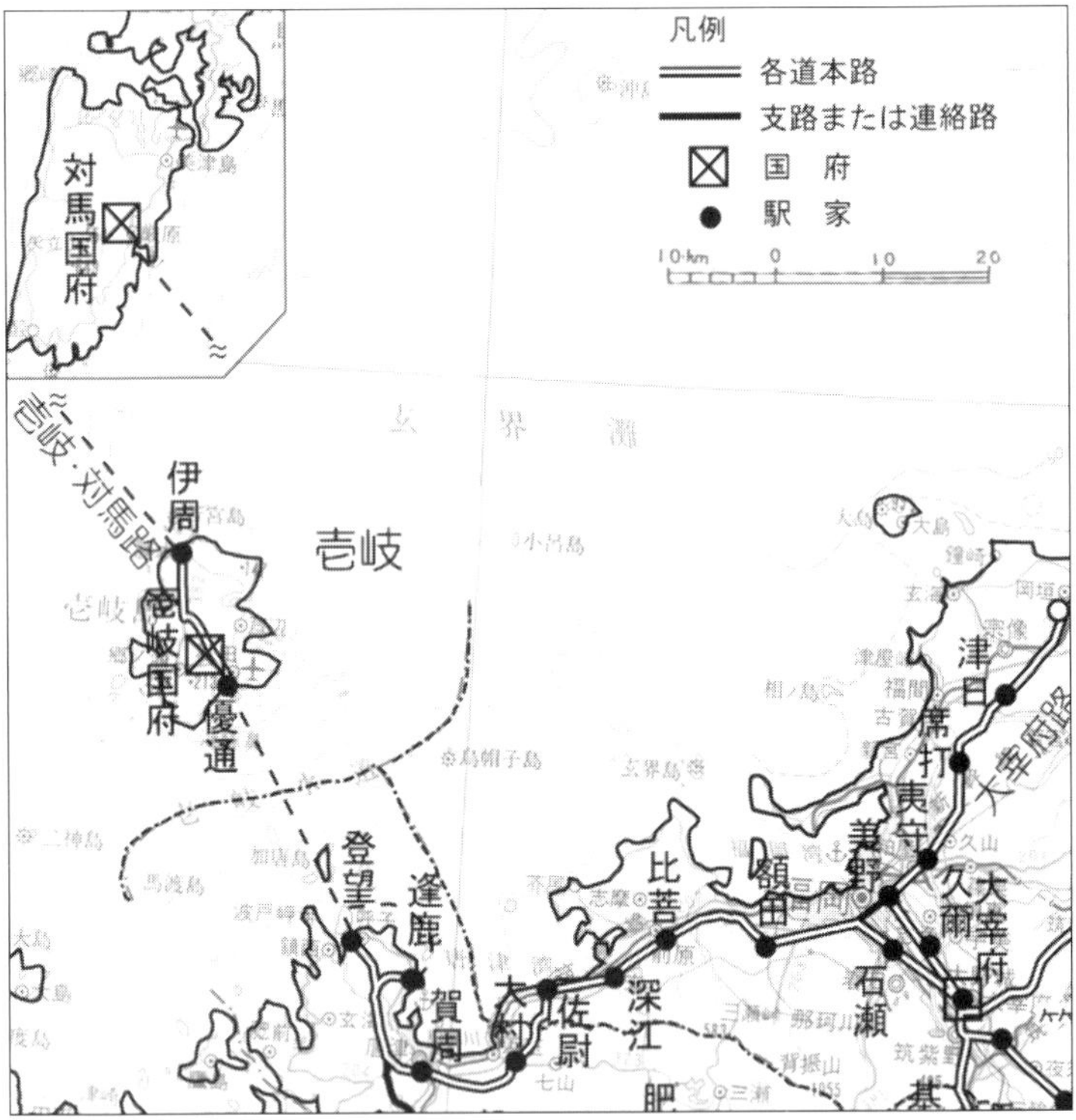

図 146　西海道路線図―2

した西の地点だ。ちょうどこのあたりに、島本遺跡（太宰府市大佐野）という古代道路遺構が見つかっている。マンション建築に伴う調査で発見されたもので、路面幅約一〇メートル、両側に側溝があった。マンションのピロティ式の駐車場には、その側溝の部分に赤い舗装がされている。さすが大宰府のお膝元だけのことはある（図147）。

　ここを過ぎると、大宰府路の場合と同じように水城跡の切り通しを通る。水城西門のあった場所である。壱岐・対馬路の最初の駅、**石瀬《いわせ》駅**（福岡市南区清水）は、斉明天皇が斉明七年（六六二）三月に、百済救援のため泊られた磐瀬行宮の跡地であるとされている。大宰府路との分岐点である大宰府西分岐から計算すれば九・六キロ、大宰府政庁前からならば一〇・二キロになる。この石瀬駅の駅馬数が五疋であり、それは大宰府路の久爾駅の一〇疋と合わせて一五匹となることは既に説明した。

ここは西鉄大牟田線大橋駅近い地点で、この付近では駅路は西鉄線に並行する主要地方道31号福岡筑紫野線にほぼ沿ったようだ。水城から石瀬駅までの間には、春日市地内で三箇所の古代路遺跡が直線的に連なって発掘されている。幅は両溝の心々距離で一一メートルであった。

図147　大宰府に近い場所で発掘された，古代道路遺構を明示したマンションの屋内駐車場（太宰府市大佐野）

この道筋をさらに進めば、鴻臚《こうろ》館《かん》（古代の外国使節宿泊・接待所）に至る。ここに上陸した使節たちは、この駅路を通って大宰府まで行ったと見られる。ただし、壱岐・対馬路としては鴻臚館に達する前に、前述のように大宰府路が夷守駅から美野駅に向けた道筋を大宰府へ行くため左折せず、まっすぐ延ばした道に合した所で、その道筋に乗って西に向かう。つまり、大宰府路から壱岐・対馬路への直結路があったことになる。

壱岐・対馬路はこの辺から現在の動物園付近を抜けて、ほぼ西方に直線的に進む。現在も城南区別府から早良《さわら》区小田部にかけて、三キロほど古代路の跡と見られる直線路が残っていて（図148）、一部が国道202号と重なっている。

図148　古代路の面影を残す直線路
（福岡市城南区別府付近）

図149　深江駅比定地付近に復元保存されている駅路跡（二丈町深江）

次の**額田**《ぬかた》**駅**（福岡市西区野方）は福岡市西方の山地にぶつかるあたりにあったと見られる。この付近には弥生時代から古墳時代前期の集落跡である野方《のがた》遺跡（国指定）がある。前石瀬駅から一一・八キロであるが、駅路延長としては、大宰府路の美野駅からの直結連絡路二・七キロが加わる（表7参照）。

額田駅からは方向を北西に転じ、古代山城《やまじろ》である怡土《いと》城の北麓を通って、以後は比菩《ひぼ》・深江・佐尉の各駅までは、西九州自動車道（福岡前原道路および国道202号バイパス）に沿っていると考えてよい。**比菩**《ひぼ》**駅**（前原《まえばる》市篠原）の前後のルートは、前原平野の条里に沿っていると見られ、比菩駅は福岡前原道路の北側の市営住宅付近と見られる。前額田駅から八・六キロになる。

この先の駅路は、国道バイパスよりやや北側を並行して走ると見られるが、深江の平野ではまた条里に乗ったバイパスと重なり、次の**深江**《ふかえ》**駅**（二丈町深江）は塚田南遺跡であるとされ、現地は万葉公園となって、その一部に駅路と建物跡が復元保存されている（図149）。日菩駅から九・二キロを測る。

深江駅から次の**佐尉**《さい》**駅**（二丈町吉井）までも佐尉駅からは国道バイパスとほぼ重なる。深江駅から五・

九キロと短い。佐尉駅からルートは内陸に入り、白木峠を直線的に越えると肥前国に入る。

肥前国の壱岐・対馬路

肥前国に入る白木峠は、現在の福岡・佐賀両県の県境でもある。標高約四〇〇メートル、自動車の通れる県道は通っているものの、前後はかなり羊腸たる道で、駅路で直踏するのはかなり困難であったろう。

峠を下りた所に**大村《おおむら》駅**（佐賀県唐津市浜玉町五反田）があった。佐尉駅から七・六キロである。この地域一帯は古くから大村と呼ばれ、藤原広嗣《ひろつぐ》を祀る大村神社もある（図150）。藤原広嗣は乱を起したが捕えられ、この付近で処刑されたという（本章「藤原広嗣の乱に見る北九州地域の古代路」の項、参照）。

図150　大村神社

駅路はさらに、内陸を神宮皇后や佐用姫《さよひめ》伝説で名高い鏡山の南を半周するような形で唐津に出る。唐津湾にそそぐ松浦川に架かるJR筑肥線の鉄橋のすぐ下流左岸に小用姫岩がある。駅路はこのあたりを通過して西進したと見られる。

次の**賀周《かす》駅**（唐津市見借《みるかし》）は、『肥前国風土記』に景行天皇巡幸の途次、その部下によって土蜘蛛の海松《みる》橿媛《かしひめ》が亡ぼされたとある、松浦郡賀周里と同じ場所と見られている。前大村駅から一五・一キロを測る。ここの小さな岡に猿田彦神社が今もある。猿田彦は交通神とされ、このあたりに駅のあったことは間違いなさそうだ。猿田彦神社からは、東松浦半島の

図151　賀周駅比定地の唐津市見借の猿田彦神社から西を望む．この尾根筋を駅路は通った

北端に向かう壱岐・対馬路が通っていたとされる台地が、よく望見される（図151）。

駅路は賀周駅から西に台地まで上り、そこから北上する。この北上する道は、南から上がってくる肥前連絡路の延長と言ったほうがむしろ適切かもしれない。その接点を、その地理的位置から西唐津分岐と名づけておこう。肥前連絡路については、肥前路の際に触れることになる。

東松浦半島には二つの駅があった。最初の**逢鹿《おうか》駅**（唐津市相賀《おうが》）は、この半島の東海岸の岬の南の港にある。賀周駅から一〇・三キロである。もう一つの**登望《とも》駅**（唐津市呼子町小友《こども》）は半島の北端の港である。この二駅は連続していない。登望駅まで北進する駅路の途中から、逢鹿駅に向かう支路が分かれる形になる。その途中の分岐から測って六キロになる。この両駅は、季節や風向などによって壱岐への船の発着場が変ることに備えたものと考えられる。同様な状況は、北陸道の佐渡国で本州の渡戸駅から海路を渡ってきた場合に、松埼駅と三川駅の両駅が季節や風向きによって使い分けられたと考えたのは、この壱岐・対馬路を先例として考察したものであった（『古代の道　東国編』参照）。逢鹿駅の名も登望駅の名も、『肥前国風土記』によれば、いずれも神功《じんぐう》皇后新羅出兵にちなんだものとなっている。

壱岐、対馬二嶋へ渡る

登望駅から海を渡れば、壱岐島に着く。呼子からは海路で約二六キロである。これは駅路延長には算入しない。最初の優通駅《ゆうつ》（長崎県壱岐市石田町印通寺浦《いんどうじ》）は、島の南の印通寺港の近くあったと見られるが、具体的な場所まではっきりしない。ここから駅路は島のほぼ中央を北西に進む。この島は非常に平坦で、ほとんど山らしい山はない。途中に壱岐国府《いき》（壱岐市石田町湯岳興触《ゆたけこうふれ》）がある。近くには印鑰社《いんやく》（国司が管理した国印と倉庫の鍵を祀った社）もある（図152）。ここは内海から幡鉾川《はたほこ》を西に遡ったところにあるが、幡鉾川の下流南岸に弥生時代の船着場と計画的な道路が発掘された原《はる》の辻遺跡がある。駅路が国府近くを通ったのは確かだが、原の辻を経由してはいないようだ。

図152　壱岐国府近くにある印鑰社

図153　対馬国府比定地付近の朝鮮通信史記念碑

　さらに北西に進み、国分寺址の近くを通って島の中央付近からは現国道382号に沿って北進すれば伊周駅《いす》（壱岐市勝本町坂本触《ふれ》）に達する。ここには北に向けた勝本港がある。坂本触には、江戸時代の松尾芭蕉の弟子の河合曾良《そら》の墓がある。壱岐島を縦貫する駅路の両端に駅があることになるが、この間は一四・五キロである。

ここからさらに対馬に渡る。対馬には『延喜式』では駅名が記されていない。対馬国府《つしま》（対馬市厳原町国分）は現在の厳原港から程遠からぬ、現在の厳原町役場付近にあったと見られる（図153）。当時は海が迫っていたであろう。朝鮮半島への最終の連絡はこの島の北の港からであろうから、そこまでは道はあっても、駅路ではなかったのだろう。対馬の道について、『魏志倭人伝』に「土地は山険しく深林多く、道路は禽鹿の径の如し」と書かれていることはあまりに有名である。

五　肥前路を行く

大宰府から肥前国へ

肥前路は、大宰府から都府楼の正面の道を真南に下がる。既に見たように、大宰府の基軸に当たる道で朱雀大路である。肥前路の全体図は西海道路線図―3（図154）であるが、大宰府周辺は、従来どおり大宰府周辺駅路図（図138）を参照されたい。肥前路は肥前国府を廻って肥後国府に連絡する駅路ではあるが、最後に有明海を渡った先の肥後国宇土半島における二駅を除いてはすべて肥前国内を縦貫する駅路である。これについては木下の研究（藤岡『古代日本の交通路Ⅳ』前掲）に従う。

大宰府のあった一帯は、都府楼の一角を除けば、今はＪＲや西鉄線、国道などが斜めに走って、昔の面影は全く見当たらない。大宰府条坊内で豊前路が東に分岐するが、肥前路（西海道東西両路との共通路）は条坊の外までまっすぐ南下し、条坊域を出てから、西から張り出す山塊に押されるように斜めに五〇〇《メートル》ほど東へシフトして、また直線で南下する。鳥栖筑紫野道路の起点付近で西海道東路が東に分岐し、このあたりから鳥栖筑紫野道路や九州自動車道は山稜を避けてやや東を回るような形を取るが、肥前路（西海道西路との共通路）はそのまま基山の丘陵をまっすぐ南に越える。この山越えで、それまでの筑前国から肥前国に入る。福岡県と佐賀県の県境でもある。この山越えのすぐ西に、古代に大宰府

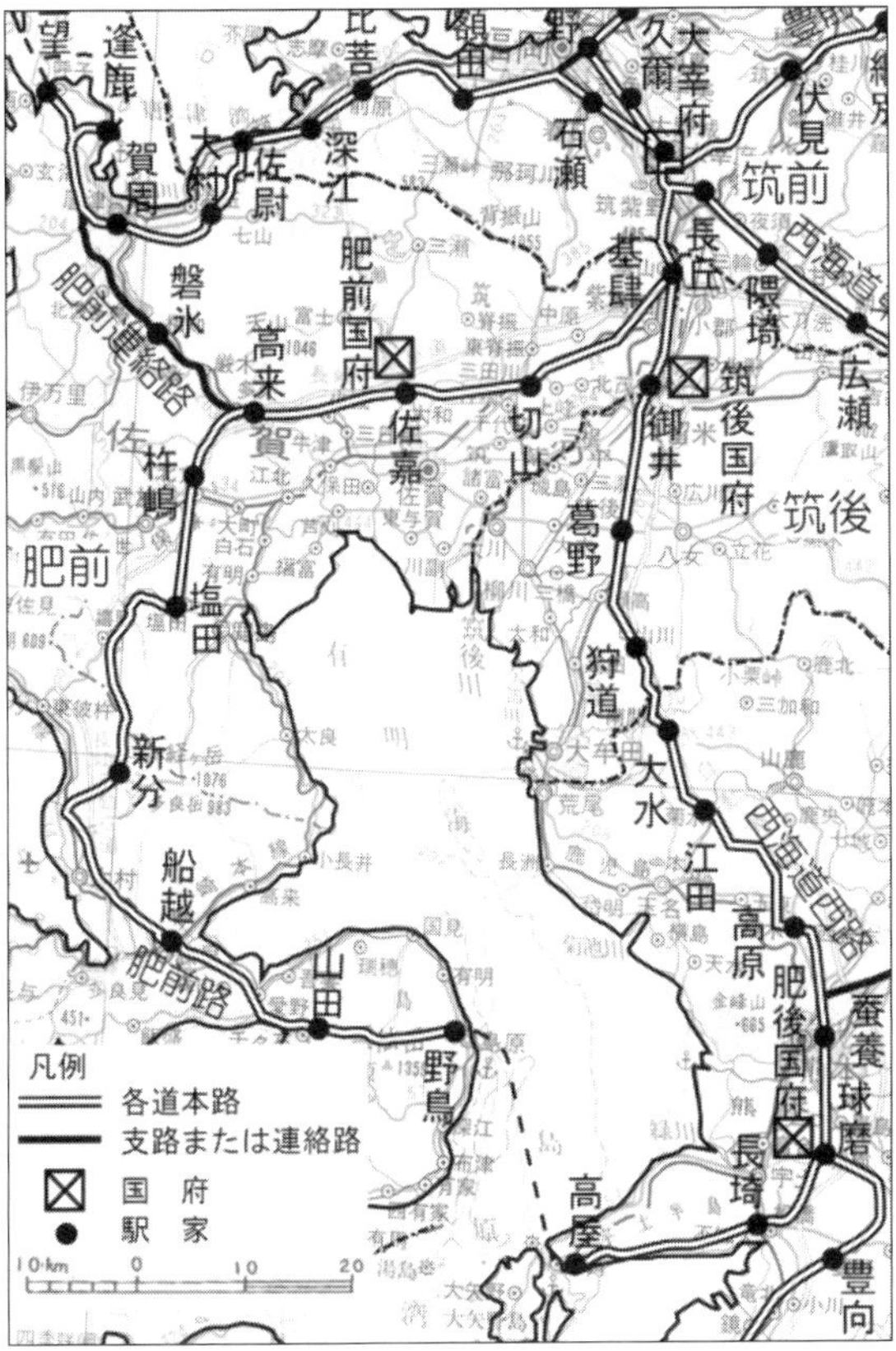

図 154　西海道路線図―3

図155　基肄駅比定地付近．県境の標識の後は九州自動車道

防衛のために築かれた基肄《きい》城があった。

肥前路（共通路）は山越えして鳥栖筑紫野道路の城戸IC付近で東南に向かい、九州自動車道が東西に通る県道132号本郷基山停車場線とクロスするあたりが、最初の**基肄《きい》駅**（佐賀県基山町小倉）の比定地である（図155）。ここは現在、福岡・佐賀両県の南北方向の県境であるが、古代には、筑後国と肥前国の国境でもあった。ここで肥前路と西海道西路とが分かれる。大宰府から一一キロちょうどを測る。基肄駅の駅馬数は一〇疋である。これは二本の路線の共通駅のためであると考えられる。

西海道西路はこれよりまっすぐ南下するが、肥前路はここから南西に向きを変えて、直線的に進む。長崎自動車道の鳥栖ICを過ぎたあたりで国道34号にしばらく沿う部分がある。古代の烽《のろし》があった朝日山の麓を東南によぎって、中原町で国道34号に沿うようにほぼ西に向きを変えると、ここから大和町まで約一六キロにわたり直線路が続くことになる（図156）。

この道は木下良が一九七〇年代に、空中写真と現地踏査によって古代路を初めて実証的に発見した記念碑的なルートである（藤岡『古代日本の交通路Ⅳ』一九七九年、前掲）。この道筋は吉野ヶ里遺跡の中を通っており、発掘によって切り通し部で六メートル、平野部では広いところで一五メートルの道幅を持っていることが明らかになっている。しかし発掘調査の結果、この道は奈良時代で終わっており、いま追っている十

図156　佐賀平野の新旧駅路

世紀の『延喜式』時代の駅路は、これより約一・三キロ南にずれた位置にあった。これは条里区割りでちょうど二里離れた場所である。図156にその関係位置を示す。

なお、これまで駅路の算定に当たって、しばしば一駅間の標準を三〇里とし、それを約一六キロと言ってきた。これは駅路の計測に用いる一尺＝三五・三センチを基本とし、それから五尺が一歩、三〇〇歩が一里として求めた一里＝五二九メートルから、三〇里を一五・八八五キロとして概略一六キロとした値である。しかし、条里制の場合にはこれとは異なり、一町を実測値から一〇九メートルとしているので、この場合の一里は六町なので、一里＝六五四メートルである。令大尺を用いるか、令小尺を用いるかの違いである。

基肄駅の次の**切山《きりやま》駅**（上峰《かみみね》町坊所）は南の新しいルートの線上にある。前基肄駅から一六キロになる。駅馬数は以後すべて五疋である。奈良時代の直線道に並行するこの線上にも、切り通しや帯状の水田、畑地など駅路跡と思われる地形が部分的に残っている。『延喜式』ルートも、並行した直線であることは変わらない。次の**佐嘉《さが》駅**（大和町福島）は奈良時代

図157　大和町国分に残る古道痕跡

図158　肥前国庁跡

の一六キロ直線道と合流した場所で、醍醐天皇を祀る延喜《えんぎ》大皇《だいおう》社（妙見神社）がある。前切山駅から一二・八キロである。ここから西の部分にも二箇所ほど、明瞭に古代駅路跡と思われる道路に沿った水田や畑地が見える。道を狭くして耕地にしたものと見られる（図157）。

佐嘉駅の西の嘉瀬川左岸に**肥《ひ》前《ぜん》国府**（大和町惣座）があった。ただし駅路からは七〇〇メートルほど北に外れている。国庁跡が復元整備されている（図158）。ここから先も、次の**高来《たく》駅**（多久《たく》市東多久町別府）まではほとんど先の一六キロ直線路の延長上にあると思われるが、肥前国府から先にはまだ道路痕跡は見つかっていない。高来駅はＪＲ唐津線東多久駅に近い。前佐嘉駅から一四・四キロである。

肥前連絡路とその意味

肥前路はさらに西に進むのだが、この駅からは壱岐・対馬路との連絡路が分岐している。肥前連絡路と名づける。先にこちらのほうを説明しておく。大筋は国道203号やJR唐津線のルートであるが、現在はここには地域高規格道路（自動車専用道路）の佐賀唐津道路の建設が進行中で、一部はすでに供用されていて、そのルートのほうが、より駅路の肥前連絡路との重なりが強い。長崎自動車道（九州横断自動車道）の多久ICから分岐するようにほぼ西に向けて始まるこの道（開通区間の名は厳木《きゅうらぎ》多久道路）は、多久市と厳木町（現唐津市）の市境（旧小城・松浦郡境）で笹原トンネルを持つが、その真上の峠道で、古代道路の遺構が見つかっている。ここもまた、高速道路と古代駅路の路線の重なりの例証の一つとなる（図159）。

図159　厳木多久道路の笹原トンネル上付近の古代路址と見られる切通し（木下良撮影）

肥前連絡路は国道203号に沿って進むと、この連絡路中唯一の**磐氷《いわい》駅**（唐津市相知《おうち》町相知）がある。ここからは松浦川沿いの現道やJR線とは離れ、一つ西の浅い谷筋を通って、唐津市街地西で南北に連なる尾根筋に出て、壱岐・対馬路に合する。分岐点の高来駅から磐氷駅まで一五・一キロ、磐氷駅から壱岐・対馬路の賀周駅近くの西唐津分岐まで一四・一キロである。全体として三〇キロに満たない短いルートではあるが、その壱岐・対馬路との接点での方向が明らかに壱岐・対馬路の先端を目指しているのを見ると（図154）、肥前連絡路が肥前路とつながることによって、大宰府を発する壱岐・対馬路の代替路の意味を持つ重要な駅路であることがよく分かる。

図160　杵嶋駅比定地付近（北方町木ノ元）

島原半島から宇土半島へ

ふたたび肥前路へ戻る。肥前路は高来駅から長崎自動車道の南に沿うように南西に進み、次の杵《き》嶋《しま》駅（北方町木ノ元）は北方町の中心付近に位置する（図160）。高来駅から一〇・四キロを測る。

この先、駅路は長崎自動車道の杵島トンネルの南側坑口付近で一時重なるように進み、このあたりから駅路は真南に向かうので、ここまで鳥栖あたりから付かず離れずしてきた長崎自動車道とは分かれることになる。

鳥栖からの高速道路との関係をいえば、路線としては一キロ以上離れる場合があるにしても、ほとんど並行して脊振山地の麓付近を通り、その間、近世の長崎街道は干拓された佐賀平野の南を迂回している。筆者が一九八五年に初めて高速道路と古代駅路の相似（古代回帰）についての論文を発表したとき、その事例の一つとしてこの区間を挙げ、さらにこの間の基肆、切山、佐嘉、高来、杵島の肥前路五駅が、長崎自動車道の鳥栖、東脊振、佐賀大和、多久、武雄北方の五ICに一対一で対応していることを述べた（武部「日本幹線道路網の史的変遷と特質」『土木学会論文集』第三五九号、一九八五年）。

さて、肥前路は高速道路と分かれてから、国道498号にほぼ沿って南下し、塩田《しおた》駅（塩田町五町田）に至る。杵島駅から一〇・二キロである。ここまでのルートは比較的問題が少ないが、ここから大村湾まで多良火山の北麓高原を横断する形になる。この間は、現在も幹線道路はなく、経路の特定は難しい。木下は、塩田駅から南に下がり、主要地方道41号鹿島嬉野線に沿って鳥越峠（標高二六〇メートル）を越え、そのあと県道303号岩屋川内嬉野温泉停車場線にほぼ沿って長崎県との県境を長崎県東彼杵《そのぎ》町遠目郷百貫付近の峠で越えると見る。その西は自衛隊の大野《おおの》原《はら》演習場で、この峠からは、大村湾が一望できる（図161）。ここからは主要地方道6号大村嬉野線に沿って下り、次の**新分《にいいた》駅**（長崎県大村市野岳町）を経て大村湾に近い国道34号あたりまで下りる。長崎県の古代路を調査している木本雅康も同様なルートを想定している（木本「古代の官道」『長崎県歴史の道（長崎街道）調査報告書　第一五四集』一九八四年）。塩田駅から新分駅まで二三・二キロと長い。

図161　佐賀・長崎県境の峠から，大村湾を望む．駅路はここをまっすぐ下る

海岸手前で国道34号に突き当たったら、駅路はほぼ南南東方向に折れ、次の**船越《ふなこし》駅**（諫早市船越町）まで、大筋では近世の長崎街道に沿いながら進む。木本は、国道34号が長崎自動車道の鈴田《すずた》川《がわ》橋の下をくぐるあたりで並行する旧長崎街道の直線部分は肥前路を踏襲するものだと指摘し、他にも駅路の痕跡があるとしている。新分駅から船越駅までの距離は二一キロである。

塩田駅から新分駅を経て船越駅までの距離は、かなり長く、いずれも二〇キロを上回る。『肥前国風土記』によれば彼杵《そのぎ》郡に二駅あったのに、『延喜式』には一駅しか見えないのは、一駅にまとめ、それに新分（新たに分ける）の名をつけた、と木下は考える。

船越駅から肥前路は東南に進み、橘湾に近くなってからは国道

図162　山田駅手前付近の景観．肥前路は雲仙岳中央火口原の田代原に向って東進する

図163　高屋駅比定地の丘から三角港を望む

251号に沿って東進し、国道57号に合するあたりからは国道筋を外れ、雲仙岳の北側をかすめるように島原半島を横断することになる。この直進路の初めの部分は主要地方道58号愛野島原線に近い道筋であるから、島原半島横断の様相も見える（図162）。次の**山田《やまだ》駅**（愛野町山田原）はまだ山の上り口にある。船越駅から一六・四キロになる。

山田駅から先は、駅路は山塊の間を抜けて島原市の中心街まで直線的に山越えする。島原まで達する主要地方道58号愛野島原線はうねうねと雲仙《うんぜん》岳の北側を迂回するから、駅路に沿っては、自動車の通れる道はない。しかし山田駅付近から雲仙火山の中央火口原の田代原までは、駅路ルートが九州自然歩道と重なっている。

島原半島最後の**野鳥《のとり》駅**（島原市島原）は渡海駅である。山田駅からは山越えで一五・七キロである。対岸の宇土半島の**高屋《たかや》駅**（熊本県宇城《うき》市三角《みすみ》町波多）まで海路でおよそ二〇キロである。この両駅とも標準の駅馬五疋のほかに、特に舟などについては『延喜式』には記されていない。

高屋駅は港に接するのではなく、すぐ北の高台にあったと見られる（図163）。ここは肥後国である。駅路はここから海岸沿いではなく、宇土半島の尾根筋を東進したと考えられ、車の通れる道はないが、そのかなりの部分が九州自然歩道になっている。次の**長埼駅**《ながさき》（宇城市不知火町《しらぬい》長崎字早馬）は平野に下りたところで、遺称地名の長崎があり、かつ早馬の小字名も残っている。高屋駅から一七・四キロである。

先に大宰府路の席打駅前後で、大道、立石、大人という古代路に関連した旧字地名が連続していることを述べた。木本雅康によれば、この長埼駅のある大字長崎に「大人足」なる小字地名があり、地元では「オクトガシ」と発音し、九州山地のどこかに大男の第一歩があって、その第二歩目がここであるという伝承があるという（木本「古代の駅家と巨人伝説」『本郷』第33号、吉川弘文館、二〇〇一年）。

長埼駅から国道266号に沿って北東に上り、西海道西路の球磨《くま》駅（城南町宮地）に至って、肥前路は終わる。長埼駅から終着球磨駅までは一三・二キロであり、大宰府から大きく回っての総延長は一八一・七キロになる（海路部分二〇キロを除く）。ちなみに大宰府から西海道西路によって直接ここまで来れば、その距離は九九・五キロと約半分である。球磨駅とその近傍にある肥後国府については、西海道西路の項で改めて述べる。

六　西海道西路を行く—1

直線で構成される筑後国の西海道西路

西海道西路は、すでに見た肥前路とともに大宰府を発して南進する。参照図は西海道路線図—4（図164）であるが、大宰府から筑後国府付近までは、従来どおり大宰府周辺駅路図（図138）も参照されたい。最初の基肄駅が二本の駅路の共通駅のため、駅馬が標準の倍の一〇疋であることはすでに述べた。基肄駅で肥前路と分かれた西海道西路は、ほぼ真南に直進する。西海道西路の距離計算としては、基肄駅から始める。

この直線路はほぼ六キロほど肥前国と筑後国の直線の国境線の上にある。現在の佐賀・福岡両県の南北の境界線でもある。ここは駅路がしばしば土地の境を通ることの一例でもある。この直線の西海道西路は、九州自動車道の鳥栖JCTから三キロほど南で南南西に針路を振って、ちょうど高速道路としばらく重なるように並行する（図165）。そののち国境は西にそれるが、ほぼそのまま直線を延長すれば、久留米市渡町の筑後川渡河点に達する。

この直線路が筑後川を渡って筑後国に入ったところに次の**御井《みい》駅**（福岡県久留米市合川町）があったと見られる。**筑後《ちくご》国府**（久留米市合川町）が、その東一キロほどの高台にあった。基肄駅から一一・五キロである。

筑後川を渡って筑南平野に入った駅路は、御井駅付近から次の葛野《かつらの》駅、さらに次の狩道駅の北まで、この平野の途中で若干方向を変えはするが、直線的に南下する。その延長は筑後川から計算しても、実に二一キロにも達する。

筑後川を渡った南の御井駅付近では、現在の久留米市の街並みは駅路とは直接の関係がないように見えるが、木下の研究によって、筑南平野の終わる先述の葛野駅の先までに、推定される直線駅路に沿って六ヵ所も「車路（または車地）」の旧地名があることが分った（木下「〈車路〉考」前掲）。その状況を

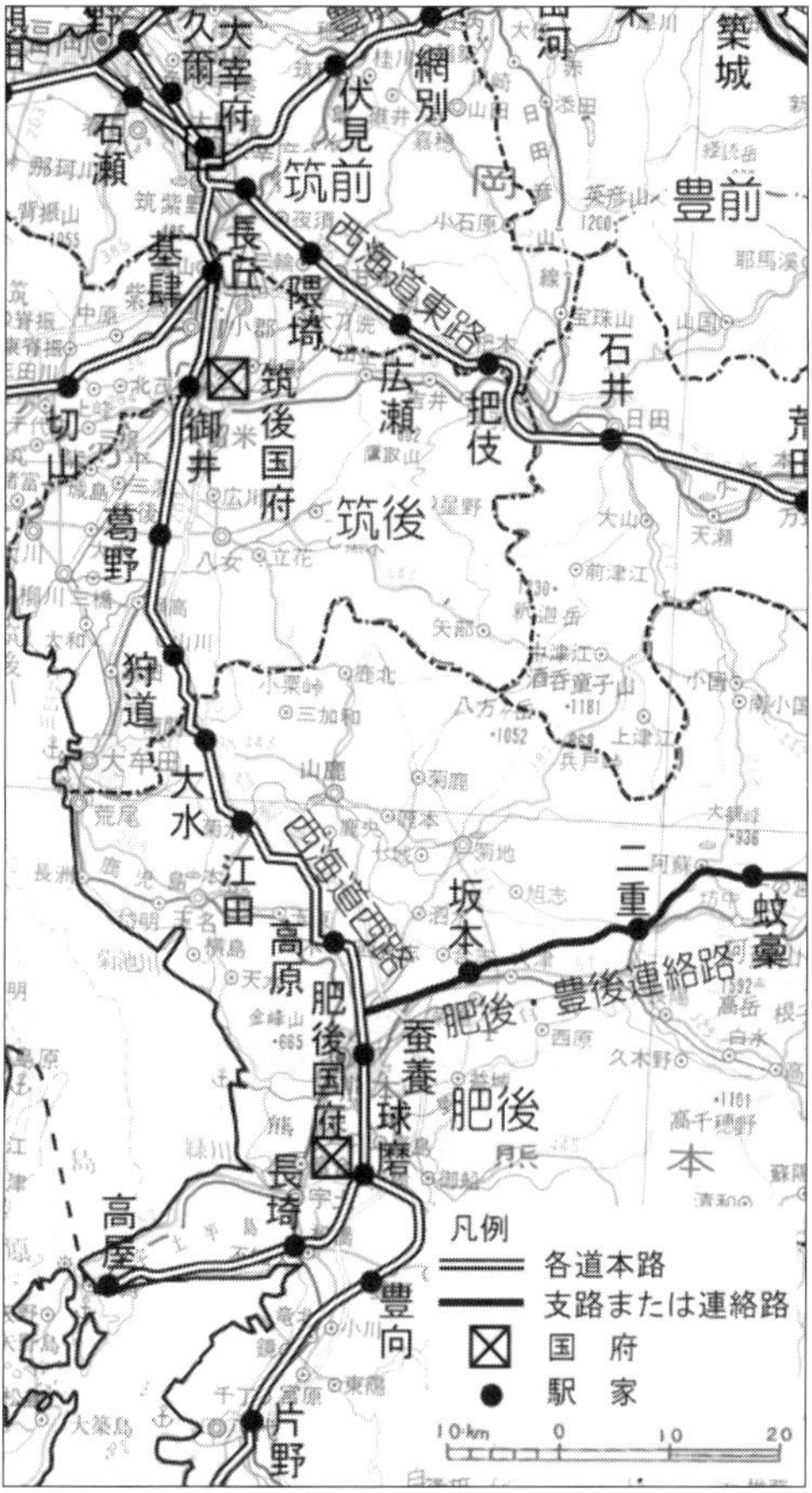

図 164　西海道路線図—4

図165　西海道西路は鳥栖JCTの南で高速道路とほぼ重なる．クリークの左の細いあぜ道が駅路跡か

木下の上記論文より図166に示す。

久留米市内には三ヵ所（図166のA・B・C）の「車路」地名があり、その線上にある諏訪野町上牟田地区（A点よりB点へ向けて〇・五キロ南）からは、発掘によって明瞭な西海道駅路跡が検出されている。道路の幅は何度も作り直されていて、路面幅七メートル前後、溝の心々間距離九メートル、ある時期には最大で路面幅九メートル、溝の心々間距離一二メートルであった（「古代官道・西海道跡　諏訪野町上牟田地区の調査」『久留米市文化財調査報告書第76集』一九九二年）。久留米市内では西海道西路の路線位置はかなり明瞭になっているが、駅家と見られる遺跡はまだ発掘されていない。

御井駅から南南西に直線で下がる駅路は、久留米市荒木町付近で現国道209号にほぼ重なるようにまっすぐ南下する。ただし国道のほうはやや曲折するが、駅路は直線である。広川を渡る付近で筑後市域に入り、筑後市内にも三ヵ所の「車路」地名がある（図166のD・E・F）。

次の**葛野《かつらの》駅**（筑後市羽犬塚《はいぬづか》）の前後にも、幾つか駅路跡が発掘されている。筆者もその一つの現場（羽犬塚山ノ前遺跡）を発掘調査中に訪れたことがある（図167）。御井駅から葛野駅まで一一キロちょうどを測る。

駅路はさらに南進し、矢部川を渡ってもなお直進して、平野の尽きるあたりで南東に折れ、狩道《かりじ》駅（山川町尾野）へ至る。葛野駅から九・五キロである。狩道駅付近から南は、国道209号あるいは九州自動車道にほぼ沿って肥後国に入るが、その手前にも車路地名がある。

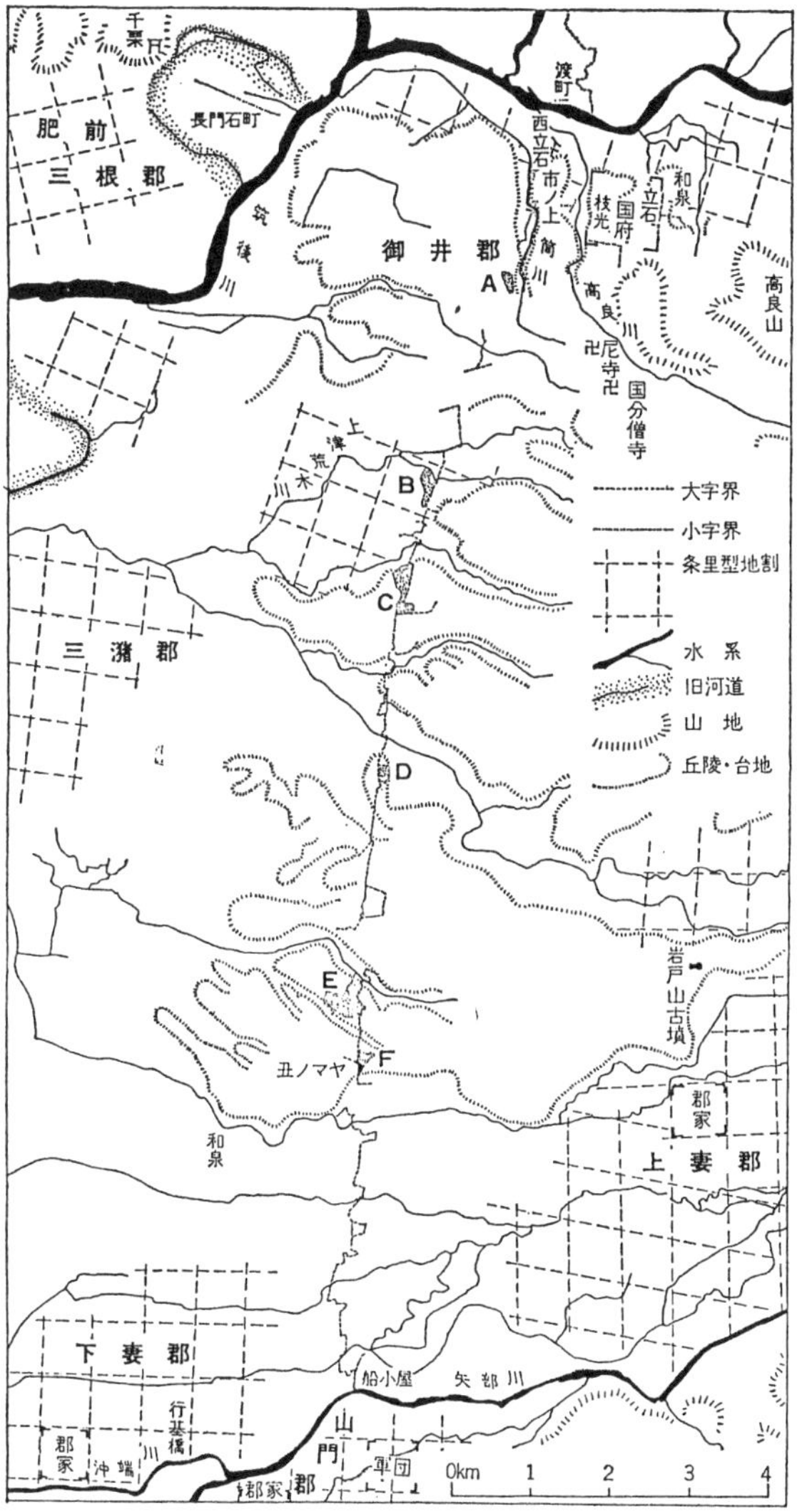

図166　筑後国中部の「車路」地名

図167　発掘中の羽犬塚山ノ前遺跡

肥後国北部の西海道西路

肥後国は、現在の熊本県である。肥後国最初の大水駅《おおむつ》（熊本県南関《なんかん》町関下）は、国境から三キロほど南に下がった所で、木下によって比定された。筑後国の狩道駅から肥後国最初の大水駅まで、九・八キロである。

木下は藤岡謙二郎編『古代日本の交通路』の調査に当たって、前記の肥前国とともに肥後国も担当した。その調査の進行中の一九七〇年代は、高速道路の建設が全国的に展開され始めたころである。

木下は肥後国の古代路調査に当たって、古代駅路の想定ルートに高速道路の建設現場がしばしば遭遇することに気がついていた。この区間を含む九州（縦貫）自動車道の福岡・熊本間が、九州で最初の高速道路として着工されていた。筆者もまた、そのころ高速道路の計画作業に従事していて、高速道路が古代駅路に寄り添うような形になることが全国のあちこちに見られることに気がつき、古代道路と高速道路の関係の論文をまとめた（武部「日本幹線道路網の史的変遷と特質」前掲）。

そのとき例示として出した一つが、先の九州横断自動車道と肥前路の関係であり、また九州（縦貫）自動車道と西海道西路の関係であった。とりわけ筑後・肥後国境を挟む前後の区間は、近世の肥後街道や現代の国道3号はまったく別の場所を経由しており、古代路と高速道路の関係を見る典型的な場所でもあった。二人は、同じことを別のアプローチから気がついたのであった。筆者が木下の知遇を得たのは、この論文からである。

閑話休題、次の**江田《えだ》駅**（菊水町江田）は、菊池川を渡った南にあり、九州自動車道に近いが、大水駅からの間は高速道路の西側をより直達的に進んだと見られる。前大水駅から一〇・二キロである。江田駅付近にも、幅約一〇メートルの明瞭な切り通し遺構が見られる。

江田駅からも高速道路に沿って進み、植木町味取付近で国道3号に接するあたりから、これまでと少し様相が変わってくる。国道3号に沿うように直線的に南下し、植木町の中心部の十字路を東に折れて二キロほど進むと、**高原《たかはら》駅**（熊本市改寄《あらき》町立石）がある。江田駅から一五・六キロである。

図168　高原駅比定地の立石

このあと、駅路はそのまま東へ進み、高速道路にぶつかる付近でふたたび折れて南進するのであるが、このように鉤型に折れ線を描くことは、この高原駅のある立石地区に方形区画が残り、これが駅家跡と見られること、およびその近辺に古道跡と思われる地形が残っていることなどによって確かめられている。立石という地名に駅家のあることも少なくない。実際にかなり大きな立石がある（図168）。

高速道路の付近で南進する駅路は、やや東へ振れるがほぼ真南に向って直進し、蚕養《こかい》駅を越えてさらに次の球磨駅まで、約二〇キロが南北の直線区間である。**蚕養《こかい》駅**（熊本市黒髪）は、白川を渡る手前の熊本大学の構内にあったと見られ、すぐ南に路面幅三・五メートルの七世紀後半から九世紀前半にかけての道路遺構が発掘されている（黒髪町遺跡）。蚕養駅と発音を同じくする子飼町の名が近くに残っている。高原駅から蚕養駅まで九・四キロである。蚕養駅の手前（北側）で、肥後・豊後連絡路が東に分岐する。これについては西海道東路に関連して触れることとする。

蚕養駅からさらに直進する駅路は、きれいに整備されている学園前大通りと一部重なりながら南進する（図169）。この道の終端付近の大江遺跡で、平成十二年（二〇〇〇）に道路幅一五メートル前後と推定される古代西海道の遺構が検出されている。熊本市内の直線区間は、条里に一致するという。

図169　熊本市の学園大通りのこのあたりは駅路に重なる

ＪＲ豊肥本線を越えた先からは、古代道路を踏襲したように直進する現道は部分的にしか見当たらないが、これまでと同様に、直線的に南下したものと見られる。豊肥本線を越えた西に国府町の地名が残るが、これは肥後国府があったことを示すもので、奈良時代に国府があった。西海道西路はそのまま南下し、宇土半島付け根の**球磨《くま》駅**（城南町宮地）に達する。蚕養駅から一一・五キロである。ここに島原半島から回ってきた肥前路が合することは前項に見た。いま駅路を追っている『延喜式』の十世紀の時代には、**肥後《ひご》国府**（城南町宮地）は球磨駅の近在にあったとされる。

北からたどってきた道としては、そのまま南に向かう西路と宇土半島を行く肥前路が分かれる形になる。西海道西路は肥後国内を南に向かうのであるが、そのまま南へ下がるのではなく、南に九州自動車道の西側に沿うように南西に下がるのは肥前路のほうで、西路はここでぐっと東に向き、九州自動車道をほぼ直角に横断し、緑川の左岸段丘に沿って大きく迂回して、次の**豊向駅**《とよふ》（宇城市豊野町糸石馬立）に至る。豊野町にある古代寺院の浄水寺跡には、四基の平安時代の石碑があり、その一つには「肥公馬長」という駅長を思わせる名前が見られる（図170）。

図170　「肥公馬長」の文字のある石碑
（左側，宇城市豊野町の浄水寺境内）

図171　片野駅比定地付近の八代神社

球磨駅からのルートと豊向駅の位置は、木下自身が『古代日本の交通路III』で推定しているものとは異なり、新しい研究による。直達的ルートでは、現在は浜戸川の沖積地であるが、古代には通りにくかったと見られる。緑川左岸の段丘上は確かに通りやすいルートである。球磨駅から一三・六キロを測る。

駅路は豊向駅から南西に娑婆《さば》神《がみ》峠を越えると八代平野に出て、その東端の山麓に沿って南下する。ここには薩摩街道やそれを踏襲する国道3号、さらに九州自動車道が並んで走る。次の**片**《かた》**野**《の》**駅**（八代《やつしろ》市妙見町）の比定地は八代神社に近い（図171）。片野駅想定地にも、「大人足」の地名がある。豊向駅からここまで、一九キロとやや長い。

七　西海道西路を行く―2

肥後国南部の西海道西路

西海道西路は長いから、路線図を改める。以後は西海道路線図―5（図172）を参照されたい。片野駅の先で球磨川を渡る。渡町の地名が残っている。この先は南九州自動車道やJR鹿児島本線沿いで、しばらくすると国道3号も加わる。八代市の日奈久《ひなぐ》馬越町でこれまでの海岸の平野東端から山間部に入る。この山に分け入るルートは、南九州自動車道（現在名は日奈久芦北道路）の二見《ふたみ》トンネルとほぼ重なっている。九州各地では、これまでも何度か新しい高速道路が古代駅路と重なっているのを見てきた。ここもその例だ。

次の**朽網《くたみ》駅**（八代市二見本町）は、日奈久芦北道路の二見トンネル南出口付近に当たる。ここは近世の薩摩街道も通っており、町はひなびた宿場町の面影を残している。片野駅から一四キロである。ここから海に面した田浦《たのうら》町まで、大筋では南九州自動車道に沿い、赤松太郎《あかまつたろう》峠を越える部分は、自動車道も新しい赤松トンネルで抜けて、田浦港近くに出る。ここからまた直線的に佐敷太郎《さじきたろう》峠を越え、次の**佐職《さしき》駅**（芦北町佐敷）に出る（図173）。朽網駅から一三キロちょうどである。

佐職駅のすぐ先は、海岸沿いに進む国道3号や肥薩おれんじ鉄道（旧JR鹿児島本線）の通る海岸側ではなく、東側の旧薩摩街道のルートで峠越えをして芦北町の湯浦《ゆのうら》を過ぎると、そこで道は二つに分かれる。肥後・日向連絡路がここで分かれて南下する。西海道西路の本道は西南に向かい、津奈木太郎《つなぎたろう》峠付近を直線的に越えて、次の**水俣《みずまた》駅**（水俣市古城）に至るまでのルートは、やはり南九州自動車道（この部分の現在名は芦北出水道路）に近い。水俣駅は、現水俣市市街部の東端付近にあったと見られる。前佐職駅から一四キロである。

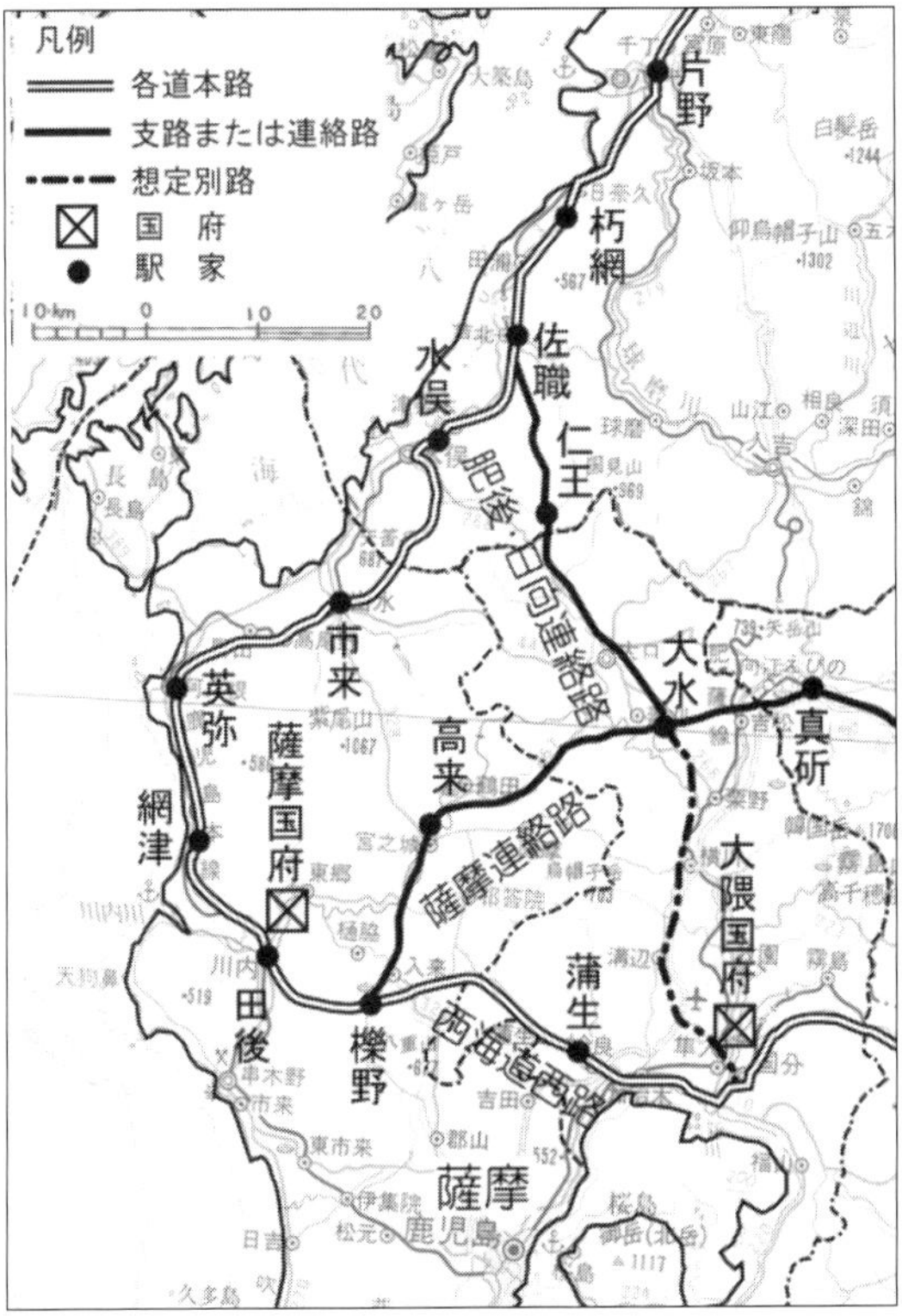

図172　西海道路線図—5

朽網駅から佐職駅を過ぎて水俣駅まで、赤松太郎、佐敷太郎、津奈木太郎の三つの峠を越えた。ここは近世の薩摩街道でも三太郎峠と称される難所であった。それ以北の片野駅（八代市）から水俣駅までの四駅間の四一キロは、山岳の難所続きであるが、全体として南九州自動車道の計画ルートにほとんど一致しているように思われる。

図173　佐職駅比定地付近の街並み（芦北町佐敷）

水俣駅からは南東に向きを変え、現在チェリーラインが通っている中尾山の尾根沿いに進み、そのあと県道117号線に沿って矢筈峠（標高三六〇メートル）を越えて薩摩国に入る。矢筈峠越えのルートは、木下の想定するもので（藤岡『古代日本の交通路Ⅳ』前掲）、矢筈峠の北麓である水俣市湯出《ゆのづる》に馬路の字名があることと、肥後国内の駅路が原則的に海岸を避ける傾向があることから求められた。これまでほぼ同じであった南九州自動車道も、ここでは海岸回りの道筋を採っている。

薩摩国の西海道西路

矢筈峠を越えて出水《いずみ》市に入ると薩摩国最初の**市来《いちく》駅**（鹿児島県出水市武本）である。国境を越えることもあり、水俣駅から二一・六キロを数える。水俣駅から市来駅までの肥後・薩摩国境における通過路線には、先に示した矢筈峠を越えるルートと、国道3号や旧JR鹿児島本線の通る海岸回りルートの双方が考えられる所で、木下は内陸ルートを採っていたところ、一九九二年にそのルート上の出水市武本に八世紀中葉から九世紀後半にかけての須恵器や土師器が大量に出土した。武本に「市来」という小字名が存在することもそれ以前に指摘されていた。木本雅康は、これによってこの地が市来駅である可能性が高まり、内陸ルートのほうが駅路として適当だと述べている（木本「古代伝路の復元と問題点」『古代交通研究』第七号、一九九七年）。

市来駅から先の西南方へのルートも、旧ＪＲ鹿児島本線沿いの国道3号よりさらに南の山地の裾に沿った広域農道やオレンジロードと呼ばれるルートに近いと見られる。次の**英弥駅**《あくね》（阿久根市波留）は海に近いもののやや内陸にある。市来駅から一五・七キロである。

英弥駅から南に次の**網津駅**《おうつ》（薩摩《さつま》川内《せんだい》市網津町）までもまた、国道3号や旧ＪＲ鹿児島本線の通る海岸筋ではなく、ほぼ一キロほど内陸に入った山側を通ったようだ。ただし、網津駅のところでは国道や鉄道も内陸に入ってくるので、網津駅も国道沿いになる（図174）。英弥駅から一六・四キロになる。

図174　網津駅比定地は国道３号に沿う

ここから駅路は、国道3号と旧ＪＲ鹿児島本線に沿って東南に進む。川内川《せんだい》を渡る手前の北側に**薩摩**《さつま》**国府**（薩摩川内市御領下町）があった。旧高来郡に属し、駅路の北側に当たる。次の**田後駅**《たじり》（薩摩川内市向田本町）は川を渡って川内川の左岸（南岸）側にあったと考えられる。田後駅は、前後の駅との距離的位置からすると薩摩国府の関連駅とも考えられるが、『日本後紀』延暦二十三年（八〇四）三月の条に、「薩摩国薩摩郡田尻駅」と記されており、薩摩郡は川内川の左岸側にあるので、高来郡に属する薩摩国府とは川内川を挟む位置にあることになる。前網津駅から田後駅まで一〇・六キロになる。

なお、市来駅（出水市）付近から田後駅（薩摩川内市）付近までの南九州自動車道のルートは未決定であり、またそれ以南は鹿児島市方面に向かうので、東へ向かう西海道西路とは別になる。

図175　櫟野駅址を示す標識

駅路は川内川を越えて南東にしばらく進んだのち、主要地方道42号川内加治木線にほぼ沿うルートとなる。次の**櫟野駅**《いちいの》（薩摩川内市樋脇町市比野）の比定地は、地元によって標示柱が立てられている（図175）。後にも出てくるが、九州では古代駅路について関心が強く、こういう標示類がかなりある。田後駅から一二キロちょうどである。

この櫟野駅については、初めは設置されておらず、平安時代に入って遅れて設けられた。『日本後紀』によると延暦二十三年（八〇四）、大隅国の蒲生駅と薩摩国の田尻（後）駅との間が遠く、逓送に苦労が多いので櫟野村に駅を置いて欲しいと申請があり許可した、と大宰府からの報告がある。先に見た「薩摩国薩摩郡田尻駅」とは、この記事にあるものである。

薩摩連絡路

ここで櫟野駅から肥後・日向連絡路の大水駅へ至る薩摩連絡路について触れておきたい。この道は薩摩国の高来《たかく》駅という『延喜式』に見える駅の所在を巡って提案されている路線であって、他の駅路や連絡路とはやや趣きを異にしている。この考え方は初めに日野尚志が図示して提出したもので（日野「古代西海道の交通路（図面）」『日本の街道8　日燃ゆる九州』集英社、一九八一年）、木下はこの案を採る。ただし、櫟野駅から出るとする考え方は、木本雅康の示唆を得て筆者が策定した。

『延喜式』では、薩摩国内に市来、英弥、網津、田後、櫟野、高来の六駅が載せられている。ところがこの駅を西海道西路で『延喜式』記載の順番どおりの最後に置くとすると、距離の関係で置く余地がなく、研究者たちは困っていた。そこで枝線を出して南の郡山町に持ってくる案（藤岡謙二郎『古代日本の交通路Ⅳ』前掲）をはじめとしてさまざまな案が提出されている。駅の順序を変える考え方もある。鹿児島県の『歴史の道調査報告書　出水筋』（一九九三年）では、薩摩国府跡から「高木」の墨書土器が出土していることから、高城郡家と高来駅を薩摩国府内に置く考えを示した。駅の順序を高来・田後・櫟野の順とする考え（順序錯誤説）である。藤井重寿は、田後駅を樋脇町（現薩摩川内市）塔之原、小字田代および平田尻に、櫟野駅を入来町（現薩摩川内市）市野々に比定する説を出した（藤井『薩摩乃国府』薩摩字絵図研究会、一九六五年）。近年にも永山修一がこの考えを支持している（永山「南九州の古代交通」『古代交通研究』第一二号、二〇〇三年）。この案の難点は、高来駅（薩摩国府付置と想定）と大隅国最初の蒲生駅間の距離が三〇キロ強であり、中間に二駅（田後、櫟野）を置くには、南九州地域としてはやや短いことであろう。

図176　高来駅比定地の旧宮之城町役場付近

　ここに示す薩摩連絡路案は、櫟野駅からほぼ国道328号に沿って北上し、さつま町山崎付近で国道267号のルートに沿い、**高来駅**《たかく》（さつま町宮之城屋地）を川内川上流の元宮之城町の中心に比定するもので（図176）、そこからも国道267号の道筋で、肥後・日向連絡路の大水駅《おおむつ》に至

図177　蒲生町に残る古道の痕跡，舗装の右に古道幅が残る

図178　古道の上に乗る直線道路（霧島市隼人町内の市道）

るとするものである。

櫟野駅から高来駅まで一五・二キロ、高来駅から大水駅まで二一・八キロ、全長三八キロの連絡路である。この連絡路を薩摩国府から直接に高来駅に向かうのではなく、櫟野駅経由としたのは、直接ルートは川内川沿いでやや通りにくく、かつ駅間距離が長くなることを避けたためである。この連絡路の意味は、薩摩国府と日向国府を結ぶダブルウェイと考えればよいだろう。全体に、後述する日向国から大隅国へのルートを含め、九州南部の駅路には解明されるべき点がなお少なからず残されている。

大隅国の西海道西路

櫟野駅から東に主要地方道42号川内加治木線に沿って進むと、新留峠で同じ鹿児島県内ながら大隅国に入る。この峠では現道は北へ迂回している。峠を下りると、ふたたび42号線のルートに合し、大隅国最初の**蒲生《かもう》駅**（蒲生《かもう》町下久徳）に至る。薩摩国の櫟野駅から一八・四キロである。その比定地には早馬の小字名が残り、しかもこの先にはゆるくカーブを描く駅路の痕跡が残っている（図177）。このような道路痕跡は、明治時代の地形図や空中写真から端緒をつかむことができる。これもそうして発見された例の一つである（武久義彦「明治期の地形図に見る大隅国の駅路と蒲生駅家」『奈良女子大学地理学研究報告』一九九二年）。

別府川を越え、九州自動車道と同じ場所で小さな峠を越え、加治木町の中心部を通り、さらに東進して霧島市隼人町に入ると、ほぼ直角に折れて北に向かって史跡隼人塚の近くを過ぎ、JR日豊本線を斜めによぎる。この道筋は今もかなり直線の広い二車線道路になっているが（県道隼人塚浜之市線、図178）、これもまた戦後すぐの、まだ開発の進んでいない時期の米軍撮影の空中写真には、はっきりと古代の広い道幅の痕跡が見てとられる（武久義彦「空中写真の判読を中心とする歴史的景観の分析手法の確立」奈良女子大学文学部地理学教室、一九九六年）。

JR隼人駅の北で駅路はまた直角に曲がり、JR日豊本線の跨線橋を過ぎる手前に**大隅**《おおすみ》**国府**（霧島市府中向花）があった。ここが西海道西路の終点である。ここには東から西海道東路が到着して一本につながる。

蒲生駅から大隅国府まで一八・一キロ、大宰府からここまでの総距離は、表7に見るように、基肆駅・大隅国府間が二七四・九キロであるので、これに大宰府・基肆駅間の一一キロを加えて、二八五・九キロとなる。

八　西海道東路を行く―1

大宰府から筑前国を東南へ

今度は九州東海岸に移る。西海道東路も、他の駅路と同じく大宰府を起点とする。全体としては西海道路線図―6（図179）だが、初めは大宰府周辺駅路図（図138）を参照されたい。まず肥前路および西海道西路と一緒に大宰府を南に出ると、五〇〇メートルほど東へ斜めにシフトして、また直線で南下する。鳥栖筑紫野道路の起点付近で、西海道東路は東に分岐する。古賀分岐とする。表7には示していないが、大宰府から四キロちょうどである。

西海道東路は、しばらくは筑前国管内である。JR鹿児島本線、西鉄大牟田線、国道3号を続けて東に渡ると、最初の長丘《ながおか》駅（福岡県筑紫野市永岡）である（図180）。遺称地名から比定されている。古賀分岐からは一・八キロであるが、大宰府政庁前からであると、五・八キロである。

長丘駅で東南東に向きを変えると、JR筑豊本線をよぎる少し手前の筑紫野市岡田遺跡で、一九八八年に長さ三六〇メートルにわたり、両側に溝のある九メートル幅の古代官道跡が発掘されている。

このあと西海道東路は、ほぼ国道386号の道筋を直線的に東南東に向かう。途中わずかに方向が変わるが、ほとんど一直線に二駅先の広瀬駅まで進んだと見られる。次の隈埼《くまさき》駅（筑前町新町）は長丘駅と広瀬駅との中間点ということから選ばれている。長丘駅から九・八キロを測る。さらに進んで、広瀬《ひろせ》駅（朝倉町比良松）は大分自動車道の朝倉ICの出口に近い。隈埼駅からちょうど一〇キロになる。ここから間もなく筑後川の河谷を遡ることになり、西海道東路は大分自動車道（九州横断自動車道）と当分の間つかず離れずの関係にある。筑後川の右岸を東に進み、次の**把伎《はき》駅**（杷木町寒水）もまた杷木ICに近い（図181）。広瀬駅から八・四キロである。

ここからは筑後川の谷が狭いので、筑後川左岸に出ると、やや山間部を迂回するように進んで豊後国に入る。大分県である。なお細かく言うと、筑後川を南へ渡ったときにいったん筑後国に入り、左岸側

図179　西海道路線図—6

図180　長丘駅比定地付近の永岡公民館

図181　把伎駅比定地は杷木ICに近い

を迂回中に、また国境を越えて豊後国へ入ることになる。

豊後国の西海道東路

ここからは西海道路線図—7（図185）による。豊後国最初の石井《いしい》駅（大分県日田市石井）は、遺称地名からも筑後川左岸（南岸）にあったとされている。把伎駅から一三・六キロになる。石井駅から東へ進んでふたたび筑後川を渡って右岸に出て東進すると、大石峠あたりから大分自動車道がまた寄り添ってくる。もともとこのあたりは現代の国道や県道は通っておらず、東西を結ぶ国道210号やJR九大本線は玖珠川沿いに南を迂回している。山間部の直通ルートが双方を同じ道筋を歩ませている格好だ（図182）。

次の荒田《あらた》駅（玖珠町大隈金粟院《こぞこい》）は、筑後川支流の玖珠《くす》川左岸の亀都起《きつき》神社境内が木下の示す比定地である（図183）。ここには豊かな湧水池がある。前駅の石井駅から二六キロもあるのは、途中に適当な駅家を置く場所がないからであろう。

ここから駅路は、ふたたび玖珠川を渡り、次の由布《ゆふ》駅（湯布院町岳本）までは険しい玖珠川河谷を避け、北側の日出生《ひじゅう》台を迂回したと考えられている。台地であるから道はそれほど厳しくない。しかし、現在は自衛隊演習地で、駅路跡はたどれない。荒田駅から由布駅までもやはり長く二三・四キロを測る。由布駅の位置も明確ではないが、由布《ゆふ》岳西麓の金鱗《きんりん》湖周辺と木下は見る。ここも湧水池である。このあたりで標高四五〇メートルもある。

ここから東に由布岳の南を標高七七〇メートルの峠を越えて、別府湾方面に下りる。**長湯《ながゆ》駅**（別府市南立石）の位置も明らかではないが、現在の大分自動車道別府IC近くと推定される。前後の関係から、あまり海岸近くまでは下りていないようだ。立石の遺称地名の中である。由布駅から一一・三キロになる。

西海道東路はここから東南に豊後国府を目指すが、別府・大分両市間は海岸筋は通れず、ほぼ大分自動車道の道筋に沿って尾根筋を通ったのではないかと見られる。なかなか険しい道筋である。

豊後《ぶんご》国府（大分市上野丘）は大分川の左岸台地上にあり、次の**高坂《こうさか》駅**（大分市上野丘）も国府の南にあったと見られる。有名な摩崖仏のある元町石仏に近い（図184）。長湯駅から一七・七キロである。

筑前国の広瀬駅からここ豊後国の高坂駅まで、駅路は大分自動車道とつかず離れず、時には絡み合って進んできた。この間七駅、自動車道には八インターチェンジがある。広瀬（朝倉IC）、把伎（杷木IC）、石井（日田IC）、荒田（玖珠IC）、由布

図182　駅路と高速道路が絡み合う大石峠付近

図183　荒田駅比定地の亀都起神社より東に日出生台方面を望む．山麓に大分自動車道の高架橋が見える

図 184　高坂駅比定地付近の摩崖仏

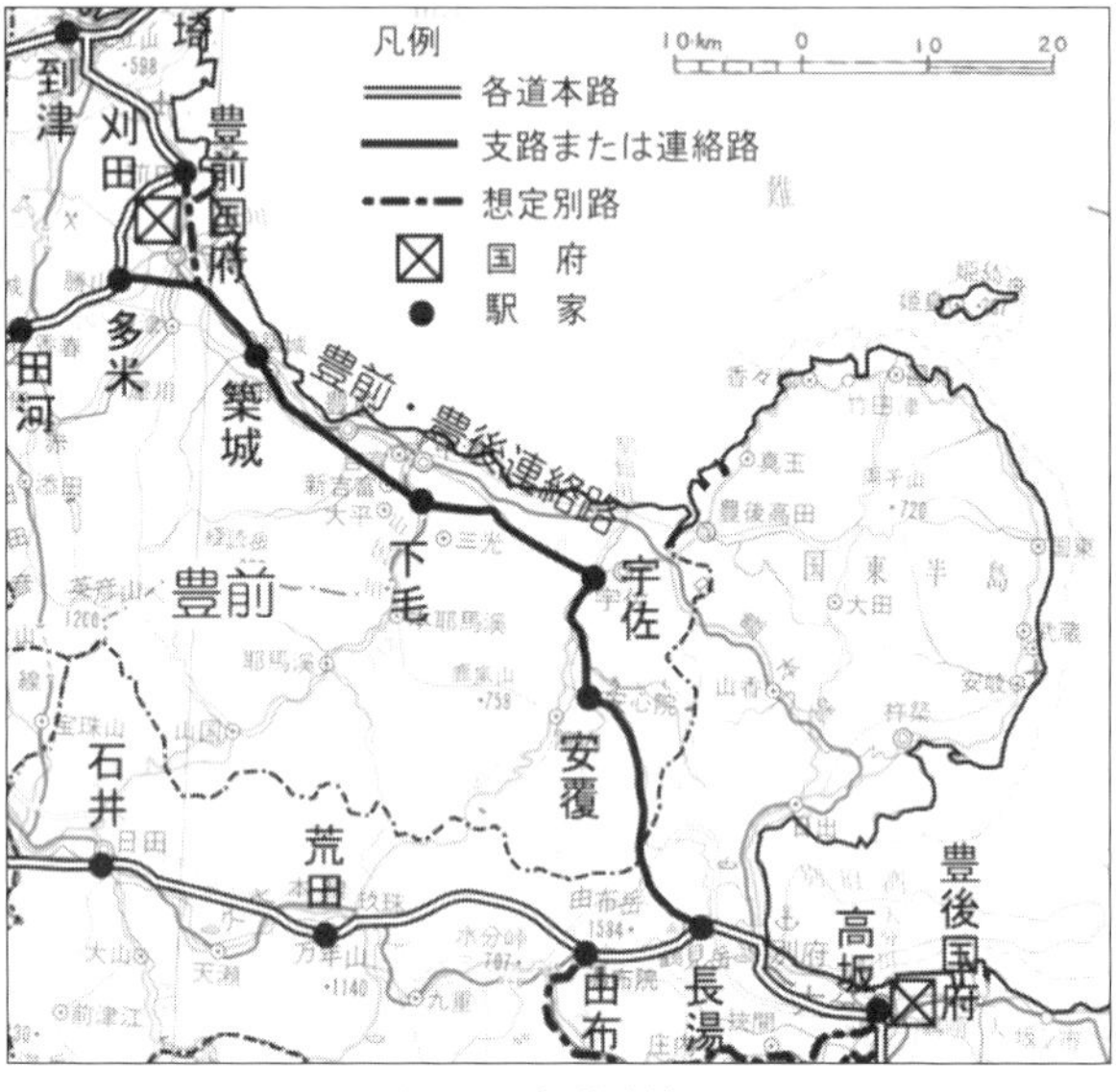

図 185　西海道路線図—7

（湯布院IC）、長湯（別府IC）、高坂（大分IC）が対応し、距離の長くルートが異なる荒田・由布両駅間に自動車道では九重ICが別にある。しかし全体として駅とインターチェンジの対応は見事なものだ。

なお、湯布駅から高坂駅までのルートに関し、先に示した長湯経由のルートを初めて具体的に提示したのは、戸祭《とまつり》由美夫である（藤岡『古代日本の交通路Ⅳ』前掲）。しかしこれには異論もある。それは足利健亮が提唱したもので、この間を長湯駅をへず、直接に豊後国府（もしくは高坂駅）へ至るとするものである（足利「西海道」藤岡謙二郎編『日本歴史地理総説』古代編、前掲。図185、190、195には、一点鎖線で想定別路として図示）。

このルートは大分県では支持されており、「宇佐大路—宇佐への道調査報告書」（『大分県文化財調査報告　第八七輯』一九九一年）がそれを採り、『大分県の歴史』（後藤宗俊筆、山川出版社、一九九七年）も同じである。それは国道210号やＪＲ九大線の通っている大分川の河谷沿いの道である。高い標高の峠を越えなくても済む利点はあるが、古代駅路では一般には避けられる河谷沿いの道であることや、この間を現国道によってもほぼ四〇キロもあり、その間に駅のあった記録は見られず、また『延喜式』記載の駅名の順序が高坂・長湯・由布となっていることに適合しないなど疑問点が多いが、さらに検討の余地はあろう。

九　豊前・豊後連絡路を行く

豊後国府から豊前国府へ

西海道の最初に述べたように、初め坂本太郎が大宰府路の到津駅から下って九州東岸沿いに大隅国府までを西海道東路と名づけたのだが、その後多くの反論が出て、大宰府から発する道を本路とする考えが主流になった。筆者もその考え方に基づいて、大宰府から長湯駅を経て南進し、大隅国府に至るルー

図186　豊前・豊後連絡路は，大分自動車道の明礬橋の下付近を通る

トを西海道東路と呼ぶこととした。豊後路あるいは日向路《ひゅうが》とも呼ばれる。そこで坂本のいう西海道東路のうち、大宰府路の到津駅から豊前路の多米駅を結ぶルートが残った。これが豊前・豊後連絡路である。いまこの道を豊後国府の側から追おうとしている。本来は逆かもしれないが、実際にそのような方向で調査したので、そのままの形で説明する。ただ、表7（西海道路線、駅および駅間距離）では豊前国側を頭に記している。図面は先の西海道路線図—7（図185）を用いる。

この道筋には問題があり、西海道東路のどこからこの連絡路が出ていたかには二つの説があった。ひとつは由布駅から分岐する説、もう一つは長湯駅からの分岐説である。筆者は高速道路の大分自動車道や東九州自動車道の計画ルートとも考え合わせ、長湯駅分岐説が適当だと考え、今回もそのルートで踏査した。初めに日野尚志が提唱した道筋である（日野「古代西海道の交通路（図面）」『日本の街道8　日燃ゆる九州』前掲）。

この連絡路は、長湯駅から大分自動車道あるいはこれに絡むような国道500号に沿って北上する。最初に大分自動車道と交差するのは、明礬《みょうばん》橋付近（図186）であろう。

やがて大分自動車道の日出《ひじ》JCTの西で大分自動車道および国道500号とは分かれ、山香《やまが》町と宇佐市（旧安心院《あじむ》町）の境界線を通る町道（または市道）あたりに沿って進む。間もなく豊前・豊後国境を越える。ただし同じ大分県ではある。ふたたび国道500号沿いに北上し、**安覆駅**《あじぶ》（宇佐市安心院町古市）に至る。長湯駅から一九・三キロを測る。この駅は安西復《あじぶ》の三字が二字に書かれたと考えて、安心院《あじむ》町（現宇佐市）に比定されている。豊前・豊後連絡路の最初の駅である安覆駅が豊前国に属するから、この連絡路の駅はすべて豊前国にある。

ここから次の**宇佐駅**《うさ》（中津市辛島）までは、大筋では津房川、宇佐別府道路、国道382号などのルートであるが、できるだけ直進に近い道筋を採ったようだ。宇佐駅は国道10号に沿う泉神社付近と見られる。名前のとおり泉がある（図187）。安覆駅から一二・二キロになる。

図187　宇佐駅比定地付近の泉神社

豊前・豊後連絡路は宇佐大路と重なる

駅路はこれから直角に曲がり、西北西方向に向かうのだが、この道筋は宇佐大路とも呼ばれたように、反対方向の駅館《やっかん》川を越えて東南東二・五キロほどの宇佐神宮への連絡道でもあった。駅館川は宇佐駅の駅館にちなむ名である。宇佐大路は平安時代中期以降に盛んになった宇佐神宮への勅使参向の道として、勅使が上陸する今井津（行橋市）から宇佐神宮に至る道をいい、その大部分は豊前・豊後連絡路に当たる。この道は中津市を中心とする平野部で、きわめて直線的な形態を持っており、各所にその痕跡を残しているだけでなく、現在の道でこの直線道を踏襲している所も少なくない。

図188　中津市に残る駅路を継承した県道の直線区間

図189　国道10号バイパス際に残る古道の切土跡（豊前市荒堀付近）

豊前・豊後連絡路（宇佐大路）は、直線路で西北西に進む。大筋ではやや蛇行している国道10号に近い。宇佐駅比定地から六キロほど進んで、国道10号が旧道と中津バイパスと二股に分かれる部分のちょうど真ん中に県道663号万田四日市線が走っており、駅路はここでやや左に折れるが、この中津市部分が駅路を継承して比較的よく直線部を残している（図188）。

次の**下毛《しもつみけ》駅**（中津市高瀬）は山国川右岸の小段丘上にある。宇佐駅から一六キロちょうどである。すぐ先の山国川は現在では大分県と福岡県の県境ではあるが、同じ豊前国である。また、山国川沿いには、先に見た藤原広嗣の乱の時、一軍が選んだとみられる西海道東路の石井駅から分かれて、耶馬渓を通る道が、ここに接続していた（図145参照）。現在の国道212号の経路である。

下毛駅から先も、福岡県豊前市内の国道10号バイパス部には、古代の切土跡がそのまま残っている（図189）。

椎田道路の始まるあたりからは、その北東部を駅路は直線で走る。条里に沿った農道として直線的に通り、所々に張り出している段丘を古道がカットして通った痕跡が幾つか残されている。次の築城駅《ついき》（福岡県椎田町越路《こいじ》）もその直線部に沿う日吉神社のあたりと思われる。下毛駅から一五・四キロである。

前後も一直線であったようで、さらに進むと豊津町域にある航空自衛隊基地には、古道跡の小道が両側をフェンスで囲まれて残されていたが、今はフェンスの中にとりこまれて入ることはできない。このあと、奈良時代の豊前国府跡のある豊津町国作の先で西に曲がり、主要地方道58号椎田勝山線の南を直線的に真西に進んで豊前路の多米駅に接続して、この豊前・豊後連絡路は終わる。多米駅の東でも小さく張り出す丘陵の横断部には、幾つか古道の切土痕跡が残る。この直線路が障子ヶ岳を目指していることは既に述べた（211頁）。築城駅から多米駅までは一二・六キロ、豊前・豊後連絡路の総距離は七五・五キロである。

なお奈良時代には、豊津町国作にあった豊前国府付近から、そのまま北進して刈田駅に連絡したと思われる（図185の推定別路部分）。

十　西海道東路を行く―2

豊後国府から南へ

ここからは、説明図は新しく西海道路線図―8（図190）になる。国府付近の高坂駅に立ち寄った駅路は、現在の府内大橋のあたりで大分川を渡り、ほぼ国道10号の道筋で南下する。大分市中戸次《へつぎ》あたりで国道ルートからは外れ、県道207号の道筋で月形ゴルフ場を突き抜け、臼杵川沿いの国道502号にぶつかる。

図 190　西海道路線図—8

図 191　古代駅路が近傍を通ったと考えられる近世の紅潤橋（臼杵市・豊後大野市境）

木下はこのあたりを次の丹生《にゅう》駅（臼杵《うすき》市武山）の比定地とする。丹生の関連地名が大分市や臼杵市にあり、それらを比定地とする説もある。大分市の場合は高坂駅に近すぎ、また臼杵市の場合には臼杵城が元は丹生城と称し、丹生ノ島という小字名が残されていたとのことであるが、そこまで遠回りする必然性は見当たらない。もともと、次の三重駅が遺称地名からも、その位置は大きくは変わらないと考えられ、高坂駅から三重駅までほぼ直線的なルートは大野川を遡る筋になり、現在は国道10号やJR豊肥本線が通っている。しかしここは河谷が狭く曲折しており、駅路が通るルートと考えるのは難しく、また丹生郷は海部郡にあったから、丹生駅を大野川筋に置くことはできない。大野川筋を避けるとすれば、やや迂回にはなるが、駅路としての自然のルートをたどれば、臼杵川に出た武山あたりが丹生駅と考えることは自然である。高坂駅から一九キロになる。

駅路はここで南西方向に折れて、大筋では国道502号に沿って進み、臼杵市野津町中心部の野津市からは国道502号が迂回するので、直線的に生の原台地を南西に進んだと見られるが、木下は台地上で人為的と思われる段差を発見している。さらに南東に進み、豊後大野市（旧三重町）との境界の三重川では近世の石橋である紅潤橋《こうかんきょう》付近を横過したと見られる（図191）。

次の**三重《みえ》駅**（豊後大野市三重町葦刈）は、旧三重町中心部の大原台地にある。この周辺の古代道路については、波津久《はつく》文芳の研究がある（波津久「三重大原台地の古代直線道」『大分県地方史』一八九号、二〇〇三年）。これによれば、大原台地をほぼ東西に貫く直線の現道（大原道）は、長い直線であるだけでなく、大字界または旧町村界になっており、これは古代駅路の一環だと考えられる。昭和二十三年（一九四八）の米軍による空中写真にも、この直線路の続きが道路痕跡として明瞭に看取される。この道は東は臼杵方面に、西は竹田方面に続くものであるが、近世の竹田道は、この台地上の直線道ではなく、南の台地下を通っていた。台地上で大原道（古代路）は南北の道と直行する。波津久はこの道を近世の日向道とする。日向道とは、大分から国道10号に近い筋で南下する道である。この十字路（通称白田四辻）を三重駅に比定することはかなり確度の

図192　三重駅比定地付近の直線道を西から望む（豊後大野市三重町）

図193　小野駅比定地付近の小野郵便局（佐伯市宇目小野市）

高いものと考えられる（図192）。丹生駅から一八・四キロを測る。三重駅から、大原道をそのまま西へ進むのは肥後・豊後連絡道であり、西海道東路は、方向を変えて南へ下る。大筋では国道326号のルートである。

三重町と次の小野町との境で、現在は長い三国トンネルで抜けているところは一キロ足らず西側の旗返峠を通ったと見られる。次の**小野駅**《おの》（佐伯市宇目小野市）の付近はバイパスからはずれ、静かな雰囲気を残している（図193）。三重駅から一六・六キロになる。この小野駅の駅馬数は一〇疋で、数少ない西海道での例外である。それはここが豊後国南端の駅で、次の日向国最初の長井駅との間が峻険でかつ距離も二五キロあまりと長いことによると見られる。

小野駅から**長井駅**《ながい》（宮崎県北川町長井）までのルートの比定は難しい。もともと近世日向街道は現在の国道10号と同じく海岸ルートであり、小野駅から長井駅までの山並みを抜けるルートは戦さの時に用いられ、明治十年（一八七七）の西南戦争のときの薩軍の退路でもあったように、非常に通りにくい脇街道ないしは間道であった。駅路の想定ルートとしては、永山修一は二つのルートを上げている（永山「日向の官道」『宮崎県史　通史編　古代2』一九九八年）。一つのルートは小野駅からやや東南を回り、赤松峠から宗太郎越しで豊後・日向国境（大分・宮崎県境）を越えて、北側の支流の小川に沿って川筋を下り長井駅に達する。もう一つはほぼ真南に近く直線的に抜けるように黒土峠から国境（県境）の梓峠を越え、北川町下赤付近で北川本流の峡谷に出て、それに沿って現在は国道326号の通る川筋を下って長井駅に至る。今回は後者の道筋を採ることとするが、この場合でも北川の渓谷筋は古代では通過は容易ではなかったろう。こういう深い山地を越すルートは、地元の研究者が実地にあちこち歩いて比較研究しなければ究明しえず、とても他所の人間がにわかに論評できる筋合いのものではない。

十一　肥後・豊後連絡路を行く

肥後国府から東へ

またここで肥後・豊後連絡路に話を移す。参照図は西海道路線図—9（図194）である。本来は肥後国府と豊後国府を結ぶ道であり、実際には西海道西路の蚕養駅付近から東路の三重駅までの区間と位置付けられる。阿蘇《あそ》路とも呼ばれる。

さて、肥後国府から西海道西路を北へ戻り、蚕養駅から二キロほど北の立田山の北辺で肥後・豊後連絡路は東に分岐したと思われる。清水分岐とする。しばらくするとJR豊肥本線とその南側に接する県道337号熊本菊陽線の道筋に出る。この道は近世の大津街道または豊後街道と呼ばれ、加藤清正によって植えられた杉並木が今も残っている。駅路はここを通っていたと思われ、つまり大津街道は駅路を踏襲したものといえる。

六キロほど大津街道を経たのち、JR原水駅付近で街道からははずれ、北に曲って堀川を越える。このあたり馬場の地名も見え、肥後・豊後路最初の**坂本駅**《さかもと》（熊本県菊陽町原水）の比定地である。清水分岐

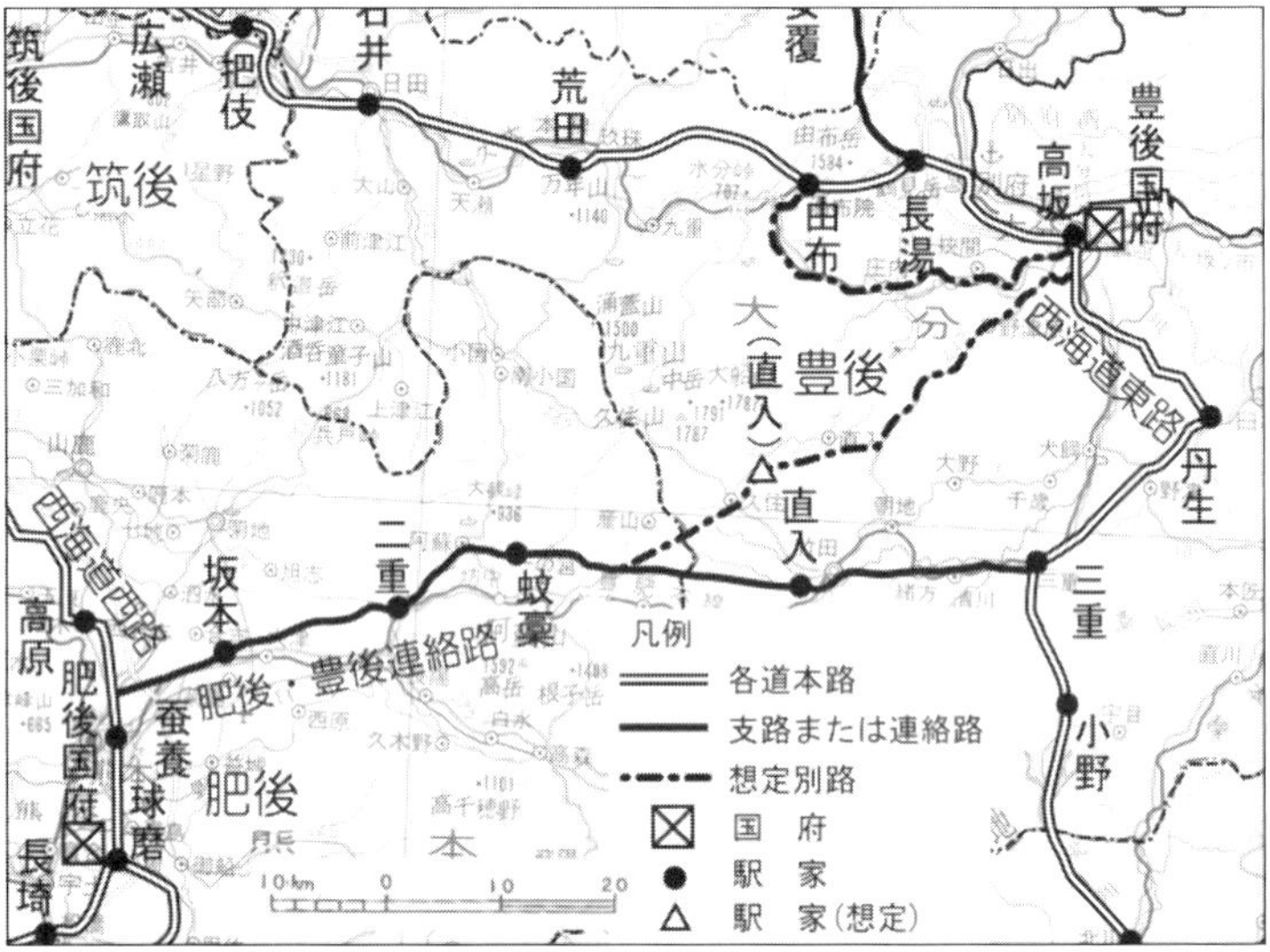

図194 西海道路線図―9

から一〇・一キロ、最寄の蚕養駅からは一二・一キロになる。

その先、東北東に進むと東西に通る広い農免道路を斜めによぎるところに、古代路の跡とおぼしき狭い切り通しが見える。木本雅康によれば（木本「古代の駅家と巨人伝説」前掲）、坂本駅から一キロほど進んだこの付近に「大人足」地名があり、地元では「うぅひとがし」あるいは「おひとがし」と発音し、しかも次駅の二重《ふたえ》駅近くの二重峠が巨人の第一歩で、それが大人足、馬場（タツ穴）と続くとのことである。つまり、古代路の駅間を巨人が一歩で歩いたというわけである。

さらに進むと、やがてまた豊後街道、今の県道339号北外輪山大津線の道筋となる。このあたりは清正公《せいしょうこう》道と呼ばれ、今もかなり深い切り通し道が残っている。これは加藤清正が天正十六年（一五八八）の入国以来、整備したものといわれるが、古代駅路を再整備したもののようである（図195）。

近世の豊後街道は二重峠《ふたえ》（標高六六メートル）を越えて阿蘇外輪山の内側のカルデラ盆地へジグザグに下りる。石畳の道が保存整備されている（図196）。駅路は一キロほど南をほぼ直線に下ったと考えられ、次の**二重《ふたえ》駅**（阿蘇市車帰《くるまがえり》）は坂道を下った直下である。ここにも湧水池がある。坂本駅から一四・九キロである。

ここからはカルデラ盆地の周辺を廻り、途中から条里地割に沿って東に直進する。次駅の**蚊藁《かわら》駅**（阿蘇市一ノ宮町中通西河原）はカルデラ盆地中の微高地にある。蚊藁駅は『延喜式』諸本では蛟藁と書かれ、九条家本には「サキラ」のふりがなが付いている。木下は、高山寺本『和名抄』駅名に蚊藁とあり、複数の「馬の跡」の小字を持つ西河原《にしがわら》を遺称地名と考えて、蚊《か》藁《わら》の駅名を採った。二重駅から一五・三キロである。

図195　大津町の清正公道

図196　二重峠の豊後街道の石畳道

豊後国の肥後・豊後連絡路

蚊藁駅の比定地は、カルデラ盆地の北辺にあり、現在の交通路である国道57号からは二キロ半ほど北に位置する。蚊藁駅から条里に従って東進すると、阿蘇山東北部の外輪山への急崖にかかるが、そのまま直登して波野高原に出る。やがて国道57号のルートに沿うようになり、そのまま熊本・大分県境を越えて豊後国に入り、直入《なおり》駅（大分県竹田市玉来）に至ると考えられる。直入駅比定地は旧直入郡内に位置する。前駅の蚊藁駅からは二七・九キロもある。ちょうどこの間に肥後・豊後国境もあり、適当な中間駅の設置場所が見当たらなかったのであろうか。

直入駅から東は、歴史的に古い道といわれても、余り明瞭な道筋はない。大筋としては国道502号ルートということになるが、細かい起伏が多く、古道を追うのは難しい。この道の終着点は西海道東路の三重駅で、直入駅から二一・一キロを測る。

この経路にも、豊後国（大分県）側で問題がある。それは、この肥後・豊後連絡路が、豊後国の三重駅を経由して豊後国府へ行ったのではなく、肥後国の蚊藁駅から直接に豊後国府への道筋を採ったのではなかろうかとの問題提起である。それは西海道東路の項で、豊後国府と由布駅とを結ぶ直通路があったのではないかとする「宇佐大路―宇佐への道調査報告書」（前掲）と『大分県の歴史』（前掲）の両者が、肥後道（阿蘇道）として取り上げている。それらの立場は、当然ながら豊後国府を中心に考えている。そして豊後国府（高坂駅）からは四本の駅路が発していたとするものである。北から反時計回りに豊前道、豊後道、肥後道、日向道である。筆者が提示した駅路図―9（図194）でみれば、二重実線で示した西海道東路の大宰府方面と日向国府方面の二本（いずれも本路二重実線で示す）のほかに、直通路二本（一点鎖線）を想定別路として加えている。その一本は先に示した由布駅への直通路（豊後道）であり、もう一本が今取り上げている肥後への直通路（肥後道）である。ただし厳密には提唱者の経路と違うかもしれないが、大筋で理解していただきたい。

この議論において注目されるのは、『大分県の歴史』（執筆・後藤宗俊）が、直入駅比定地として石田遺跡（直入郡久住町〈現竹田市〉）を当てていることである（図194の△点）。ここに平成七年（一九九五）に奈良時代の掘立柱建物五棟が発掘され、何らかの官衙遺跡として直入駅ではないか、とするものである。この石田遺跡の位置は、九重町と直入町の町境（現在は両町とも竹田市に合併）に近いという。この論文には直接示されていないが、直入の地名は『日本書紀』景行天皇十八年の征西説話に直入県と見えるもので、永山修一は、景行天皇の巡幸ルートを図示している（図197、永山「日向の官道」前掲）。この図でも景行天皇は速見《はやみ》邑《むら》（別府市付近）から直入県に向かい、肥後への直通路の存在を思わせる。

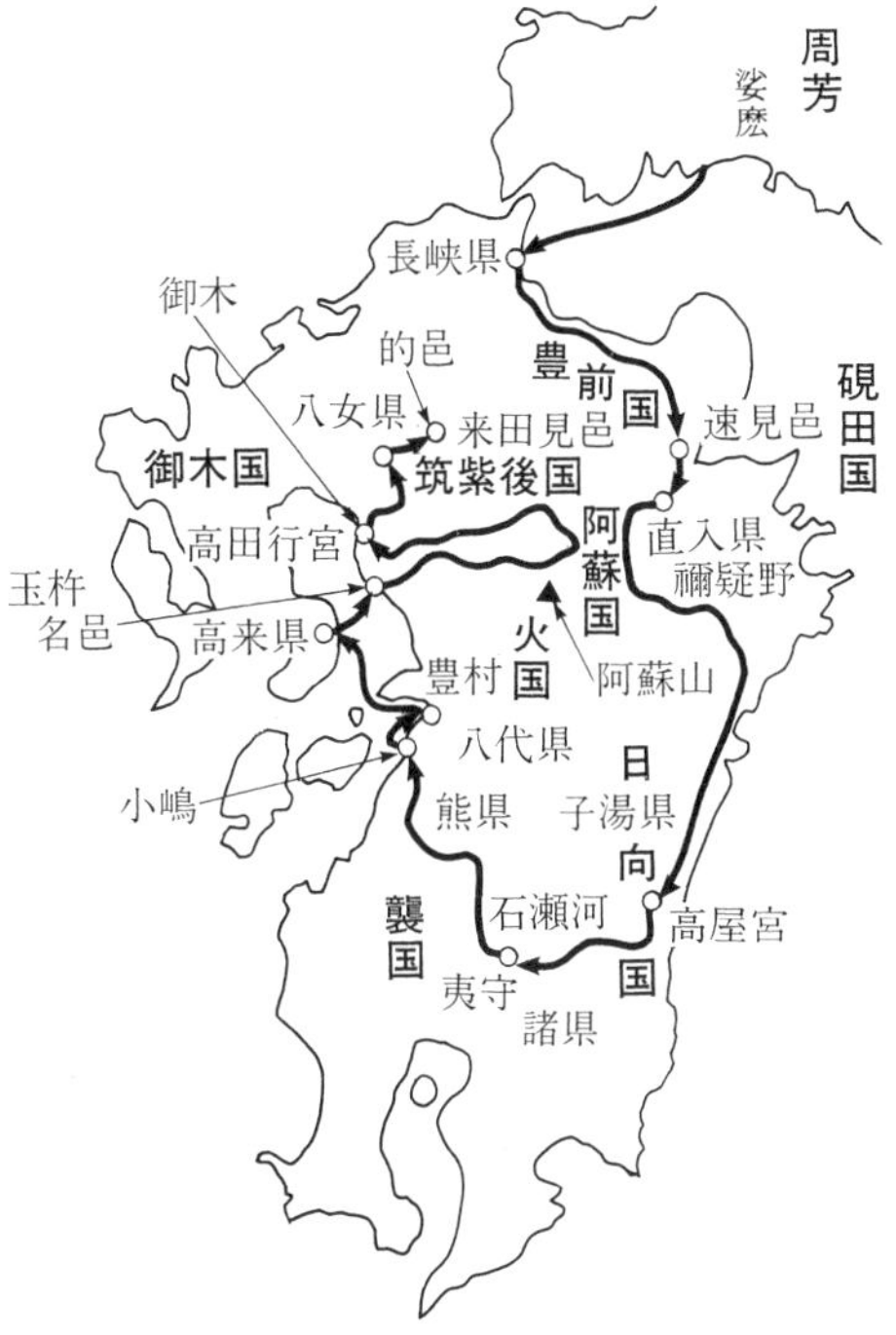

図197　景行天皇西征ルート図

またこのルートは近世の豊後街道に近い道筋でもある。ただ、『延喜式』時代の駅路と考えると、できるだけ直線的に測っても、蚊藁駅・直入駅（石田遺跡）間が三三・四キロ、直入駅・高坂駅間が三〇・六キロとなって、駅間距離が長すぎ、そのまま受け入れることは難しい。いずれにせよ、大分県下の駅路は、今後なお大いに検討の余地があるだろう。

十二　西海道東路を行く—3

日向国府へ向かう

また、西海道東路に戻る。路線図も新しく西海道路線図—10（図198）となる。日向国に入って長井駅《ながい》（宮崎県北川町長井）の比定地は、北川が少し緩やかに川幅も広がった河岸段丘上にある。小野駅から二五・二キロである。ここに道の駅「北川はゆま」があり、中に九州全域の西海道駅路図が大きく掲げられ、この「道の駅」の名が古代駅路の長井駅にちなんだことも書かれている（図199）。この駅路図は、『古代日本の交通路Ⅳ』の付図を元としているようだ。

長井駅付近から、北川の右岸を国道10号とJR日豊本線に沿うようになっている。北川の延岡市域の沖積地に入るあたりで、駅路はぐっと西側を迂回する。当時は西から流入する五ヶ瀬《ごかせ》川の広大な氾濫原があったと見られる。

ちょうど東九州自動車道の計画路線がその西側を同じように迂回しているのもまた、高速道路と古代道路との一致の事例である。佐賀平野でも熊本平野でも、古代は湿潤で通れず、現代はその地域が都市化で通れず、ここと同じように駅路も高速道路も周辺を通過している。

次の川辺駅《かわのべ》（延岡市西階町）は五ヶ瀬川の中州の台地にあり、運動公園の一角に駅家跡地の標識が立っている（図200）。長井駅から一三キロちょうどである。

このあと駅路は五ヶ瀬川派川の大瀬川を渡り、沖田川右岸の山裾に沿って南東に向かい、海岸近くの土々呂《ととろ》付近から国道10号およびＪＲ日豊本線に沿い、船越を過ぎてからはこれらの交通路からは西側に離れて南西に向かい、次駅の**刈田《かりた》駅**（門川《かどがわ》町小園）は五十鈴《いすず》川の近くにあったと見られる。木下の比定による。川辺駅から一四・九キロになる。

このあとはほぼ真南に近く直進し、日向市中心部はおおむね国道10号に沿い、次の**美弥《みみ》駅**（日向市美々津町落鹿《おとし》）は国道10号より西側の台地にあったようだ。刈田駅から一七・八キロとなる。この先、四キロほど東郷町と日向市および都農《つの》町との境界がほぼ直線的に続くが、駅路はこの境界線を行く。つまり駅路の線が境界線になったのである。

図 198　西海道路線図—10

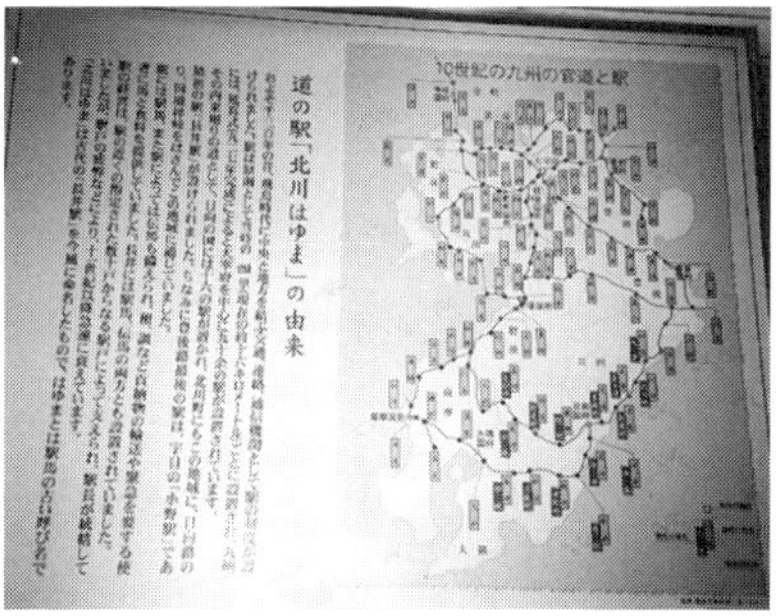

図 199　道の駅「北川はゆま」に掲出されている西海道駅路図

図200　川辺駅の標柱

図201　去飛駅比定地付近の川南町唐瀬交差点

図202　日向国府に近い印鑰神社

美祢駅から西都市《さいと》にある日向国府までの駅の位置には議論がある。それは国府に駅を想定するか否かで異なってくる。従来の通説は国府には駅を置かず、去飛《こひ》駅と児湯《こゆ》駅をその中間に置くと考えたものである。木下は、他の国府でも同様に考えてきたように日向国府に駅があったとし、これを児湯駅として中間に去飛駅を置く考えである。こうすると駅間距離もちょうどよくなる。美祢駅から日向国府まではほぼ三〇キロあり、その間に一駅置けば駅間も標準の一六キロに近い。これに対して従来説のように国府におかず中間に二駅を置けば駅間距離はおよそ一〇キロずつとなり、西海道南部の他の地域とも異なってくる。

駅路は美祢駅から大筋では国道10号に沿って南下し、名貫《なぬき》川を越えるあたりで国道10号からは西側に外れて南西に向かう農免道路（町道毘沙門名貫線）に沿って直線的に走る。次の去飛《こひ》駅（川南《かわみなみ》町川南唐瀬）はこの道と県道307号との交差点あたりと見る（図201）。美祢駅から一四・八キロである。

さらに進んで主要地方道40号都農綾線に沿って高城城跡付近で小丸川を渡り、現西都市の中心部の西南に児湯《こゆ》駅（西都市妻）があったと木下は見る。去飛駅から一六キロちょうどを測る。その北で日向《ひゅうが》国府（西都市妻）が発掘で確認されている。国府や児湯駅からは一キロ余り南になるが、国司の司る国印や倉庫の鍵を祀る印鑰《いんやく》神社がある（図202）。平安時代末期には国府がこちらのほうに移転したようだ。また西方に広大な西都原《さいとばる》古墳群がある。

十三　九州南部の二本の駅路

西海道東路はさらに南へ

日向国府から南では、駅路は二本に分かれる。これまでたどってきた西海道東路の本道のほかに、西に肥後・日向連絡路が分かれる。本節では西海道路線図―11（図203）で両路を説明する。

本道の西海道東路は南に進路を取り、一ヶ瀬川の沖積地は西に避け、佐土原《さどわら》町の通過ルートは国道219号の新バイパスルートにほぼ沿っている。次の当磨《たぎま》駅（佐土原町東上那珂）については、大槻如電が駅名が田島郷に通じるとして佐土原町に比定したのが最初である（『駅路通』前掲）。永山は佐土原町内に大道あるいは大路の名が残る小字名を三ヵ所挙げている。この中では、ルートが国道219号バイパスに沿

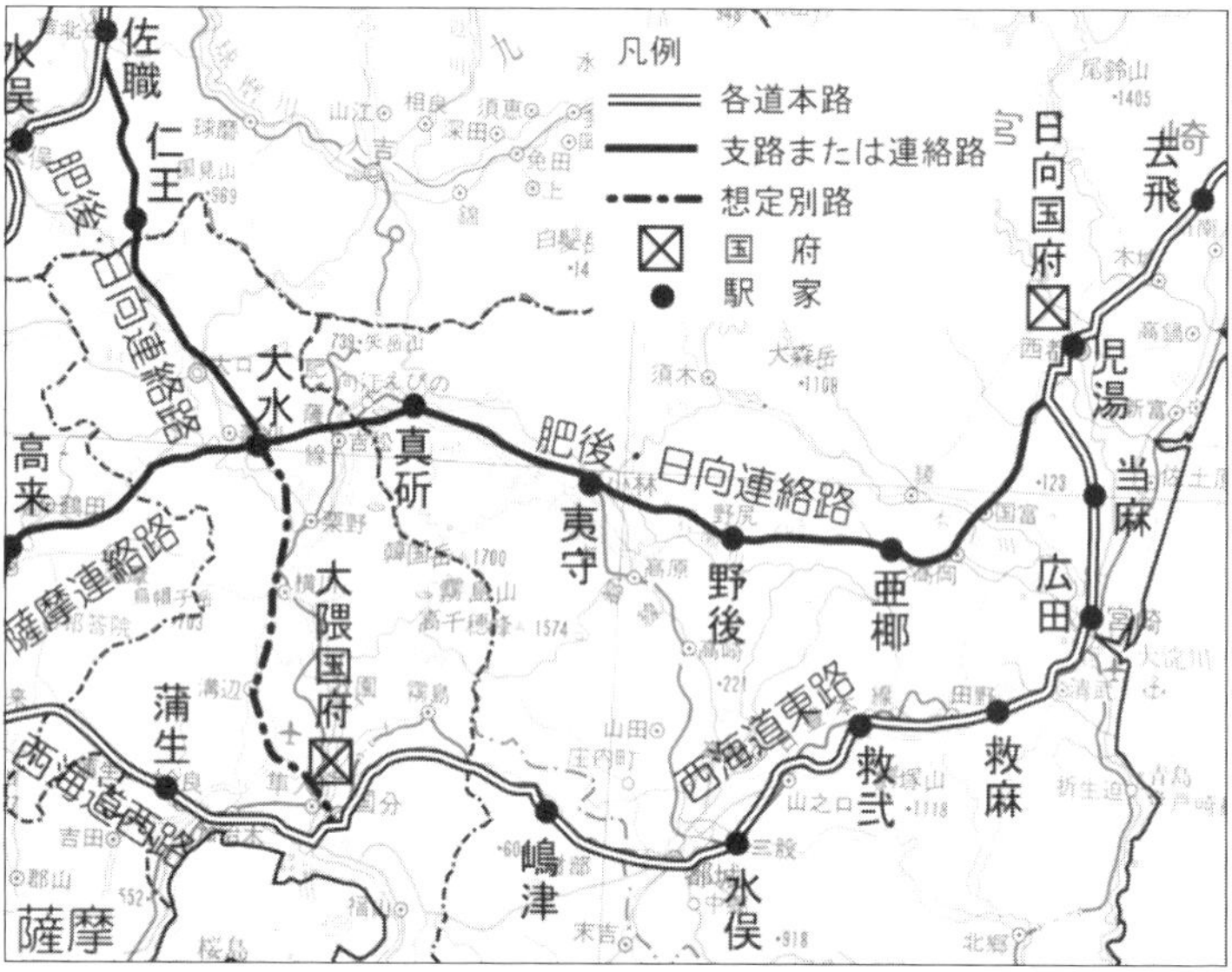

図 203　西海道路線図—11

図 204　大淀川左岸の広田駅比定地．左は宮崎市役所

い、かつ前後の距離関係から考えて同町の東上那珂を採りたい。ここには大路田の小字名が残るという。前児湯駅から一二キロ、次の広田駅まで一三キロになる。

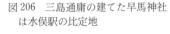

当磨駅からそのまま国道291号に沿い、国道10号と合流してそのまま南下し、宮崎市中に入って10号は西に進路を変えるが、そのまま直進する国道220号に沿って進めば、大淀川の左岸の、現在の宮崎市役所付近が**広田《ひろた》駅**（宮崎市橘通西）の比定地である（図204）。宮崎市役所横である。広田駅の比定地はこれまで諸説があって一致していない。木下は前後のルートと位置関係から大淀川左岸に比定した。さきの当磨駅から、前述のように一三キロちょうどになる。

図205　境川河畔の救弐駅比定地

図206　三島通庸の建てた早馬神社は水俣駅の比定地

広田駅からはおおむね国道269号に沿って進み、やがて宮崎自動車道もほぼ並行して走る。**救麻《くま》駅**（清武町《きよたけ》沓掛《くつかけ》）は、沓掛の地名から古く喜田《きだ》貞吉が候補地の一つとしてあげた（『日向国史』一九三〇年）。木下もこれを採る。広田駅から一〇・三キロである。救麻駅からも、おおむね国道269号に近く進み、次の**救弐《くに》駅**（田野町乙青井岳）は、前後の関連で駅家の設置可能な境川河畔が選ばれている（図205）。救麻駅から一二・九キロである。

救弐駅からも国道269号沿いに山之口町に入り、JR日豊本線と並行して宮崎自動車道と交差するあたりからは都城盆地に出る。ここからは盆地の南辺を過ぎることになり、現道でいえば主要地方道47号水俣高城線から同33号都城北郷線のルートに入り、大淀川を渡ったところに次の**水俣駅**《みなまた》（三股《みまた》町樺山山王原）がある。救弐駅から一六・六キロである。ここには明治期に三島通庸《みちつね》が建立した早馬神社がある（図206）。早馬の名は、肥後国長埼駅や大隅国蒲生駅でも見た。南九州では、早馬神社は広く牛馬の守護神として祀られているが、木下は駅で駅馬《はゆま》の守護神として祀られたのが広く流布したのであろうと考える。

ここからまた主要地方道33号線のルートで西進し、JR日豊本線を都城駅の南でよぎったのち、JR日豊本線の北側を進む。ただしこのあたりには主要な現道がほとんど見られない。次の**嶋津駅**《しまづ》（鹿児島県曽於《そお》市財部町十文字）の比定地は、現在は鹿児島県内であるが、古代には日向と大隅の国境は現在の県境より西に寄り、日向国財部《たからべ》郡に属していた。嶋津駅は一般に都城市中心部に比定されるが、木下は駅間距離を考えて上記の地としている。水俣駅から一八・八キロである。

大隅国府で西海道西路と合する

このあと、おおむね主要地方道2号都城隼人線に沿って西進し、霧島町との境で大隅国に入り、そのまま主要地方道2号に沿って南に向きを変え、霧島市国分で右折すればすぐ大隅国府であり、西海道東路はここで終わる（図207）。西からの西海道西路と接続することになる。島津駅から二一キロであり、大宰府からの総距離は、西海道東路の延長三八三・三キロに大宰府からその起点までの四キロを加えて三八七・

三キロとなる。西回りの西海道西路より一〇〇キロ以上も長い。

西海道東路、別してその日向国内の駅路ルートや駅家位置は議論が多く、ここに示した主として木下良の見解に基づくルートと駅家位置においても、まだ仮定的な位置も少なくない。さきに引用した永山修一は、既往の研究を比較検討しつつ、日向国府から財部町あたりまで、宮崎市を通らないまったく別の直通的ルートを提案している（永山「日向の官道」前掲）。その線上には宮崎自動車道の都城IC付近の並木添遺跡で発掘された北東から南西にかけて四二〇メートルにおよぶ幅六・五メートルの直線道路跡も含まれている。西海道東路のみならず、特に九州南部の駅路については、より多くの研究者によって今後のさらなる研究が望まれるところである。

図207　路傍の石垣上の「大隅国府跡」碑

肥後・日向連絡路を行く

肥後・日向連絡路については、筆者が木下とともに踏査した行程に従って、日向国府から出発することにしよう。表7（西海道　路線、駅および駅間距離、188頁）では、この連絡路については肥後側から記述してあるが、そちらが本来であるのでご容赦いただきたい。

この道には、他の連絡路とは異なるやや特異な性格がある。永山修一によれば（永山「日向国の官道」前掲）、日向国府から西には、大隅・薩摩両国府を経由するルート（西海道東路および西路）とこれら両国府を経由しないルート（肥後・日向連絡路）とがあるが、

図208　綾町境界に立つ亜椰駅の案内大標識

後者の方が先行して通じたのではないかとする。薩摩・大隅両国府を経由するルートは、大宝二年（七〇二）の薩摩国成立および和銅六年（七一三）の大隅国成立を契機として設定されたもので、それ以前は肥後・日向路のみがあったとする。『日本書紀』における景行天皇の巡幸ルート（図197参照）がほぼこれに近い道筋を採っていることには、その後の天武・持統朝における潤色があり、七世紀後半期には隼人の支配していた大隅、薩摩両国がまだ大和朝廷の支配に入っていなかったことを示すものだ、と考えるのは興味深い。

筆者は、足利健亮が西海道各路のうちから、大宰府に発着点を持つ六本のほか、この肥後・日向連絡路を幹線（本道）の一つに加えているのは（190頁）、永山と同じような考えに立ったものではないかと推量する。

さて、このような重要な意味を持つ肥後・日向連絡路であるが、日向国府に近い児湯駅から南下した西海道東路から、西都市鹿野田付近で南西方向に分岐する（西都分岐）。国富《くにとみ》町伊佐生付近の沖積地では南西方向によぎる古道跡が見られる。主要地方道24号高鍋高岡線に沿って南進し、国富町中心街付近で直角に折れて、今度は主要地方道26号宮崎須木線に沿って西進する。

この道が綾北川を渡って綾《あや》町に入ったとたんに、路傍に亜椰《あや》駅の大きな看板が目に入る（図208）。しばらく行った町の中心部で、南に平行した旧道を進むと、路傍の一般住宅の角に「亜椰駅址」の石の標柱が立ち、傍らの広場には大きな亜郷駅の説明板もある。もちろんこれが諸家の意見も一致する**亜《あ》郷《や》駅**（綾町南俣）の比定地である。西都分岐から一八・八キロであるので、その前の児湯駅からでは二三・二キロになる。石の駅名標柱は昭和七年（一九三二）に立てられたとのことである。町をあげて古代の駅家の宣伝に力が入っている。これまでも見てきたように、九州各地で古代駅路についての理解が深いのを目にする。

亜郷駅から西は、しばらく真西に進んだのち、現在は車の通れる道はないが、丘陵を南西に突っ切って国道268号のルートに出て、**野後《のじり》駅**（野尻町東仲町）は国道上にあると思われる。亜郷駅から一六・二キロになる。同じ国道沿いをさらに進み、小林市に入る境界の岩瀬川を渡る付近で国道を外れ、駅路は真西に向けて進んだと見られる。したがってJR吉都線を直角によぎるようになる。小林市には国道あるいは吉都線小林駅付近から南に三キロほど離れた地点に、夷守《ひなもり》の遺称地名がある。しかし、そこでは前後のルートから離れすぎているので、**夷守《ひなもり》**

図209　夷守駅趾の標柱の立つ恵比須神社（小林市細野）

図210　えびの市栗下の古代駅路痕跡．細い現道の左に広い道路跡が一段低い田圃となっている

図211　大水駅比定地（菱刈町前目）

駅（小林市細野十日町）は、国道と夷守との中間付近に比定されている。ここにある恵比須神社に「夷守駅趾」の木製標識が立っている（図209）。野後駅から夷守駅まで一三キロちょうどである。

ただ、この付近では古道の痕跡は認められていない。夷守駅から先は西北に向けて進み、三キロほど先で主要地方道53号京町小林線に沿うようになる。その先の小林市轟木《とどろき》の猫塚橋の近くや、さらに西に進んでえびの市栗下谷川では、木下らによって古代駅路の痕跡が発見されている（図210）。いずれも53号線に近く、駅路は現在の宮崎自動車道とJR吉都線にはさまれる形になる。次の**真斫《まさき》駅**（えびの市灰塚）は、道路痕跡の見出された栗下谷川から一キロほど西に比定され、宮崎自動車道のえびのJCTの傍である。夷守駅から真斫駅までは一六・六キロになる。

真斫駅から西に向かう駅路は、これまでと同じく主要地方道53号京町小林線に沿い、川内川左岸に出てからは国道268号に沿うように南西に向けて進み、日向・大隅国境（宮崎・鹿児島県境）をよぎってから、JR吉都線の吉松駅付近で川内川を渡り、県道448号川西菱刈線のルートで菱刈町に達したと考えられる。

次の**大水《おおむつ》駅**（鹿児島県菱刈町前目）は、わずか二つしかない大隅国の駅の一つである。大隅国の他の一つは西海道西路の蒲生駅である。大水駅も、どこにあるか古くから議論のあるところで、大別して西海道東路に置くとするか、あるいはこの肥後・日向路に置くかであり、現在の大勢は後者ではあるが、その位置は定かではない。ここでは武久義彦が明治期地形図によって想定した位置を採る（図211、武久「明治期の地形図に見る大隅国北部の駅路と大水駅」『奈良女子大学研究年報』第三八号、一九九四年）。前夷守駅からも同じく一六・六キロである。

大水駅から肥後・日向連絡路は北に向かい、国道268号のルートで県境を越え、熊本県水俣市に入ると肥後国である。この山中で国道筋と分かれ、県道271号越馬場湯浦線の方向に沿って直線的に進み、久木《くぎ》野《の》川を横断する手前の久木野住吉神社付近が、木下の見る**仁王《におう》駅**（熊本県水俣市久木野）比定地である。仁王駅は『延喜式』諸本には仁主とあるが、高山寺本『和名抄』では仁王である。比定地付近は旧仁王木村であり、一部に仁王の字名もあることから、木下は駅名として仁王を採った。大水駅から二一・九キロになる。

図212　仁王駅比定地付近から，二十挺坂方面を望む

この先は、現在は車の通れない二十挺坂と呼ばれる中世の道に沿ってゆくと古道という地名の湯浦川の谷筋に出る。この山間ルートは豊臣秀吉の島津攻めのルートであったという（図212）。

あとはこの谷筋に沿って北上すると芦北町の湯浦で西海道西路の本道につながって（芦北分岐）、この連絡路は終わる。仁王駅から一三・一キロであり、西海道西路の佐職駅までは一六・九キロを算する。

大隅国府への直結路

最後に、西海道西路において大宰府から大隅国まで、薩摩国府を経ないで達するルートがあったのではないか、という問題に触れておきたい。

本章冒頭で述べたように、『延喜式』には、「諸国国府ヨリ京ニ至ル行程ノ制」という定めがあるが、西海道諸国だけは別であって、大宰府についてのみ京へ上路は二七日、下路は一四日となっているだけで、西海道諸国はすべて、大宰府までの日数が規定されている。例示すれば豊後国の場合は、上路四日、下路二日である。その中で、大隅・薩摩・日向の三国は大宰府までいずれも上路一二日、下路六日となっている。大宰府から大隅国府までは、西海道西路の項の最後に記したように、筆者の計算では二八五・九キロである。その手前の薩摩国府（田後駅として計算）までは、二三九・四キロになる。日向国府の場合は西海道東路というさらに遠回りの別ルートであるが、大宰府～日向国府（児湯駅）間は二三二・七キロになる。これら三国が同じ日数計算であるのは、大隅国府・大宰府間の経路が、薩摩あるいは日向国府経由ではなくて別ルートであったと考えられる。そのことを最初に提起したのは大槻如電である（『駅路通』前掲）。

大槻は、大隅国府の上下日数が薩摩国府と同数であるのは不審と思われるかもしれないが、大隅国から薩摩国を通らずに大水駅（大隅国菱刈郡大口村）を経由して肥後に出る直通路があるので同数になるのだ、と指摘している。

本書では、これまでの研究者の想定した道筋を考慮して筆者の想定線を図示している（西海道路線図―5〈図172〉および西海道路線図―11〈図203〉に、想定別路として記入）。この道筋は、天承二年（一一三二）の鹿児島八幡宮関係の古文書に「正八幡宮（現鹿児島八幡宮）の丑寅方向にある〈往古の大道〉の宮坂の麓で八幡の名の石が現れた」という意味の文章があることがかねてより研究者の目を引いており、日野尚志も図示している（日野「古代西海道の交通路（図面）」『日本の街道8　日燃ゆる九州』前掲）。武久義彦は具体的にルートを研究した（武久「明治期の地形図に見る大隅国北部の駅路と大水駅」前掲）。それを筆者なりに追えば、大隅国府より西海道西路を一キロほど西へ戻り、JR肥薩線をよぎって県道473号崎森隼人線で台地に上がろうとする付近に鹿児島八幡宮がある（図213）。台地に上がれば鹿児島空港付近で、九州自動車道に沿うように北上する。武久は、川内川を上流側に遡り、吉松町（現湧水町）から肥後・日向連絡路で西へ向かって大水駅に達するように記すが、その手前の横川町（現霧島市）から主要地方道53号菱刈横川線（人吉街道大口筋）で直接、大水駅へ向かうことも出来よう。

図213　鹿児島八幡宮

　大隅国府・大水駅間の距離は、筆者の算定では三五・八キロである。大宰府から西海道西路の芦北分岐、それから肥後・日向連絡路で大水駅まで合計一九七・九キロだから、大隅国府までの直結路の三五・八キロを加算すると大宰府・大隅国府間は二三三・七キロとなる。このように、大宰府から薩摩、日向、大隅の各国府までは、いずれも二三〇キロ台であり、『延喜式』の「行程の制」では大宰府・大隅国府間に、これまでの駅路とは別な直通路のあったことが、ほぼ裏付けられる。

　問題は、この直結路を駅路に含めるかどうかである。大隅国府・大水駅間の距離は三五・八キロであり、これだけ長い距離の中間に駅が一つもないという例は、西海道にはない。永山は、そもそも『延喜式』で大隅国にたった二駅しか載せられていないのは、大隅国の記載に大幅な脱漏がある、と考える（永山「南九州の古代交通」前掲）。

この問題は南九州の駅路を考える上での重要な課題であるけれども、単に脱漏ということで駅路として記載してよいかどうか、にわかに判断しかねるので、ここでは想定別路として、『延喜式』駅路の路線としては含めないことにした。

以上で西海道を終わる。西海道はネットワークとして七道の他の駅路からすれば格段の密度を持っており、駅家も数多くある。それだけに、かえってそれぞれの路線がどこを通っていたか、あるいは駅家の位置について疑問が数多く残されている。その意味では多くの研究課題が残されている楽しみな地域だとも言えるであろう。

執筆を終えて

平成十一年から始めた古代駅路探訪の旅も、この巻で完結することとなった。昨年（平成十六年）刊行した前巻（畿内・東海道・東山道・北陸道）を東国編とすれば、これは西国編に当たる。七道のうちの西国の四道（山陰道・山陽道・南海道・西海道）を収録した。

実際の踏査は、ほとんど平成十二年から十三年にかけてのもので、東国編よりも先行した部分が多い。したがって今回の刊行までに研究の新たな進展もあり、何度か改めて現地を再踏査する必要が生じた。また最近は、平成の大合併で市町村の再編成が大幅に進められたので、それにも留意しなければならなかった。

本巻の執筆に当たって、西国の古代駅路の状況にて東国と違う点にいくつか気がついた。それは特に山陽道と西海道については、他の駅路と比較して研究者も多く、研究の層が厚いということである。そのことは探訪の立場からすれば、むしろ辛くなる。なぜかというと、それで問題が整理されるよりも、逆に議論が発展して断定が難しくなるからである。その点は、東国の東海道や東山道のように、考古学的な調査の進展が駅路研究を確定的な方向に向けて行く場合が多いのと対照的である。それは山陽道や西海道では、文献学的あるいは歴史地理学的研究の活発化に考古学的な展開が十分に追いついていない、ということでもあろう。その点ではしかし、これからの研究の進展が大いに楽しみでもある。本書は専門家向けのものではなく、広く一般の方々に古代の道について知っていただきたい、と思う心から出発しているのだが、しかし古代路研究の現状を俯瞰《ふかん》する役目もある程度は果たしたとするならば幸いである。

最後に、古代駅路研究の先達のことを改めて振り返って見たい。それは大槻如電《おおつきじょでん》である。東国編でも冒頭に触れたことではあるが、大槻は明治・大正期の篤学者であって、その著書『駅路通』（上巻・明治四十四年、下巻・大正四年）は七道について各道別に本路のほか支路と別路をあげ、本路も含めて三四本の駅路名をあげて、駅家の位置を村単位で特定し、隣接駅との駅間距離を里単位で示している。古代路研究において、それ以前のみならず以後においても、路線別にすべての駅路と駅家について全線を単独で記述したのは、大槻如電をおいては他になく、今回の拙著においてようやくその跡を追うことになったのである。

藤岡謙二郎氏の主宰の下に実施された記念碑的大著『古代日本の交通路』全四巻（昭和五十三〜四年）においても、国単位の記述のため、路線を追うのにはややわずらわしいところがあり、駅間距離も執筆者によって部分的に記述されているに過ぎない。『駅路通』はしかも、随所に鋭い考察があり、本巻の最後のほうで触れたように、薩摩国府と大隅国府から大宰府までの所要日数の定めが等しいことから、大隅国府への道について、西海道西路以外の別ルートの存在を示唆するなど、極めて優れた着眼点を持っている。残念ながらなにぶん古い書物のため、ほとんどの研究者が直接同書に接する機会に乏しく、国会図書館ですら、マイクロフィッシュでなくては閲覧できず、原著を直接見ることはできない。筆者は幸いにして木下良先生の特別なご配慮によって複写を頂戴したので、随時参照することが出来たのであった。『駅路通』には図面は付されていないので、やや理解に苦しむ記述も少なくない。明治期の地図などを参照して、大槻の想定した駅路図の図上での復元が実現すれば、斯界に益するところ少なくないものがあると思われる。

最後に改めて、木下先生のご指導に感謝を捧げたい。先生には全駅路の少なくともおよそ七〇%はご同行頂いたし、本書の監修者の立場からも、懇切なご助言を頂いた。筆者の立場から言うのはいささかおこがましいが、本書は木下先生と筆者の合作のようなものである。

前巻の「おわりに」にも書いたことだが、本書掲載の写真は、数枚の提供者名を明らかにしたものや同行者により撮影されたもの以外は、すべて筆者自身の撮影である。もっと多くの写真を撮って置くべきだったと思わないではないが、数年前はまだ現在ほどデジタルカメラが普及していなかったこともあって、追加調査の分を除いては、限定的にならざるを得なかった。

ともあれ、全国を経巡《へめぐ》って古代の駅路を追い続けることが出来たのは、現地でお世話になった地元研究者や交通上の便宜や資料を提供された国土交通省および日本道路公団の方々のおかげである。改めて感謝の意を表したい。また最後に、本書の出版を快く引き受けて下さった吉川弘文館に感謝を捧げて筆を置く。

平成十七年七月

武部健一

『完全踏査　続古代の道』を読む

近江俊秀

1　本書の特徴

本書は高速道路の技術者であった故武部健一が、この当時の古代道路研究を踏まえながらも、技術者としての独自の視点を加え、古代の七道、つまり東海《とうかい》・東山《とうさん》・北陸《ほくりく》・山陰《さんいん》・山陽《さんよう》・南海《なんかい》・西海道《さいかいどう》駅路とその支路について、現地踏査の結果をもとに概説したものである。

長年にわたり高速道路の設計に携わってきた氏は、設計者の視点から古代道路の路線選定の方法が現在の高速道路とも共通するのではないかという仮説を立て、主として歴史地理学の方法により想定された路線の踏査を実施した。氏が認めた高速道路と古代道路の共通点とは、すなわち、いずれも起点と終点とを最短距離で結ぶよう設計されていること（遠距離直達性）である。

また、古代道路は現在の高速道路とよく似た場所を通過することに気づき、高速道路建設計画の際に使用していた方法、すなわち「大縮尺」と「小縮尺」の双方を利用しなければならないという原則が、古代道路探索にも使えるのではないかという考えに基づき、古代官道を観察した。具体的には、大縮尺とは起点と終点とをどのように結ぶかという作道のコンセプトのことで、それに対し小縮尺とは個々の地形や地物《ちぶつ》に応じて細かい路線を定め、インターチェンジの位置（古代の場合は駅家《うまや》の位置）を決めるということである。

本書および『完全踏査　古代の道』は、当時の古代道路研究の動向について丁寧に解説しつつも、道路の設計という観点を加えた他に例を見ない古代道路の概説書である。

2　西国へと向かう道

本書で取り上げられた路線は、畿内および平安京から西国へ向かう三つの路線、すなわち山陰道・山陽道・南海道駅路の三路線および九州に敷設された西海道駅路と相互の連絡路および国府へ向かう支路である。国ごとの路線復元の方法は、『古代の道』と同様である。

これらの路線も東国の駅路と同様、研究史や文献史料、発掘調査事例に粗密がある。山陰道は、『出雲国風土記《いずものくにふどき》』など一部区間については良質な史料が残るが、本書が刊行される以前は発掘調査例に乏しく、研究もさほど盛んとはいえなかった。山陽道駅路は、豊富な文献史料があり、かつその研究も古くから進められるとともに、出土瓦の分析などをつうじた駅家の位置をめぐる考古学的な研究も古くから進められていた。南海道は主に讃岐《さぬき》平野において条里地割との関係で研究が進められていたが、文献史料・考古学的成果に乏しく、西海道駅路は大宰府までの区間やその周辺については研究が盛んであり、かつ資料も豊富であったが、それ以外の区間については情報が乏しかった。そうした違いもあるが、著者は研究史を丁寧に検証するとともに、時に道路技術者としていくつかの仮説を提示している。以下、著者独自の視点により検討がなされている点を中心に紹介する。

道路の利用という視点

くどいようだが、駅路は都と地方拠点を最短距離で結んでいる。また都から発せられた情報を効果的に伝達するため、例えば山陰道の場合は、山陰道八ヵ国、すなわち丹波《たんば》—丹後《たんご》—但馬《たじま》—因幡《いなば》—伯耆《ほうき》—出雲—石見国《いわみ》（出雲から隠岐《おき》へ分岐）を連結するように敷設される。中央から発出された文書は、ここに示した順番で伝達されることになる。つまり、道路を通すのに困難な区間があったとしても、駅路はこの順番で結ばざるをえず、結果として、通行が困難な路線が生まれることにもなった。

山陰道駅路はこのような通行困難な場所を複数抱える路線であり、特に平安京から現在の和田山町《わだやまちょう》に至るJR山陰本線に沿ったルートには、標高一〇〇㍍を超える峠を五ヵ所、越えなければならない。それに対し、平安時代に因幡国司平時範《たいらのときのり》が利用したことが知られる路線は、現在の智頭街道《ちずかいどう》に近いルートであり、都からは迂回的であるものの越えなければならない峠は、一ヵ所のみである。著者がこの点を強調しているのは、現在ならば当然、配慮されるべきである道路の利用、つまり積雪など季節的な通行の阻害要因の有無について駅路はほとんど考慮していないということである。逆の見方からすれば、トンネルや橋梁の技術を前提に設計された現在の道路と、そうした技術のない時代の駅路の路線がほぼ一致するということは、後者が利用者に対し相当の負担をかけることを前提に設計されたことを指摘しているといえる。このことも、道路技術者ならではの視点であろう。

高速道路と重なる駅路

高速道路と駅路の位置が最も近似するのが西海道駅路である。本書と『古代の道』でも駅路と高速道路の位置関係がしばしば指摘されてきたが、九州においてはその傾向が顕著に認められる。特に、大宰府周辺においては、駅家とインターチェンジの位置が合致する例も指摘されている。精緻な測量図を基に現地調査を行い、最も合理的な路線選定がなされた現代の高速道路と駅路との合致は、駅路が拠点間の連絡において地形に配慮しつつ、きわめて合理的なネットワークを形成していたことを示している。

著者が古代道路に関する研究を本格的に開始したのも、九州における高速道路と駅路の類似性を発見したことがきっかけであり、そのためか西海道駅路の解説では、高速道路をはじめとする現代の道路と駅路の通過位置との共通性を指摘している部分が目立つ。いずれにせよ、このような視点は、現代の道路技術者だからこそ持てるものであり、著者の研究の真骨頂がここに見て取れる。

既往の研究の検証

これは『古代の道』にも共通するところだが、本書は個々の駅家の位置について、それまでの研究をその根拠とした史料などとともに丁寧に紹介し、そのうえで現地踏査によって得た知見や道路技術者としての視点から検証を重ねている。これによって読者は、本書刊行時における各地域の古代交通研究の到達点を見ることができる。そして、著者がいう「小縮尺」の視点とは、具体的にどのようなものかを知ることができる。西海道駅路については、南九州における駅家位置について、未解明な部分があることを指摘すると同時に、道路技術者の視点から課題を指摘している。

本書を通読していただければわかると思うが、『延喜式《えんぎしき》』に記された四〇二の駅家の多くは、そのおおまかな位置こそ示されているが、実際に遺跡として把握されているものは、その一〇分の一にも及ばないと思われる。そうした意味では、駅家位置に関する諸説を丁寧に整理し、それらを検証していくという作業は、今後とも引き続き取り組むべき課題であるが、そのための基礎的な材料が本書で提示されているのである。

3　近年の古代道路研究

最後に著者の研究視点を踏まえながら、近年の古代道路研究の動向について多少、触れておきたい。古代道路の研究を牽引してきたのは、歴史地理学の研究者たちである。藤岡謙二郎が確立した歴史地理学の方法論に基づく古代道路研究は、木下良の主導のもと、近年は木本雅康、中村太一らにより進められた。中でも木本は、空間を対象とする学問である地理学の特性を活かし、駅路の地域的特色に注目し、丹念な現地踏査に基づいた研究を重ねた（木本雅康『日本古代の駅路と伝路』同成社、二〇一八年）。惜しむらくは木本は、道半ばにして病に倒れたが、木本の研究は考古学や歴史学の分野にも、大きな影響を及ぼした。

木本の見方は、踏査により道路痕跡を徹底的に調べ上げるとともに、文献史料に見える通行記事や、官衙《かんが》や寺院などの古代の遺跡の分布状況などにも着目し、路線復元の精度を飛躍的に高めたものであった。その結果、これまで官衙の分布に主眼を置いて復元がなされてきた路線について再考を促すような成果もあげられている。例えば、因幡国では郡家《ぐうけ》と考えられる遺跡が複数、確認されていたが、それを単純に結んだ場合に駅路が迂回的になるという問題があった。それが木本による踏査の結果、より直線に近い路線が確認されることになった。こうした木本の研究をベースに、これまでさほど古代官道の研究が行われていなかった地域においても、道路遺構の検出を目的とした発掘調査がなされるようになった。

常陸《ひたち》国の東海道駅路や因幡・出雲国の山陰道駅路がその好例で、常陸国では水上交通を強く意識した路線構成や駅家の配置がなされていること、山陰道では丘陵上を通過する駅路跡や、つづら折れで丘陵を越える駅路跡が確認されるに至った。前者は、駅路の中にも地域的な事情から、他とは異なる特徴を示すものがあることを具体的に示す事例であり、後者は駅路によって路線選定の考え方が異なる可能性を示したものである。具体的にいえば、常陸国は奈良時代から平安時代にかけて、蝦夷《えみし》との戦争のための物資を陸奥《むつ》国に送る際の拠点であり、そのために水陸双方の交通の連携が重視されたと考えられ、後者は大陸や半島との軍事的な緊張関係に備え、軍隊移動にふさわしい路線を選定した可能性がある。

著者は、駅路を「遠距離直達性を重視した路線」とし、通過する土地の地形や地勢によって、違いが生まれると理解したが、個々の路線復元が精緻さを増すことによって、駅路の路線を決定する要素として、地域の個性、さらにいえば国家が与えたその地域の役割によっても、違いが生まれる可能性が出てきた。また、駅路の役割についても、単なる通行のための施設ではなく、国家の支配領域、すなわち国土を把握するための基準線としての役割や、条里地割に代表されるような土地区画の基準線としての役割などがあることが注目され、研究が進められるようになっている。

4　今後の研究のために

古代交通の学際的研究を目指し、古代交通研究会が設立されたのが一九九二年。今から三〇年以上前のことである。幸いにも、研究会は現在も続いており、歴史地理学・文献史学・考古学の研究者たちにとって貴重な学際の場としての役割を果たしている。しかしながら、著者のような道路技術者の姿は、そこにはない。現代の道路建設に携わる者の視点から、古代を見るという視点は、もう不要になったのだろうか？　それは否である。

いかに技術が進み、過去には道を通すことができなかった場所に道路を通せるようになったとしても、道路をなぜ造るのか、どことどこを結ぶ必要があるのか、どのように通すのか、そうした基本的なことは今も昔も変わらないはずである。歴史学や考古学の研究者は、道路跡を分析してその役割・機能などを検討するが、道路技術者は道路を計画する側の視点に立って、作道のコンセプトや設計時においてどのような調整がなされたのかなど、全く違った視点から検討を行う。

その多くが未だ姿を現していない古代道路の研究において、著者のような技術者からの視点が今後とも重要であることは確かであり、技術者の視点から書かれた本書の重要性は今後も変わることはないだろう。

（文化庁調査官）

木下　良
一九二二年長崎県に生まれ、一九五三年京都大学文学部史学科卒業(地理学専攻)。元神奈川大学・富山大学・国学院大学教授、古代交通研究会会長。二〇一五年没。
〔主要著書〕
『国府』(教育社、一九八八年)、『事典 日本古代の道と駅』(吉川弘文館、二〇〇九年)、『日本古代道路の復原的研究』(吉川弘文館、二〇一三年)

武部健一
一九二五年東京都に生まれ、一九四八年京都大学工学部土木工学科卒業。建設省・日本道路公団で高速道路の計画・建設に従事。元日本道路公団常任参与。工学博士。二〇一五年没。
〔主要著書〕
『インターチェンジ』(技術書院、一九六五年)、『道のはなし』Ⅰ・Ⅱ(技報堂出版、一九九二年)、『道』Ⅰ・Ⅱ(法政大学出版局、二〇〇三年)

完全踏査　続古代の道〈新装版〉
山陰道・山陽道・南海道・西海道

二〇〇五年(平成十七)十一月一日　第一版第一刷発行
二〇二三年(令和五)十一月二十日　新装版第一刷発行

監修者　木《きの》下《した》良《りょう》
著　者　武《たけ》部《べ》健《けん》一《いち》
発行者　吉川道郎
発行所　株式会社　吉川弘文館
郵便番号一一三—〇〇三三
東京都文京区本郷七丁目二番八号
電話〇三—三八一三—九一五一〈代表〉
振替口座〇〇一〇〇—五—二四四番
http://www.yoshikawa-k.co.jp/
印刷＝株式会社 三秀舎
製本＝誠製本株式会社
装幀＝黒瀬章夫

ISBN978-4-642-08441-3

木下　良監修・武部健一著

完全踏査 古代の道（新装版）

―畿内・東海道・東山道・北陸道―

四六判・二六八頁
二四〇〇円

古代の道――それは律令国家によって建設され都から本州と四国・九州の六六国二島に達する壮大なネットワークだった。道路技術者の著者が高速道路ルートと古代道路の不思議な類似性に注目し、全駅路を走破。駅路の歴史的変遷や、駅家の位置、駅と駅の距離などを調査し、〈古代道路〉の全貌を明らかにした名著を新装復刊。「全国七道駅路図」収載。

木下　良著

道と駅（読みなおす日本史）

四六判・一七六頁
二二〇〇円

事典 日本古代の道と駅

菊判・四三四頁
〈僅少〉八〇〇〇円

日本古代道路の復原的研究

A５判・五七二頁
一四〇〇〇円

（価格は税別）

吉川弘文館